U0136074

臺灣史研究名家論集

（二編）

尹章義　王見川　吳學明

李乾朗　周翔鶴　林文龍

邱榮裕　徐曉望　康　豹

陳小沖　陳孔立　黃卓權

黃美英　楊彥杰　蔡相輝

蘭臺出版社

作者簡介（依姓氏筆劃排序）

尹章義　社團法人臺灣史研究會理事長、財團法人福祿基金會董事、財團法人兩岸關係文教基金會執行長。中國文化大學民國 106 年退休教授，輔仁大學民國 94 年退休教授，東吳、臺大兼課。出版專書 42 種（含地方志 16 種）論文 358 篇（含英文 54 篇），屢獲佳評凡四百餘則。

赫哲人，世居武昌小東門外營盤（駐防），六歲隨父母自海南島轉進來臺，住臺中水湳，空小肄業，四民國校、省二中、市一中畢業，輔仁大學學士，臺灣大學碩士，住臺北新店。

王見川　1966 生，2003 年 1 月取得國立中正大學歷史所博士學位。2003 年 8 月至南臺科技大學通識教育中心任助理教授至今。研究領域涉及中國民間信仰(關帝、玄天上帝、文昌、媽祖)、預言書、明清以來民間宗教、近代道教、佛教、扶乩與慈善等，是國際知名的明清以來民間宗教與相關文獻專家。著有《從摩尼教到明教》（臺北新文豐出版公司，1992）、《臺灣的齋教與鸞堂》（臺北南天書局，1996）、《漢人宗教、民間信仰與預言書的探索：王見川自選集》（臺北：博揚文化公司，2008）、《張天師之研究：以龍虎山一系為考察中心》（臺北：博揚文化公司，2015）等書。另編有《明清民間宗教經卷文獻》、《中國預言救劫書彙編》《臺灣宗教資料彙編：民間信仰、民間文化》、《中國民間信仰、民間文化資料彙編》、《明清以來善書叢編》等套書。

吳學明　國立臺灣師範大學歷史學碩士、博士，現任國立中央大學歷史研究所教授，曾任國立中央大學客家社會文化研究所所長、客家研究中心主任等職。主要研究領域為臺灣開發史、臺灣客家移墾史、臺灣基督教長老教會史與臺灣文化史，關注議題包括移民拓墾、北臺灣隘墾制與地方社會、南臺灣長老教會在地化歷程等。運用自民間發掘的族譜、契約文書等地方文獻，從事區域史研究，也對族群關係、寺廟與社會組織等底層民眾行動力進行探討。著有《金廣福墾隘與新竹東南山區的開發（1835-1895）》、《頭前溪中上游開墾史暨史料彙編》、《金廣福隘墾研究》、《從依賴到自立———臺灣南部基督長老教會研究》、《變與不變：義民爺信仰之擴張與演變》、《臺灣基督長老教會研究》

與學術論文數十篇，並著編《古文書的解讀與研究》（與黃卓權合編著）、《六家林氏古文書》等專書。

李乾朗 中國文化大學建築及都市設計系畢業，現任國立臺灣藝術大學古蹟藝術修護學系客座教授。致力於古建築田野調查研究，培養古蹟維護的專業人才，並積極參與學術研討會發表研究成果。曾出版了《臺灣建築史》、《古蹟入門》、《臺灣古建築圖解事典》、《水彩臺灣近代建築》、《巨匠神工》等八十餘本與傳統建築或近代建築相關之個人著作，同時也主持多項古蹟、歷史建築的調查研究計劃，出席各縣市政府之古蹟評鑑會議或文化資產議題會議，盡其所能地為臺灣古建築的保存與未來發聲。2011 年榮獲第十五屆臺北文化獎，2016 年榮獲第三十五屆行政院文化獎。

周翔鶴 廈門大學臺灣研究院歷史研究所副教授。

林文龍 南投竹山人，現寓彰化和美。1952 年生，臺灣文獻館研究員。喜吟詠，嗜藏書，旁及文房雅玩。近年，以科舉與臺灣書院研究為重點。著《臺灣的書院科舉》、《彰化書院與科舉》、《臺灣科舉家族—新竹鄭氏人物與科名》，以及《掃籜山房詩集》、《陶村夢憶雜詠》等集。別有書話《書卷清談集古歡》，含〈陶村說書〉、〈披卷餘事〉二編。

邱榮裕 臺灣省桃園縣中壢市人，1955 年生，臺灣省立臺北師專、國立臺灣師範大學、日本立命館大學文學碩士、博士。歷任國小、國中教師、臺灣師範大學專任助教、講師、副教授，全球客家文化研究中心主任；兼任中央大學客家學院副教授、臺灣大學客家研究中心特聘副研究員、中華民國斐陶斐榮譽學會榮譽會員等；曾任國立臺灣師範大學校友總會秘書長、臺灣客家研究學會第六屆理事長、考試院命題暨閱卷委員、客家委員會學術暨諮詢委員、臺北市客家事務委員會委員等。
學術專長領域：臺灣史、客家研究、文化資產與社區。專書有：《臺灣客家民間信仰研究》、《臺灣客家風情：移墾、產業、文化》、《臺灣桃園大溪南興庄纘紳公派下弘農楊氏族譜》、《傳承與創新：臺北市政府推展客家事務十週年紀實（民國 88 年至 98 年）》、《臺北市文獻委員會五十週年紀念專輯》等，並發表相關研究領域學術研討會論文數十篇。

徐曉望　生於 1954 年 9 月，上海人。經濟史博士。現為福建社會科學院歷史研究所研究員，閩臺文化中心主任。2000 年獲評國務院特殊津貼專家，2012 年獲評福建省優秀專家，2016 年獲評福建省文史名家。廈門大學宗教研究所兼職教授，福建師範大學歷史系兼職教授，福建省歷史學會副會長。2006 年被聘為福建師範大學社會歷史學院博士導師。主要研究方向為明清經濟史、福建史、海洋史等。發表專著 30 餘部，發表論文 300 餘篇，其中在《中國史研究》等核心刊物上發表論文 100 餘篇，論著共計 1000 多萬字。主要著作有：主編《福建通史》五卷本 186 萬字，《福建思想文化史綱》40 萬字，個人專著有：《福建民間信仰源流》《閩國史》《福建經濟史考證》《早期臺灣海峽史研究》《媽祖信仰史研究》《閩商研究》《明清東南山區經濟的轉型——以閩浙贛邊山區為核心》等；近著有：《福建文明史》《福建與東南：海上絲綢之路發展史》等。獲福建省社會科學優秀著作一等獎一次，二等獎三次，三等獎二次。

康　豹　1961 年在美國洛杉磯出生，1984 年耶魯大學歷史系學士，1990 年美國普林斯頓大學東亞系博士。曾經在國立中正大學歷史研究所與國立中央大學歷史研究所擔任過副教授和教授。2002 年獲聘為中央研究院近代史研究所副研究員，2005 年升等為研究員，並開始擔任蔣經國國際學術交流基金會研究室主任。2015 年升等為特聘研究員。研究主要集中在近代中國和臺灣的宗教社會史，以跨學科的方法綜合歷史文獻和田野調查，並參酌社會科學的理論。

陳小沖　1962 年生，廈門大學歷史系畢業。現為兩岸關係和平發展協同創新中心文教平臺首席專家，廈門大學臺灣研究院歷史研究所所長、教授，《臺灣研究集刊》常委副主編。出版《日本殖民統治臺灣五十年史》等多部專著及臺灣史學術論文數十篇。主持或參加多項重大科研課題。主要研究方向：海峽兩岸關係史、殖民地時期臺灣歷史。

陳孔立　1930 年生，現任廈門大學臺灣研究院教授、海峽兩岸和平發展協作創新中心學術委員會委員。曾任廈門大學臺灣研究所所長、中國社會科學院臺灣史研究中心副理事長、中國史學會理事。主要著作有：《臺灣歷史綱要》（主編）、《簡明臺灣史》、《臺灣歷史與兩岸關係》、《臺灣史事解讀》，《臺灣學導論》、《走近兩岸》、《心繫兩岸》、《臺灣民意與群體認同》等。

黃卓權　1949 年生於苗栗縣苗栗市，現籍新竹縣關西鎮。現任客委會諮詢委員、新竹縣文獻委員、國立交通大學客家文化學院客座專家、《關西鎮志》副總編纂。專長臺灣內山開墾史、客家族群史、清代地方制度史。發表研究論著約百萬言，主編「新竹研究叢書」及文史專輯等十餘冊。主要著作：《苗栗內山開發之研究》、《跨時代的臺灣貨殖家：黃南球先生年譜 1840-1919》、《進出客鄉：鄉土史田野與研究》、《古文書的解讀與研究》上、下篇（與吳學明合著）等書；出版詩集《人間遊戲：60 回顧詩選》、《笑看江湖詩選》二冊；參與編撰《新竹市誌》、《獅潭鄉志》、《大湖鄉志》、《北埔鄉志》等地方誌書。

黃美英　政治大學宗教研究所博士生、法鼓佛教學院碩士（主修：佛教史、禪學）。清華大學社會人類學研究所碩士（主修：歷史人類學、宗教人類學、族群史）。臺灣大學中國文學系畢業、臺灣大學考古人類學系肄業。中央研究院民族學研究所研究助理、國立暨南國際大學歷史學系兼任講師。相關學術著作《臺灣媽祖的香火與儀式》、《千年媽祖》及論文二十多篇，主編十多冊書籍。

楊彥杰　男，廈門大學歷史系畢業，長期從事臺灣史和客家研究。歷任福建社會科學院研究員兼臺灣研究所副所長、科研組織處處長、客家研究中心主任、中國閩臺緣博物館館長等職，2014 年退休。代表作：《荷據時代臺灣史》、《閩西客家宗族社會研究》。撰著或主編臺灣史專題、客家田野叢書十餘種，發表論文百餘篇。

蔡相煇　中國文化大學史學研究所博士，歷任任國立空中大學人文學系主任、圖書館館長、總務長等職。現任臺北市關渡宮董事、臺南市泰安旌忠公益文教基金會董事、北港朝天宮諮詢委員、中華媽祖交流協會顧問等職。
著有：《臺灣的王爺與媽祖》（1989）、《臺灣的祠祀與宗教》（1989）、《北港朝天宮志》（1989、1994）《臺灣社會文化史》（1998）、《王得祿傳》（與王文裕合著）（1998）、《媽祖信仰研究》（2006）、《關渡宮的歷史沿革》《關渡宮的祀神》（2015）、《天妃顯聖錄與媽祖信仰》（2016）等專書及論文篇多。

《臺灣史研究名家論集》——總序

　　《臺灣史研究名家論集》即將印行，忝為這套叢刊的主編，依出書慣例不得不說幾句應景話兒。

　　這十幾年我個人習慣於每學期末，打完成績上網登錄後，抱著輕鬆心情前往探訪學長杜潔祥兄，一則敘敘舊，問問半年近況，二則聊聊兩岸出版情況，三則學界動態及學思心得。聊著聊著，不覺日沉西下，興盡而歸，期待半年後再見。大約三年前的見面閒聊，偶然談出了一個新企劃。潔祥兄自從離開佛光大學教職後，「我從江湖來，重回江湖去」（潔祥自況），創辦花木蘭出版社，專門將臺灣近六十年的博碩士論文，有計畫的分類出版，洋洋灑灑已有數十套，近年出書量及速度，幾乎平均一日一本，全年高達三百本以上，煞是驚人。而其選書之嚴謹，校對之仔細，書刊之精美，更是博得學界、業界的稱讚，而海峽對岸也稱許他為「出版家」，而不是「出版商」。這一大套叢刊中有一套《臺灣歷史文化叢刊》，是我當初建議提出的構想，不料獲得彼首肯，出版以來，反映不惡。但是出書者均是時下的年輕一輩博、碩士生，而他們的老師，老一輩的名師呢？是否也該蒐集整理編輯出版？

　　看似偶然的想法，卻也是必然要去做的一件出版大事。臺灣史研究的發展過程，套句許雪姬教授的名言「由鮮學經顯學到險學」，她擔心的理由有三：一、大陸學界有關臺灣史的任務性研究，都有步步進逼本地臺灣史研究的趨勢，加上廈大培養一大批三年即可拿到博士學位的臺灣學生，人數眾多，會導致臺灣本土訓練的學生找工作更加雪上加霜；二、學門上歷史系有被社會科學、文學瓜分，入侵之虞；三、在研究上被跨界研究擠壓下，史家最重要的技藝——史料的考訂，最後受到影響，變成以理代証，被跨學科的專史研究壓迫的難以喘氣。另外，中研院臺史所林玉茹也有同樣憂慮，提出五大問題：一、是臺灣史研究受到統獨思想的影響；二、學術成熟度仍不夠，一批缺乏專業性的人可以跨行教授臺灣史，或是隨時轉戰研究臺灣史；三、是研究人力不足，尤其地方文史工作者，大多學術訓練不足，基礎條件有限，甚至有偽造史料或創

　　造歷史的情形，他們研究成果未受到學術檢驗，卻廣為流通；四、史料收集整理問題，文獻資料躍居成「市場商品」，竟成天價；五、方法問題，研究者對於田野訪查或口述歷史必需心存警覺和批判性。

　　十數年過去了，這些現象與憂慮仍然存在，臺灣史學界仍然充滿「焦慮與自信」，這些焦慮不是上文引用的表面問題，骨子裡頭真正怕的是生存危機、價值危機、信仰危機，除此外，還有一種「高平庸化」的危機。平心而論，臺灣史的研究，不論就主題、架構、觀點、書寫、理論、方法等等。整體而言，已達國際級高水準，整個研究已是爛熟，不免凝固形成一僵硬範式，很難創新突破而造成「高平庸化」的危機現象。而「高平庸化」的結果又導致格局小，瑣碎化、重複化的現象，君不見近十年博碩士論文題目多半類似，其中固然也有因不同學門有所創見者，也不乏有精闢的論述成果，但遺憾的是多數內容雷同，資料重複，學生作品如此；學者的著述也高明不到哪裡，調研案雖多，題材同，資料同，析論也大同小異。於是乎只有盡量挖掘更多史料，出版更多古文書，作為研究創新之新材料，不過似新實舊，對臺灣史學研究的深入化反而轉成格局小，理論重複，結論重疊，只是堆砌層累的套語陳腔，好友臺師大潘朝陽教授，曾諷喻地說：「早晚會出現一本研究羅斯福路水溝蓋的博士論文」，誠哉斯言，其言雖苛，卻是一句對這現象極佳註腳。至於受統獨意識形態影響下的著作，更不值得一提。這種種現狀，實在令人沮喪、悲觀，此即焦慮之由來。

　　職是之故，面對臺灣史這一「高平庸化」的瓶頸，要如何掙脫困境呢？個人的想法有二：一是嚴守學術規範予以審查評價，不必考慮史學之外的政治立場、意識形態、身份認同等，二是返回原點，重尋典範。於是個人動了念頭，很想將老一輩的著作重新整理，出版成套書，此一構想，獲得潔祥兄的支持，兩人初步商談，訂下幾條原則，一、收入此套叢書者以五十歲（含）以上為主；二、是史家、行家、專家，不必限制為學者，或在大專院校，研究機構者；三、論文集由個人自選代表作，求舊作不排除新作；四、此套書為長期計畫，篩選四、五十位名家代表

作，分成數輯分年出版，每輯以二十位為原則；五、每本書字數以二十
萬字為原則，書刊排列起來，也整齊美觀。商談一有結論，我迅即初步
擬定名單，一一聯絡邀稿，卻不料潔祥兄卻因某些原因而放棄出版，變
成我極尷尬之局面，已向人約稿了，卻不出版了。之後拿著企劃書向兩
家出版社商談，均被婉拒，在已絕望之下，幸得蘭臺出版社盧瑞琴女史
遞出橄欖枝，願意出版，才解決困局。但又因財力、人力、市場的考慮，
只能每輯以十人為主，這下又出現新困擾，已約的二十幾位名家如何交
待如何篩選？兩人多次商討之下，盧女史不計盈虧，終於同意擴大為十
五位，並不篩選，以來稿先後及編排作業為原則，後來者編入續輯。

　　我個人深信史學畢竟是一門成果和經驗累積的學科，只有不斷累積
掌握前賢的著作，溫故知新，才可以引發更新的問題意識，拓展更新的
方法、理論，才能使歷史有更寬宏更深入的研究。面對已成書的樣稿，
我內心實有感發，充滿欣喜、熟悉、親切、遺憾、失落種種複雜感想。
我個人只是斗膽出面邀請同道之師長友朋，共襄盛舉，任憑諸位自行選
擇其可傳世、可存者，編輯成書，公諸同好。總之，這套叢書是名家半
生著述精華所在，精采可期，將是臺灣史研究的一座豐功碑及里程碑，
可以藏諸名山，垂範後世，開啟門徑，臺灣史的未來新方向即孕育在這
套叢書中。展視書稿，披卷流連，略綴數語以說明叢刊的成書經過，及
對臺灣史的一些想法，期待與焦慮。

卓克華

2016.2.22 元宵　於三書樓

《臺灣史研究名家論集》——推薦序

　　陳支平教授在《臺灣史研究名家論集》第一輯之《推薦序》裡精闢地談論海峽兩岸學者共同參與「臺灣史研究」學科建設的情形，並謂「《臺灣史研究名家論集》，在一定程度上體現了當今海峽兩岸臺灣史學術研究的基本現狀和學術水準。這套論集的出版，相信對於推動今後臺灣史研究的進一步開拓和深入，無疑將產生良好積極的作用」。誠哉是言也！

　　值此《臺灣史研究名家論集》第二輯出版之際，吾人亦有感言焉。

　　在中國學術史上不乏「良好積極」的示範：一套叢書標誌著一門學科建設的開啟並奠定其「進一步開拓和深入」的基礎。

　　譬如，1935—1936 年間，由編輯家、出版家趙家璧策劃，蔡元培撰序，胡適、鄭振鐸、茅盾、魯迅、鄭伯奇、阿英（錢杏邨）參與編選和導讀，上海良友圖書公司編輯出版了十卷本《中國新文學大系》。於今視之，《中國新文學大系》之策劃和序論、編選與導言、編輯及出版，在總體上標誌著「中國新文學史研究」學科建設的開啟並為其發展奠定基礎。

　　「臺灣史研究」的學科建設亦然。1957—1972 年間出版的《臺灣文獻叢刊》具有發動和發展「臺灣史研究」學科建設的指標意義和學術價值。1988 年 1 月 30 日至 2 月 1 日在臺北舉辦的「臺灣史學術研討會」開始有邀請大陸學者、邀請陳孔立教授「共襄盛舉」的計畫。由於政治因素的干擾，陳孔立教授未能到會，他提交了論文《清代臺灣移民社會的特點》，由臺灣學者尹章義教授擔任評論人。陳孔立、尹章義教授的此次合作，值得記取，令人感慨！2005 年，陳支平教授主持策劃的《臺灣文獻彙刊》則是大陸學者對於「臺灣史研究」學科建設的一大貢獻。

　　在我看來，作為叢書，同《臺灣文獻叢刊》、《臺灣文獻彙刊》一樣，《臺灣史研究名家論集》對於「臺灣史研究」學科建設的意義和價值堪當「至重至要」四字評語。

　　《臺灣史研究名家論集》第二輯的作者所顯示的學術陣容相當可觀。用大陸學界的習慣用語來說，陳孔立教授、尹章義教授及其他各位教授

均屬於「臺灣史研究」的「學科帶頭人」、「首席學者」一類的人物。

　　臨末，作為學者和讀者，我要對出版《臺灣史研究名家論集》的蘭臺出版社與籌劃總主編卓克華教授表達敬意。為了學術進步自甘賠累，蘭臺出版社嘉惠學林、功德無量也。

汪毅夫

2017 年 7 月 15 日記於北京

《臺灣史研究名家論集》——編後記

　　《臺灣史研究名家論集》〈二編〉就將編校完成，出刊在即，蘭臺出版社編輯沈彥伶小姐，來電囑咐寫篇序，身為整套論集叢書主編，自是不容推辭。當初構想在每編即將出版時，寫篇序，不過（楊）彥杰兄在福州一次聚會中，勸我不必如此麻煩，原因是我在《初編》中已寫過序，將此套書編集成書經過、構想、體制，及對現今研究臺灣史的概況、隱憂都已有完整交待，可作為總序，不必在每編書前再寫篇序，倒不如在書後寫篇〈編後記〉，講講甘苦談，說說些有趣的事兒，這建議非常好，正合我意，欣然同意！

　　當初以為我這主編只要與眾位師長、好友、同道約個稿，眾志成城，共襄盛舉就好了，沒想到事非經過不知難，看似簡單不過的事兒，卻曲折不少。簡言之，有三難，邀稿難，交稿難，成書更難。此話怎說？且聽我一一道來：

　　一、邀稿難：這套論集是個人想在退休前精選兩岸臺灣史名學者約40-50位左右，將其畢生治學論文，擇精編輯，刊印成書，流傳後世，以顯現我們這一代學人的治學成績。等到真的成形，付諸實踐，頭一關便遇到選擇的標準，選誰？反過來說即是不選誰？雖然我個人對「名家」的標準指的是有「名望」，有「資望」，尤其是有「重望」者，心中雖有些譜，但真的擬定名單時，心中卻忐忑不安，擔心得罪人。一開始考慮兩岸學者比例，以三分之二、三分之一為原則，即每編15位學者中，臺灣學者10人，大陸學者5人，大陸學者倒好處理，以南方學者為主，又集中在廈門大學。較困難的是北方有那些學者是研究臺灣史的？水平如何？不過，幸好有廈大諸師友的推薦過濾，尚不構成困擾。較麻煩的反倒是臺灣本地學者，列入不列入都是麻煩，不列入必定會得罪人，但列入的不一定會答應，一則我個人位卑言輕，不足以擔此重任，二則有些學者謙虛客套，一再推辭，合約無法簽定，三則或已答應交給某出版社出版，不便再交給蘭臺出版社，四則老輩學人已逝，後人難尋，難以

簽約。最遺憾是有些作者欣然同意，更有意趁此機會作一彙編整理，卻不料前此諸多論文已賣斷給某出版社，經商詢該出版社，三番兩次均不答應割愛，徒呼奈何。此邀稿難。

　　二、交稿難：我原先希望作者只要將舊稿彙整擇精交來即可，以15 萬字為原則，結果發現有些作者字數不足，必須另寫新稿，但更多的作者都是超過字數，結果守約定的學者只交來 15 萬字，因此割愛不少篇章，不免向我訴苦，等出版社決定放寬為 20 萬字時，已來不及編輯作業，成為一大憾事。超過的，一再商討，忍痛割捨才定稿。更有對昔年舊稿感到不滿，重新添補，大費周章，令我又佩服又慚愧。也有幾位作者真的太忙，拖拖拉拉，一再延遲交稿，幸好我記取《初編》經驗，私下有多約幾位作者，以備遞補，遲交的轉成《三編》、《四編》。但最麻煩的是有一、二位作者遲遲不簽合約，搞得出版社不敢出版，以免惹上著作權法的法律問題。

　　三、成書難：由於不少是多年前的舊稿，作者雖交稿前來，不是電子檔，出版社必須找人重新打字，不免延擱時間。而大部份舊稿，因是多年前舊作，參考書目，註釋格式，均已改變，都必須全部重新改正，許多作者都是有年紀的人，我輩習慣又要親自校對，此時已皆老眼昏花，又要翻檢原書，耗費時日，延遲交稿，所在皆是。而蘭臺出版社是一家負責任且嚴謹的公司，任何學術著作都要三校以上才肯出版，更耗費時間。

　　不可思議的在《二編》校對過程，有作者因年老不慎跌倒，顱內出血；或身體有恙，屋漏偏逢連夜雨，居然又逢車禍；或有住家附近興建大廈，整日吵雜，無法專心校對，又堅持一定要親自校對……等等，各種現象都有，凡此都造成二編書延遲耽擱（原本預計九月底出版），而本論集又是以套書形式出版，只要有一本耽誤，便影響全套書出版。

　　邀稿難，交稿難，成書更難，這是我個人主編《臺灣史研究名家論集》最大的切身感受，不過忝在我個人自願擔負此一學術工程的重大責任，這一切曲折、波折都是小事，尤其看到即將成書的樣稿，那心中的

喜樂是無法言宣的，謝謝眾位賜稿的師友作者，也謝謝鼎力支持，不計盈虧的蘭臺出版社負責人盧瑞琴女士。

卓克華

106 年 12 月 12 日 於三書樓

邱榮裕

臺灣史研究名家論集

（二編）

蘭臺出版社

目　錄

自序

　　個人歷年參與相關研究領域研討會中，所發表的論文，能夠整理合輯成為臺灣史研究論文集，要感謝卓克華教授的強力邀約，若不是他的堅持，個人歷年發表的文章，非常可能就靜靜地散佈在兩岸相關學術的刊物裡，而缺乏將這些論文，依序按發表時間先後及內容，分類篩選整理並集結成冊的機會了。

　　本論文集依內容分為三大部分：臺灣歷史篇、臺灣客家研究篇、文化比較研究篇。這些論文多數屬於近二十年來為參加兩岸大學院校相關系所或研究單位、團體等，所舉辦各項專題研討會上發表的論文，另有兩篇文章為臺灣史蹟研習會及臺北市大龍峒保安宮管理委員會邀請的專題文稿。個人依照文章內容加以分類排序，並分別註明各篇發表的時間、邀請的學術研討會名稱及主辦單位。

　　臺灣歷史篇部份，挑選 9 篇論文，依序為：施琅治臺主張與清初禁令；大龍峒的開發與保安宮；客家清代移民臺灣的幾個問題；新埔褒忠亭義民廟興起與發展之探究——以兩件清代古文書契為中心；從日人征臺資料論臺灣北部客家乙未抗日事蹟；羅福星革命思想對日據臺灣當局及社會之衝擊；臺灣戒嚴時期白色恐怖案件人權反思——以義民中學案為；中華傳統文化傳衍與和合：以臺灣現代社會中的祖先崇拜、神鬼祭祀之民俗為例；開漳聖王民間信仰在臺灣的發展——以碧山巖、景福宮為例等。9 篇論文議題，若以歷史時間來說：最早從荷蘭人據臺時期，經明鄭、清代、日據時期到臺灣光復以後。若以內容論述主題而言：可分為政治、民間信仰、地方發展與族群移民等項。

　　臺灣客家研究篇部份，選擇 7 篇論文，分別為：臺灣客家興起與發展；臺灣客家的歷史與文化；從臺灣歷史看客家民間信仰發展；客家民間信仰的傳統與創新——以臺灣新埔褒忠亭義民爺信仰為例；

論述客家「三山國王」民間信仰之變遷——以臺灣宜蘭地區為例；「田調視野」桃園客家落地生根印記：以大溪南興莊楊纘紳家族為例；臺灣客家族譜、田野追蹤：新竹縣寶山鄉「廬江堂」何明勳《渡臺記》記事析探等。這 7 篇不同時間發表的文章，經過主題內容排比之後，竟然可以呈現客家人清代移民臺灣社會迄今，在臺灣落地生根的情景以及有別於原鄉客家文化不同之處，這是個人始料未及的結果。

　　文化比較研究篇部份，有 3 篇，分別是：族群文化：異域客家民間信仰的變容——以馬來西亞客家廟拿督公、印尼邦加島土地龍神、臺灣宜蘭三山國王為例；從客家宅院檢視儒家文化的傳承與實踐——以梅縣丙村溫家、屏東佳冬蕭宅、新竹新埔劉宅為例；論兩岸慚愧祖師、定光古佛民間信仰之差異等。

　　文化比較研究的議題原本就是屬於高難度的挑戰，個人因緣於海外及兩岸客家地區的學術交流與田野考察的機會，以及長久以來對「文化移植現象」特別有興趣，因此留意客家民間信仰在不同移民社會的異同現象，這些資料蒐集一定程度後，才執筆撰述。3 篇文章田野考察地區，分別為馬來西亞、印尼、大陸客家原鄉、臺灣等地。

　　客家文化經過選擇性議題的比較研究之後，個人感受到文化的移植現象有「擇地而安」的特性，這個特性一方面保存母體文化特質，但也一方面凸顯適應新地域的人文特色，可以看到海外客家人因落地生根而演化出新的民間信仰，由於新的民間信仰包容在客家母體文化之中，使得客家移民心靈上因此獲得慰藉，進而認同於當地但也有別於當地人。

　　回首過往的研究論文，雖有再添資料的衝動，但靜下心來思考又覺得是多餘的事，因此就將原本發表的論文訂正之後呈上，讓文章直接地攤在讀者眼前，接受檢驗與評判，個人忽略、謬誤或遺漏之處，尚祈請指正。

　　這本論文集除呈現個人對臺灣史研究的軌跡之外，也顯現了臺灣歷史研究的興趣與偏好，作為一個退休的學者而言，這本專書是一個很好的紀念，再次感謝卓克華教授及蘭臺出版社給與出版的機會。

邱榮裕　謹誌

2017 年 12 月 31 日 於 松齋

壹、臺灣歷史篇

施琅治臺主張與清初禁令*

一、前言

　　自古代以來，道德觀念即成為我國評價一個人物在歷史上成敗的重要指標。這種注重道德習尚，深受儒家思想的影響。清代自乾隆皇帝起在這方面特別提倡，尤其強調忠君的教化，因此明清之際的人物為肆應變局而降清、事清的人，便被編入不忠不義、大節有虧損的〔貳臣傳〕之列裡。這些人此後不但遭受鄙視，同時在歷史的研究上也令人不恥，而受到冷漠的對待。明清之際的若干史實與真相，由於歷史研究受到道德觀念的影響而極端化，很多的歷史事實就被隱沒而不彰顯。一般人也就無法清楚的了解，明清之際歷史實際的情形。然而，近幾十年來明清部份檔案，陸續被整理公布，有助於這段時期的歷史研究，若干的史實也就因此獲得印證。

　　明清之際，有關明武將降清的研究，基本上道德的批判是一般學者所注重的[1]，歷史研究若以「忠奸之辨」、「民族大義」評斷，這是不足作為史實的解釋。以為應從多方面的角度去挖掘史實，才能呈現完整的歷史，也才足夠達到提供後人借鑑的目的。

　　有關施琅與臺灣的研究，由於資料的掌握與研究方法的不同，其結果自然呈現多樣化，這些成果對於史實顯然有所助益。然而，儘管如此，施琅與臺灣關係的研究，仍舊值得討論。本文除試圖以施琅在臺、澎兩地的告示，及其有關臺灣的奏摺，來探討施琅平定臺灣的意義外，也想釐清楚施琅與清代渡臺禁令的關係。

---

* 　發表於 2002.07，「將軍鄉鄉名溯源暨施琅功過學術研討會」，臺南縣將軍鄉鄉公所、財團法人西甲文化傳習基金會主辦。

[1] 　葉高樹 《降清明將研究（1618-1683）》 ，臺灣師範大學歷史研究所專刊23，臺灣師範大學歷史研究所發行，民國82年10月，頁6-13。

二、施琅占領措施與朝廷優遇

康熙 22 年（1683 年）6 月施琅在出兵攻打澎湖取得勝利後，臺灣方面鄭克塽、劉國軒等人隨即派遣人員前往澎湖，與施琅納款請降待命。施琅從澎湖到臺灣納降期間，以臺灣最高行政與軍事負責人的身分，依據臺、澎兩地社會環境及情勢變化，先後發布各項命令告示，讓改朝換代惶恐不已的臺、澎地區原屬鄭氏官兵與居民，能夠安心並遵行，不致形成兵荒馬亂、人人自危的混亂社會。以下則是探討施琅在這期間所發布《曉諭澎湖安民示》、《安撫輸誠示》、《諭臺灣安民生示》、《嚴禁犒師示》等告示，對當時社會情勢的影響。

首先，澎湖地區是施琅戰勝劉國軒率領鄭氏水師的戰場，這場關鍵的戰役，不僅關係臺灣鄭氏勢力的消長、存亡，也成為清朝完成霸業，開疆拓土、統一中國的指標。施琅占據澎湖後，如何安定當地軍民的措施，自然是值得探討的事情。

康熙 22 年（1683 年）閏 6 月初 4 日，施琅在澎湖地區發布《曉諭澎湖安民示》，其中主要內容敘述於后：

> ……照得澎湖各島，地屬荒區，民實窮苦；……此日王土、王民，悉隸版圖，宜加軫卹，以培生機。合就示諭。為此示仰該地方居民人等知悉：爾等既脫邪氛，咸登樂土，各宜安意生業，耕漁是事。本提督憫念疲瘵之餘，當為蠲三年徭稅差役，遂其培養也。特示！[2]

此告示不僅凸顯清朝的威望，同時也以蠲免澎湖當地居民三年徭稅、差役，做為籠絡人心、臣服清朝的手段。這個告示說明施琅除軍事外，另有治理占領區的謀略，能夠在最短的時間，維持當地居民的生活與社會秩序。

施琅與劉國軒在澎湖一役的決戰勝負，促使臺灣與中國大陸原先分裂、分治的局面，發生重大改變。戰敗一方，以鄭克塽、劉國軒為首，

2　施琅《靖海紀事》，臺灣文獻叢刊第 13 種，臺灣銀行經濟研究室編印，頁 37、38。

庄、仁武里庄、竹仔門庄、新庄等地區[15]。

三、施琅的治臺主張

施琅領軍攻克澎湖後，隨即率軍到臺灣，接受鄭克塽的投降。這期間除了處理澎湖、臺灣的事務，而發布前面篇章所討論的公告示文外，也不時的將其處理澎湖、臺灣的作法向清廷稟報。施琅向清廷稟報的奏摺當中，以《恭陳臺灣棄留疏》、《移動不如安靜疏》、《壤地初闢疏》等奏摺，這些奏摺特別攸關臺灣方面的事務，內容主要向朝廷陳述臺灣的重要性及實際的情形，使得清廷對臺灣、澎湖的地位與狀況有所了解，從而制定對臺灣的政策，這些奏摺可以說是影響臺灣日後發展深遠。

施琅在臺灣停留近百日後，而於康熙22年（1683年）11月22日內渡至福州，留總兵吳英總統鎮守[16]。他在福州省府主要是參加清廷特派大臣蘇拜所召開之臺灣善後會議。

此會議中有「宜遷其人，棄其地」之說，同時亦有「留恐無異，棄虞有害」之論，會議之主要人員除蘇拜，尚有巡撫金鋐及施琅等人，由於會中議論不一，未獲結論，惟獨施琅堅主必留，絕無捨棄之理。會後施琅乃單銜入奏力爭，陳明臺灣棄留之利害，及關係東南海防之重大[17]。其《恭陳臺灣棄留疏》主要內容，分述如后：

> 首先，陳述臺灣環海及天然地理條件。施琅以為「臺灣地方，北連吳會，南接粵嶠，………乃江、浙、閩、粵四省之左護。……臺灣一地，原屬化外，土番雜處，未入版圖也。然其時中國之民潛至、生聚於其間者，已不下萬人。……鄭芝龍就撫，將此地稅與紅毛為互市之所。……臣奉旨征討，親歷其地，備見野沃土膏，物產利薄，耕桑並耦，魚鹽滋生，滿山皆屬茂樹，遍處俱值修竹。

---

[15] 同上，頁190。

[16] 郭廷以《臺灣史事概說》，臺北正中書局出版，民國77年8月，頁92。

[17] 張炳南監修、李汝和主修、金成前纂修《臺灣省通誌》卷三政事志綜說篇，臺灣省文獻委員會出版，民國61年12月30日，頁22。

硫磺、水籐、糖蔗、鹿皮，以及一切日用之需，無所不有。……
且舟帆四達，絲縷踵至，飭禁雖嚴，終難杜絕。實肥饒之區，險
阻之域。……此誠天以未闢之方輿，資皇上東南之保障，永絕邊
海之禍患，豈人力所能致」，讓朝廷了解臺灣實際的狀況。

　　其次，分析臺灣、澎湖的軍事重要性。施琅論「如僅守澎湖，而棄
臺灣，則澎湖孤懸汪洋之中，土地單薄，界於臺灣，遠隔金廈，豈不受
制于彼而能一朝居哉？是守臺灣則所以固澎湖。……今地方既為我得，
在在官兵，星羅碁布，風期順利，片帆可至，雖有奸萌，不敢復發。臣
業與部臣蘇拜、撫臣金鋐等會議中。部臣、撫臣未履其地，去留未敢進
決；臣閱歷周詳，不敢遽議輕棄者也」。施琅以自己親自達到臺灣視察
的結果，明確表示自己應該保留的看法。

　　最後，講述治理臺灣之法及強調臺灣的戰略地位。治理臺灣，施琅
以為「內地溢設之官兵，盡可陸續汰減，以之分防臺灣、澎湖兩處。臺
灣設總兵一員、水師副將一員、陸師參將二員，兵八千名；澎湖設水師
副將一員，兵二千名。通共計兵一萬名，足以固守。又無添兵增餉之
費。……然當此地方初闢，該地正賦、雜餉，殊宜蠲豁。見在一萬之兵
食，權行全給。三年後開徵，可以佐需。抑亦寓兵於農，亦能濟用，可
以減省，無庸盡資內地之轉輸也。蓋籌天下之形勢，必求萬全」。更進
而強調「臺灣一地，雖屬多島，實關四省之要害。……如我朝兵力，比
於前代，何等強盛，當時封疆大臣，無經國遠猷，矢志圖賊，狃於目前
苟安為計，劃遷五省邊地以避寇患，致賊勢愈熾而民生顛沛。往事不臧，
禍延及今，重遺朝廷宵旰之憂。……故當此方削平，定計去留，莫敢擔
承，臣思棄之必釀成大禍，留之誠永固邊圉」[18]，力陳臺灣保留的重要。

　　康熙皇帝以議政大臣會商不決，乃召詢廷臣，有大學士李霨力主從
施琅之意，不久蘇拜亦贊成應留，棄臺之議即行作罷[19]。清廷隨後於康
熙 23 年 4 月 14 日明詔設臺灣府，轄臺灣、鳳山、諸羅三縣，澎湖設巡

---

[18] 施琅《靖海紀事》，臺灣文獻叢刊第 13 種，臺灣銀行經濟研究室編印，頁 59-62。
[19] 張炳南監修、李汝和主修、金成前纂修《臺灣省通誌》卷三政事志綜說篇，臺灣省文獻委員
　　會出版，民國 61 年 12 月 30 日，頁 23。

檢，置臺廈兵備道及總兵，隸屬福建省。因此，臺灣於清代能夠成為中國版圖的一部分，施琅這篇奏摺絕對是具有說服力。

　　臺灣歸附後，鄭氏所屬軍民或留置或遣返，成為棘手的問題。清廷特派大臣蘇拜命令將投降官兵移駐畿輔、山東、山西、河南諸省。由於施琅在臺灣停留百日期間，曾由劉國軒等人陪同勘察南、北兩路，對於臺灣狀況獲得深刻的了解。因此，施琅對於蘇拜的命令，以為不可。為解決此問題，乃向清廷提奏《移動不如安定疏》，表達圓滿解決的方法。其疏中主要內容為：

> 臣思自康熙十三年以後投誠各官，概荷隆恩免其遷徙。今臺灣各偽官，……毫無懷貳，若一行移駐，其間有眷口者不少，無眷口亦多，遠涉長途，不堪艱瘁；逃匿生患，所不能無。……今欲將各偽官眷口移駐外省，沿途搬運，百姓有策應人夫之苦；經過郡縣，官吏有備給口糧之費；所到地方，有動撥民房之擾；開墾耕作，有應給牛種農具之資，又是一番苦累。……此項偽官，俯就福建本省安插，尤見皇上推心置腹，使各遂其生，省人夫之搬運，口糧之應給，民房田舍之動擾，牛種農具之冒破，且無長途逃匿之患；所謂移動不如安靜之為得也。……今日鄭克塽等納土歸附，並其親族與劉國軒、馮錫範等皆遵旨進京，明宗室朱桓等移就山東、河南安插。是臺灣之巢穴已破，根株已盡，可保其永無後患。其餘各偽官人員，皆無關係。又何須移駐以滋民擾，且費公帑乎？……臣思此番投誠，與其移而復動數省之煩難，曷若安一之可永保其無事？……[20]

　　對於歸附清朝的鄭氏臺灣官兵，施琅能夠衡量命令利害，不顧非議一力擔當，向朝廷呈奏圓滿解決之道，保障當時臺灣歸附官兵轉回福建安插，各還原籍，免除遷移他省的勞動之苦。從這個例子而言，施琅在其權勢高漲之時，還能眷念歸附官兵前途，不忍這些官兵領受顛沛流離之苦，而提出《移動不如安定疏》奏摺，顯現施琅本人惻隱之心的一面。

---

[20] 施琅《靖海紀事》，臺灣文獻叢刊第 13 種，臺灣銀行經濟研究室編印，頁 63-65。

　　此外，為著臺灣成為清朝領地後，清廷徵詢有關臺灣的稅賦與貿易事情，施琅於是向清廷呈奏《壤地初闢疏》，主要針對「臺灣應得錢糧數目及白糖鹿皮可否興販」的事情，提出看法。其疏主要內容如後：

> 蓋臺灣沃野千里，則壤成賦，因地為糧，宜稱富足，……瀰山遍谷，多屬土番，雖知懷服，習性未馴，射獵是事，微供無幾。……其安於耕桑可得按戶而問賦者，皆中國之人，于數十年前，生聚乎其間。……自臣去歲奉旨蕩平，偽藩、偽文武官員、丁卒與各省難民相率還籍，近有其半，人去業荒，勢所必有。今部臣蘇拜等所議錢糧數目，較偽藩鄭克塽所報之額相去不遠。……兼以鄭逆向時所徵者乃時銀，我之所定者乃紋銀，紋之與時，更有加等。……萬或以繁重為苦，輸將不前……至時動兵，為費更甚，何惜減此一二萬之錢糧哉？……至于興販東洋（日本）白糖一項，歲定二萬石，不足之數，聽其在本省（福建）之內採買。……則今四方蕩定，六合為一，在臺灣可以興販東洋，何本省不可興販，必藉臺灣之名買白糖赴彼興販？……可知臺灣錢糧，一時未能裕足故也。[21]

　　施琅在這疏中，表現了其體恤臺灣民生疾苦，也為臺灣地方所使用的紋銀有所解釋，讓朝廷能夠清楚了解，這種關懷臺灣民生的用心，是值得肯定的事情。

　　總之，施琅能夠在十七世紀末，認清臺灣在近代海權時代的重要戰略地位，堅持主張並影響其他大臣，最後讓清廷保有臺灣，成為中國版圖的一部分。就這歷史事實而言，施琅在清初採行保守、消極的海禁政策下，能夠堅持自己的看法，的確有過人的見識。

四、施琅與清代渡臺禁令關係

　　清朝康熙 22 年 8 月施琅率兵到臺灣，接受鄭氏政權的投降。清廷

---

[21] 同上，頁 67-68。

隨後即將臺灣、澎湖併入領土，於康熙 23 年沿襲鄭氏舊制，設立臺灣府隸屬福建布政司，臺灣府下設立臺灣縣、鳳山縣、諸羅縣等 3 縣，管理臺灣、澎湖等地[22]。

　　當時臺灣府統轄 4 個坊、26 個里、2 個庄、46 個社、1 個鎮以及澎湖的 36 個島嶼。其中臺灣縣統轄 4 個坊（東安坊、西定坊、寧南坊、鎮北坊），15 個里（武定里、永康里、廣儲東里、廣儲西里、長興里、新豐里、歸仁南里、歸仁北里、永豐里、保大東里、保大西里、仁德里、仁和里、文賢里、崇德里）。

　　鳳山縣統轄 1 個鎮（安平鎮），2 個庄（觀音庄、鳳山庄），7 個里（依仁里、永寧里、新昌里、長治里、嘉祥里、維新里、仁壽里），12 個社（下淡水社、力力社、茄藤社、放索社、上淡水社、阿猴社、搭樓社、大澤機社、郎嬌社、琉球社、南覓社、加六堂社）。

　　諸羅縣統轄 4 個里（善化里、新化里、安定里、開化里），34 個社（蕭壟社、麻荳社、新港社、大武壟社、目加溜灣社、倒咯嘓社、打貓社、諸羅山社、阿里山社、奇冷岸社、大居佛社、他裡霧社、猴悶社、沙轆牛罵社、柴裡斗六社、東螺社、西螺社、南北投社、麻務棟社、崩山社、大傑巔社、新港仔社、竹塹社、南嵌社、雞籠社、上淡水社、麻芝干社、南社、二林社、馬之遴社、大突社、亞束社、半線大肚社、大武郡牛社）[23]。

　　適時臺灣實在民戶總計 12,727 戶；其中臺灣縣民戶為 7,836 戶，鳳山縣民戶為 2,455 戶，諸羅縣民戶為 2,436 戶。臺灣社會主要生產力之男子成丁人口，原來鄭氏政權登記名額為 22,253 人，清廷底定臺灣後存冊名額為 13,270 人；其中臺灣縣名額 7,083 人，澎湖地區名額 546 人，鳳山縣名額 2,802 人，諸羅縣名額 2,839 人。另外有新收男子成丁 3,550 人；其中臺灣縣為 1,496 人，鳳山縣 694 人，諸羅縣 1,360 人。合計實在男子成丁人口數為 16,820 人；其中臺灣縣 8,579 人，澎湖 546 人，鳳

[22] 金鋐主修、鄭開極等纂《康熙福建通志臺灣府》康熙 23 年刊本，臺北成文出版社影印出版，民國 72 年 3 月，頁 67。

[23] 蔣毓英撰、陳碧笙校\注《臺灣府志校注》，廈門大學出版社出版，1985 年 11 月，頁 9-11。

山縣 3,496 人，諸羅縣 4,199 人[24]。至於臺灣原住民的人口紀錄，在康熙23 年刊本的《康熙福建通志臺灣府》裡面，記載「實在八社番丁口 4,345丁口，內除半老疾番、少男女番、老番婦 753 丁口豁免丁米外，實在男女番丁口 3,592 丁，⋯⋯」[25]。從這些紀錄可以概括了解，當時官府能夠掌握漢人與社番的丁口數中，以漢人部分較為詳細，而社番丁口僅只有 8 個社番的統計，可以理解當時治理臺灣番社的不易。

另外，當時臺灣開墾的田園，在鄭氏政權登記官民田園有 30,054甲地，清朝底定臺灣後實在官民田園則為 21,019 甲地[26]，田園驟然短少9,035 甲，其原因或許如施琅在《壤地初闢疏》奏摺上所云：「自臣去歲奉旨蕩平，偽藩、偽文武官員、丁卒與各省難民相率還籍，近有其半，人去業荒，勢所必有」所致[27]。

清廷為臺灣、澎湖的防衛，總計派遣水陸官兵 10,000 人駐防各處。其中臺灣鎮標中左右三營官兵 3,000 人，臺灣水師協鎮標中左右三營3,000 人，澎湖水師協鎮標左右二營 2,000 人，南路營官兵 1,000 人，北路營 1,000 人[28]。這些規畫與施琅於康熙 22 年 12 月 22 日上奏清廷的《恭陳臺灣棄留疏》中，所建言的分防臺灣澎湖的內容相同，顯示清廷相當採納施琅的意見。

若從駐防官兵 10,000 人數與臺灣當時漢人男子成丁 16,820 人口數相較而言，清廷對於臺灣、澎湖的防衛，可以說是相當的嚴密。這也可以了解清廷自康熙 23 年以後，在臺灣、澎湖等地，選擇險隘、扼塞的地方駐防，這些設防，讓臺灣地區達到「寸板不得度」的效果[29]。

清廷首批派任臺灣地區的職官，其職別與名單分別為；分巡臺廈道

---

[24] 金鋐主修、鄭開極等纂《康熙福建通志臺灣府》康熙 23 年刊本，臺北成文出版社影印出版，民國 72 年 3 月，頁 107。

[25] 同上，頁 108。

[26] 同上，頁 109。

[27] 施琅《靖海紀事》，臺灣文獻叢刊第 13 種，臺灣銀行經濟研究室編印，頁 67。

[28] 金鋐主修、鄭開極等纂《康熙福建通志臺灣府》康熙 23 年刊本，臺北成文出版社影印出版，民國 72 年 3 月，頁 118-120。

[29] 同上，頁 121。

周昌，臺灣知府蔣毓英，臺灣府同知梁爾壽，臺灣府經歷林起元；臺灣縣知縣沈朝聘、將相，臺灣縣縣丞趙行可，臺灣縣典史張元初，臺灣縣新港巡檢司巡檢紀文達，臺灣縣澎湖巡檢司巡檢姚法唐；鳳山縣知縣楊芳聲，鳳山縣典史王輅，鳳山縣下淡水巡檢司巡檢袁玫、謝寧；諸羅縣知縣季麒光、樊維屏，諸羅縣典史楊輔業，諸羅縣佳興里巡檢司巡檢孫寅等人[30]。

職官中，臺灣府知府蔣毓英論當時臺灣風俗，以為「臺灣自紅彝僭竊以來，因仍草昧，鄭氏父子相繼，民非土著，逋逃之淵藪，五方所雜處，未盡同風而易俗，攘及牛、豕者，如殺人之罪，故民皆惴惴焉，以盜為戒。今國朝寬大，苛禁咸弛，而鼠竊時聞，非天性之有異，實民心之澆薄也」。概言之，除說明鄭氏以嚴厲方式管理，使臺灣民眾不敢為盜。他對於當時臺灣治安上不時發生偷竊事情，則認為是臺灣居民之間人情過於疏離所致。

其次，蔣毓英觀察臺灣漢人移民，以為「三邑之民務本者多，逐末者少」，他亦將當時臺灣府的三邑人口數略加計算，「共一萬六千餘人，不及內地一小邑之戶口」。此外，由於臺灣地區漢人移民性別比例，呈現男多女少現象，使其認為「匹夫猝難得婦」，因此提出「生齒奚能日繁」的看法。

再則，蔣毓英對於當時臺灣的自然環境，作出「地廣人稀，蕭條滿眼，叢爾郡治之外，南北兩路，一望盡綠草黃沙，綿邈無際。……荒村煙火，于叢草中見之。……男女無完體之衣，適口乏肥甘之味；衢路衣冠偶或遇之，疲癃慘淡之狀，不堪睹聞。蓋緣地瘠而民貧，民貧而俗陋，誠可悲也，亦可念也」的描述，道盡當時臺灣荒蕪與貧瘠的情形[31]。

從上述可以了解，清康熙 23 年前後，臺灣經濟、物質等環境條件與內地相較，是相當的落後與困苦。然而，誰能料到日後臺灣的環境變化是如此的快速，到了雍正、乾隆期間，居然有許多內地人不顧清廷嚴

---

[30] 同上，頁 149-154。

[31] 蔣毓英撰、陳碧笙校注《臺灣府志校注》，廈門大學出版社出版，1985 年 11 月，頁 54－56。

苛的渡臺禁令，不斷地甘冒個人生命危險，橫越波濤凶湧的海峽，偷渡
來臺，臺灣宛若冒險者的天堂。

　　一般談論清代渡臺禁令，總將施琅牽連其間。事實是否如此值得商
榷[32]。近代討論施琅與清代渡臺禁令的關係，首由日人伊能嘉矩在其所
著《臺灣文化志》中卷，第 11 篇交通沿革，第 2 章臺灣渡航弛張的篇
章中論及。他以為施琅的《恭陳臺灣棄留疏》奏摺，明確陳述了臺灣棄
留的利害，使得清廷將臺灣納入中國版圖，然而廷議中「臺灣孤島易為
海盜淵藪應予棄之」，及「遷徙臺灣移墾回籍防守澎湖」之論，雖不被
採行，但是這種消極的心態卻影響當時清廷治理臺灣呈現消極的政策。
認為從《六部處分則例》中「臺灣編查留寓條」的例子可以了解。其條
文主要內容為；

> 臺灣留寓之民，凡無妻室無產業者，應逐令過水，交原籍管束。
> 其有妻室產業情願欲在臺居住者，該府、縣及移知原籍，申報臺
> 廈兵備道稽查，仍報名督、撫存案。若居住後遇有犯過，罪止杖
> 笞以下者，照常發落，免其驅逐，若犯該徒罪以上者，不論有無
> 妻室產業，概押回原籍治罪，不許再行越渡。（失察之官亦依輕
> 重罰俸降級有差，其奸宄而留寓叢集滋事者，處以革職。）

同時附帶三條渡臺的限制，內容分別為：

> 欲渡航赴臺灣者，先給原籍地方之照單，經分巡臺廈兵備道之稽
> 查，依臺灣海防通知之審驗許之，潛渡者處以嚴罰。
> 渡航臺灣者，不准攜伴家眷，既渡航者不得招致之。

32　可參閱施志汶〈臺灣史研究的史料運用問題：以清代渡臺禁令為例〉，《臺灣社會文化變遷
　　學術研討會論文集》，臺灣師範大學歷史學系、臺灣省文獻會合編，民國 89 年 9 月出版。
　　此篇文章內容中，將近代以來學者在清代渡臺禁令相關方面的研究論著，加以排比，並比
　　較各家說法，花費頗多心力，值得參考。但施文仍將伊能嘉矩在《臺灣文化志》中引用的
　　《六部處分則例》的「臺灣編查留寓條」的時間，定在康熙 22 年。這個時間應該是錯誤的，
　　因為施琅率軍打敗劉國軒水師，逼迫臺灣鄭克塽投降是在康熙 22 年的 6 月，在此之時，清
　　廷是無法對臺灣的狀況，馬上或者預先設定管理的條規。更何況鄭克塽投降後，清廷對於
　　臺灣棄留的問題，才在康熙 23 年 4 月有所定奪，設置行政機構，隸屬福建省。另外，伊能
　　嘉矩在書中也並未註明引用的時間，而是舉「臺灣編查留寓條」的內容，說明康熙年間治
　　理臺灣採取消極又嚴格管理的政策。

粤地（廣東）屢為海盜淵藪，以其積習未脫，禁其民之渡臺。
違反者依清律的兵律私出外境及違禁下海之條處分[33]。

伊能嘉矩以這些條例嚴格的作為，視作清廷在康熙年間治理臺灣初期，採取消極又嚴格管理的政策。

然而，上述附帶渡臺三條限制，其中「粤地（廣東）屢為海盜淵藪，以其積習未脫，禁其民之渡臺」的條文，被視為排斥客家人移墾臺灣的條款，也成為一般視為臺灣閩、客族群人數及發展差異的主因之一。

另外，大興黃叔璥在其所著《臺海使槎錄》卷四中引〈理臺末議〉的一段內容，即「臺灣始入版圖，為五方雜處之區，而閩粤之人尤多。先時鄭逆竊據海上，開墾十無二三。迨鄭逆平後，招徠墾田報賦；終將軍施琅之世，嚴禁粤中惠、潮之民，不許渡臺。蓋惡惠、潮之地素為海盜淵藪，而積習未忘也。琅歿，漸弛其禁，惠、潮民乃得越渡」[34]，亦是一般研究臺灣閩、客人口問題的學者，所經常引用的依據。以為施琅對客家人的偏見，影響客家人至臺灣移墾的發展。

有關施琅資料，其中《靖海紀事》為重要，收錄施琅康熙年間征臺灣的奏疏，但其內容沒有施琅對惠、潮之民的看法記載，因此，黃叔璥的《臺海使槎錄》中所紀錄的事情是否可信，有必要進一步探究。

黃叔璥順天大興人。進士出身，歷官至御史。於康熙 61 年與滿籍御史吳達禮同膺首任巡臺之命，乃有機會到臺灣視察，其就臺灣視察之事紀錄，以後將〈赤崁筆談〉四卷，〈番俗六考〉三卷，〈番俗雜記〉一卷等集成《臺海使槎錄》一書。由於本書為清代臺灣早期文獻之一，因此以後修志的人，均多所參考引用。

以作者在康熙年間的背景來說，施琅於康熙 35 年 3 月 21 日病卒，享年 76 歲，應該是接近施琅的年代。施琅去逝之時，距黃叔璥以御史身分至臺灣，雖然有 26 年的差距，但施琅的事蹟及行事，以黃叔璥御史的身分應該不難獲悉。雖然目前尚未發現施琅本人嚴禁惠、潮之民的

---

[33] 伊能嘉矩《臺灣文化志》中卷，東京刀江書院，1928 年，頁 769-770。
[34] 黃叔璥《臺海使槎錄》，臺灣文獻叢刊第 4 種，頁 92。

記載，但並不表示施琅沒有這方面的作為。以黃叔璥在康熙期間任御史的身分地位，其在《臺海使槎錄》一書中，所留下的有關臺灣事務的記載，以為是可以相信的。

另外，有關客家人在清初的民情風俗，藍鼎元在其《鹿洲初集》卷十四的〈潮州風俗考〉一文有所描述。云：「潮郡依山附海，民有雜霸之風，性情勁悍，習尚紛囂……大抵士庶之家十人九賭，兵役之家九人十賭，通都僻壤無處無之，蓋習俗之浸淫久矣。賭博之餘，流為盜賊，攘雞盜牛，穿窬胠篋……或則操舟溪河，禦人于郊關之內，結隊出海，攘客于重洋之外，……」[35]，亦對當時潮州民俗作了實際的描述。因此，當時官家對於惠、潮之民的看法，自然不是無的放矢。

施琅自康熙 22 年 8 月接受鄭克塽的投降時，即與臺灣前途關係密切，至康熙 35 年因病去逝止，總計 13 個年頭。因此，黃叔璥記載，「終將軍施琅之世，嚴禁粵中惠、潮之民，不許渡臺。蓋惡惠、潮之地素為海盜淵藪，而積習未忘也。琅歿，漸弛其禁，惠、潮民乃得越渡」的說法，這事情應該是可以相信的。

此外，清康熙 52 年有一位吳桭臣者，跟隨臺灣知府馮協一渡臺，以後將其在臺灣所見聞的事情，寫成《閩遊偶記》一書。此書也紀錄了臺灣歸附清廷後的情況，記載臺灣當時官府的建置，以為「廷議設郡建官，制度規模等於內地無異」，同時評論臺灣地方，以為「在臺建置，設府一縣三；……治所設官司，有分巡道及府、廳、縣等員，武備則有總鎮及副、參、遊、守等員弁，府、縣學師各一。於以明倫善俗，興行教化；申嚴保甲，稽察奸宄。不但規制燦然，而且附籍者眾，戶口日增，人皆視為樂土矣。」[36]。是故，從康熙 22 年到 52 年，僅 30 年的時間，臺灣的情境從「匹夫猝難得婦」、「生齒奚能日繁」、「地廣人稀，蕭條滿眼」變成人口眾多、人間樂土的模樣，這是值得高興的事情。

---

[35] 沈雲龍主編《鹿洲初集》卷 14 至卷 20，近代中國史料叢刊續輯 404，頁 1043－1046。
[36] 諸家《臺灣輿地彙鈔》，臺灣文獻叢刊第 216 種，頁 16。

路七十里至嶺腳，上嶺下嶺十里、渡海十二里至雞籠。又淡水港
北過港，坐蟒甲上岸至八里坌，十五里至外北投，十二里至雞柔
山，十五里至大屯，三十里至小雞籠，七十里至金包裏，跳石過
嶺八十里至雞籠社。[6]

從上文中有對大浪泵水域的描述，注明「此地可泊船」而言，可見
當時大浪泵社所處自然水域環境，對於水運船隻停泊是相對其他地方更
為理想，同時也意味當地居民對於外來泊船者是持友善態度相待。

臺灣北部淡水河流域在清初康熙時期，即有漢人紛紛前來移墾落戶
的事情，至 1736 年（清乾隆元年）已經形成「淡水堡」，管轄 12 莊，
分別是：

八里坌莊、滬尾莊、大屯莊、竿蓁林莊、關渡莊、北投莊、八芝
連林莊、奇里岸莊、瓦笠莊、興仔武勞灣莊、大佳臘莊、圭母子
莊、大灣莊、水興莊、興直莊、加里珍莊、擺接莊、山腳莊、八
里坌仔莊、海山莊、坑子莊、虎茅莊、奶笏莊、澗仔歷莊、甘棠
莊。[7]

其中大佳臘地名，在方志或其他文獻資料上，又稱為大加蚋，又作
大佳蚋、大佳蠟。

至於淡水流域原住民部分，則在淡水廳管轄下以熟番稱之，當時
文獻紀錄有：淡水社、大屯仔社、武勞灣社、雷裏社、了匣社、
秀朗社、擺接社、內北投社、麻少翁社、大浪泵社、答答悠社、
奇武卒社、里族社、麻裏雞口社、大雞籠社、外北投社、雞柔山
社、小雞籠社、金包裏社等 19 個熟番社。[8]

淡水廳轄區至 1774 年（乾隆 39 年）漢人移民落居人口日趨興盛，
由先前 35 莊，發展成 132 莊。當時淡水廳北部的淡水河流域村落，已

---

[6] 范咸《重修臺灣府志》卷十六風俗（四）臺北：臺灣銀行經濟研究室，1958 年，頁 457。
[7] 范咸《重修臺灣府志》卷二規制／坊里／淡水廳 臺北：臺灣銀行經濟研究室，1958 年，頁 69。
[8] 范咸《重修臺灣府志》卷二規制／番社／淡水廳，臺北：臺灣銀行經濟研究室，1958 年，頁 73。

經發展至 28 莊，各莊分別為：萬盛莊、古亭莊、艋舺渡街、奇武卒莊、大浪泵莊、中崙莊、下埤頭莊、大加臘莊、上埤頭莊、興福莊、內埔仔莊、新莊仔、嗒嗒攸莊、貓裏錫口莊、里族莊、內湖莊、南港仔莊、和尚洲莊、□仔崎莊、石角莊、八芝蘭林莊、瓦笠莊、北投莊、奇里岸莊、干豆莊、八里坌仔莊、滬尾莊、芊蓁林莊。[9]從這時期的莊名可以看到原先是熟番社的聚落，在漢人紛來移民拓墾的時代潮流中，不知不覺已經成為漢人街莊了。

清道光年間由於行政管理需要，將大加臘莊改成大加蚋（蠟）堡，隨著大加蚋成為堡名，其所轄管範圍有：艋舺街、三板橋庄、古亭村、大灣庄、林口庄、上陂頭庄、錫口街、新南庄、南港仔街、搭搭悠庄、東勢庄、新庄仔庄、圭母卒庄、大隆同街等聚落。這時期的大隆同街，即是將大浪泵莊併入改名。

1841 年（道光 21 年）淡水廳同知曹謹編查戶口，轄區下淡水河流域各堡丁口數，分別為：

> 海山堡一萬六千三百四十二丁口，興直堡一萬六千四百六十六丁口，擺接堡二萬六千九百一十七丁口，拳山堡一萬四千九百八十九丁口，大加蠟堡二萬三千六百八十三丁口，八里坌堡一萬一千五百七十四丁口，芝蘭一堡一萬二千五百六十三丁口，芝蘭二堡七千九百八十丁口，芝蘭三堡一萬五千八百零八丁口。[10]

其中大加蠟堡是僅次於擺接堡，為第二大丁口數的堡，意味著此大加蠟堡擁有不少男性為主的移墾社會生產勞動力，當地人丁眾多亦即是象徵當地產業興盛發達。

> 至 1871 年（同治 10 年）大加蠟堡共轄 16 個莊，包括有：艋舺下嵌莊、三板橋莊、古亭莊、大灣莊、林口莊、上陂頭莊、錫口

9　余文儀《續修臺灣府志》卷二規制／坊里／淡水廳，臺北：臺灣銀行經濟研究室，1962 年，頁 78。

10　陳培桂《淡水廳志》卷四／志三／賦役志／戶口／番丁，臺北：臺灣銀行經濟研究室，1963 年，頁 89。

23、至聖里含日據時期圓山町一部份、大龍峒町一部份；

24、民權里含日據時期蓬萊町一部份；

25、蓬萊里含日據時期蓬萊町一部份。[21]

　　是故，大同區目前 25 里的歷史沿革，其所包含範圍，屬清領時期大稻埕庄、番仔溝庄、大龍峒街、山仔坂庄、牛埔庄。因此，依據上述臺北地區歷史時代變遷改制情形，可以清楚了解清代大龍峒街及其鄰近番仔溝、山仔坂等範圍，成為目前大同區之老師里、保安里、重慶里、揚雅里、斯文里、至聖里等行政區域。

　　1989 年（民國 78 年）在臺北市文獻委員會主持的大同區耆老座談會上，有陳錫福、許潭、葉朝發、黃春生、葉朝發等耆老，發表了本區原住民聚落的事情。其中有關古地名及渡船頭、溝渠變化，敘述於后：

　　本區「番仔溝」在日據時期屬「河合町」即今文昌里（後併入老師里），為原住民平埔族的居所，旁邊有條河叫番仔溝。本區內土地公廟北面原先居住的原住民，因漢人遷入後，退居對岸的「葫蘆堵」，葫蘆堵狀如鯉魚，堪輿稱為「鯉魚穴」，魚頭就在番仔溝這邊，1963 年（民國 52 年）基隆河改道，葫蘆堵（島）就被剖開，鯉魚穴就被毀了。昔日清代臺北橋下有手搖的「鴨母船」船，可載 10 人，往返大稻埕、葫蘆堵、溪州底、關渡等地。本區當時有兩處渡船頭，一是番仔溝渡設在番仔溝，船東是鄭姓人家；另一處是三叉渡，（在大同路尾端，圓山鐵路橋下）船東是郭姓人家。番仔溝後來被填平充作中山高速公路，路基的 5 分之 2 寬度，則為昔日的河溝。

　　另外，本區老師府陳悅記祖宅前，以前一條河溝稱為「港仔溝」，由外土地公埔一帶流入基隆河，清代水深陳悅記祖宅的建材，均由此運來，日據時期船隻尚可抵達今污水處理廠一帶，此河溝寬度可容兩艘木船插身而過，今日已經不可同日而語。這條河溝也曾用來運送煤炭，當時煤炭是一般家庭的必需品，這一帶就有三個煤場；水肥也是這條河溝運送的項目，水肥業收集各家糞便之

[21] 湯熙勇主編《臺北市地名與街路沿革史》臺北市：臺北市文獻委員會，民國 91 年，頁 60-65。

後，十擔裝成一箱（橢圓形），再用手拉車拖到河溝邊裝船，一
艘船可裝十箱，然後運送到溪州底、蘆洲、八仙、北投一帶菜園
販賣，當時（民國 52 年）一箱約千餘斤，可買到新臺幣 30 元，
相較當時作工的一天工資 40 元，有利可圖。這條河溝在 1971 年
（民國 60 年）才加蓋，闢建成延平路四段。[22]

第二節　保安宮的興建與街廟聚落的形成

有關保安宮殿興建與街廟聚落到形成事情，首先不得不以本區耆老
吳槐所發表的〈再談龍峒四十四坎〉相關文章為依據。吳槐曾任本區區
長，日據時期國語學校畢業，1966 年（民國 55 年）秋初在家中故紙堆
中發掘一份有關大龍峒四十四坎購地，起蓋瓦店，以及鬮分管理的古文
書契，這份書契，清楚紀錄當時四十四坎起建各姓置產的情形，亦是大
龍峒街肆的主要店屋分佈紀錄資料。這份合約是吳槐的曾祖父江水公向
陳篤記子孫承買店屋的附件，當時購買的店屋是合約的第 42 號，地址
在保安宮前右邊向北第 22 間，契約訂立時間為 1810 年（嘉慶 15 年 7
月）。

吳槐對於此合約為何是作於嘉慶 15 年之事，做了說明。他以為店
屋落成在於嘉慶 8 年 10 月，且隨即鬮分完畢，因此店屋所有人據此契
約內容 7 年前就已經各管各業了，但期間店屋所有人似乎因管業或修理
等事情發生意見，鬮出糾紛，故重新補立合約，明定規定，輪流交盤，
不得霸據。如店屋修改，己界己為，不得別咎，作為依歸，以防滋事生
端。[23]

合約內容紀錄，在清嘉慶年間，有當地股戶以王智記為首共 21 人
共同集資，成立「金同成」號，向郭氏兄弟購買旱田一契，作為基地，
規劃新建街肆，自 1802 年（嘉慶 7 年壬戌）興工，至隔年 1803 年（嘉
慶 8 年癸亥）10 月完工，費時一年多，蓋成南北相向瓦店共 44 間（坎），

---

[22] 林萬傳〈大同區耆老座談會紀錄〉《臺北文獻》直字 91，1990 年，頁 2-6。
[23] 吳槐〈再談龍峒四十四坎〉《臺北文獻》第 17 卷第 2 期，1967 年，頁 26。

其中向南向北各 22 間，每間一律地闊 1 丈 7 尺 5 寸，內實 1 丈 6 尺 2 寸，各起一進帶過水，44 間一模一樣，無分軒輊。此店屋即是日後著名之大龍峒（大浪泵）四十四坎店名稱之源起。

　　另外，有關大龍峒保安宮的興建情形，在《淡水廳志》典禮志祠廟篇，其中記載有：「保安宮，在大隆同街。嘉慶十年（1805）捐建，道光十年（1830）告成」。 若依據此紀錄而言，大龍峒四十四坎店屋完成時，當時今大龍峒保安宮尚未興建。然而，吳槐的四十四坎書契內容有關四至界址，為「東至保安宮巷式坎內為界，西至公巷壹半為界，南至圍牆外水溝外為界，北至圍牆外公路為界，中鋪車路為界」，其中有「東至保安宮巷式坎內為界」的紀錄，因而有保安宮早於四十四坎店屋的說法。

　　因此，吳槐所擁有的四十四坎書契，無疑是重要的文獻資料，茲將該書契主要內容，刊載於後：

> 全立合約字王智記、高明德、陳蘭記、陳陞記、王元記、鄭西源等，竊謂合志同方，朋友常逾兄弟；通才建業、連契即如連枝、智等澤居大浪泵即隆同街，公鳩銀元、立號金同成；合買郭講兄弟等旱田壹契，年配大租谷叁石四斗壹升半，又口糧五斗；自壬戌年（1802 嘉慶 7 年）興工，起蓋瓦店，相向四十四坎。每坎地闊壹丈七尺五寸，實內壹丈陸尺貳寸；東至保安宮巷式坎內為界，西至公巷壹半為界，南至圍牆外水溝外為界，北至圍牆外公路為界，中鋪車路為界；每坎各起壹進帶過水，攤出銀叁佰餘元，經於癸亥年（1803 嘉慶 8 年）拾月落成，隨即鬮分各管無異。誠恐世久年湮，子孫互混，與其爭競於後，曷若立約於先；爰是公議立約為憑。[24]

　　從這份合約的主要內容，可以明確的看到四十四坎興工與落成的時間，分別在 1802 年到 1803 年的期間，比起保安宮的 1805 興建，早了兩年的時間。但保安宮的興建為「嘉慶十年（1805）捐建，道光十年（1830）

---

24 吳槐〈再談龍峒四十四坎〉《臺北文獻》第 17 卷第 1 期，1967 年，頁 21-22。

告成」，期間經過 25 年漫長的歲月，到 1830 年才完成。從上述的相關記錄，是否可以說大龍峒四十四坎隆同街的商店，是當時保安宮保生大帝信仰圈的重要街肆，由於街肆商業繁榮，帶動保安宮的發展，畢竟一座廟宇要花 25 年的時間來完成，需要源源不斷的捐款來支付費用，若大龍峒四十四坎隆同街商業不興隆，也就無法持續了。

當時四十四坎店面的擁有者，依據〈全立合約字〉有 21 人簽字，分別為：鄭西源、陳泰記、蔡玷觀、陳陞記、陳篤記、王夏記、高明德、王禮記、林源發、王智記、鄭魁記、王義記、陳蘭記、陳讓記、王周記、王元記、鄭裕記、王琪宣、周蘭美、王量寬、蘇旺再等人。

按照 1810 年（嘉慶 15 年）〈全立合約字〉記載的個人或商號所屬店面及位置，以保安宮為定位，清楚標明，分別是：

陳篤記分得宮邊右畔向南第三間列 1 號、
陳泰記分得宮邊右畔向南第四間列 2 號、
陳泰記分得宮邊右畔向南第五間列 3 號、
陳泰記分得宮邊右畔向南第六間列 4 號、
鄭西源分得宮邊右畔向南第七間列 5 號、
鄭裕記分得宮邊右畔向南第八間列 6 號、
王元記分得宮邊右畔向南第九間列 7 號、
王元記分得宮邊右畔向南第十間列 8 號、
林源發分得宮邊右畔向南第十一間列 9 號、
周蘭美分得宮邊右畔向南第十二間列 10 號、
王禮記分得宮邊右畔向南第十三間列 11 號、
王夏記分得宮邊右畔向南第十四間列 12 號、
陳陞記分得宮邊右畔向南第十五間列 13 號、
陳陞記分得宮邊右畔向南第十六間列 14 號、
王量寬分得宮邊右畔向南第十七間列 15 號、
王琪宣分得宮邊右畔向南第十八間列 16 號、
王智記分得宮邊右畔向南第十九間列 17 號、
王智記分得宮邊右畔向南第二十間列 18 號、
高明德分得宮邊右畔向南第二十一間列 19 號、

　　1860 年臺灣開港通商，清代大稻埕因茶葉出口貿易而興起，依據日人調查資料，大稻埕茶商共 252 家總資本額在一千萬銀元以上，從業人員有 3,612 人，當時茶商多匯集在今本區南京西路（即法主公廟以西至淡水河）及朝陽街一帶，其中新興街 27 家，得勝街 15 家，法主公街（今南京西路 344 巷）17 家等，均屬在南京西路部份，朝陽街有 46 家是最多茶商的街肆。

　　1888 年（光緒 14 年）板橋林維源清朝廷詔命擔任幫辦臺灣撫墾大臣，貫徹巡撫劉銘傳「招撫生番、清除內患、墾殖番地、擴張疆域」之政策，設立撫墾局於大溪，成為臺灣北部撫墾事務的主官。1892 年（光緒 18 年）林維源建欽差行臺於大稻埕淡水河岸，共 6 大間舉族居住，並設茶行「建祥號」資本額 12 萬銀圓以上，成為臺灣最大的茶行。當地居民俗稱「六館仔」，以後遂正式命名為「六館街」。當時六館街一帶領事館、洋行緊鄰，與千秋街、建昌街同是茶行林立的熱鬧街肆。[33]

　　另外，咸豐年間大稻埕的鴨寮街（今南京西路與迪化街口）曾設有乞食寮（乞丐收容所），1853 年（咸豐 3 年）艋舺發生「頂下郊拼」，敗陣的八甲庄同安人逃至大稻埕建街，一時無業遊民甚多，被收容在乞丐寮，由丐首，約束乞丐安定秩序，並等待就業機會。[34]清代臺北乞食寮共有三處，除大稻埕鴨寮街乞食寮之外，尚有艋舺龍山寺街乞食寮以及學海書院邊街乞食寮，位置均在今龍山區廣州街一帶，設置時間相傳為道光年間。各乞食寮由創辦人指定丐首，約束群丐。[35]

　　清代乞丐寮設有丐首，以管理各丐，丐首實為官派之職，以管理其固定區域之乞丐，非如社會事業之有何救濟。茲將淡水縣諭艋舺乞丐寮文，抄書於後，以明清代官方治理乞丐之法，其文內容如後：

> 　　欽加同知銜署臺北府淡水縣正堂鄧，為發給諭戳，以專責成事。
> 　　照得淡北艋舺地方，原設丐首二名，分為下寮、頂寮，約束各丐，

---

[33] 湯熙勇主編《臺北市地名與街路沿革史》臺北市：臺北市文獻委員會，民國 91 年，頁 189。
[34] 湯熙勇主編《臺北市地名與街路沿革史》臺北市：臺北市文獻委員會，民國 91 年，頁 189。
[35] 曾迺碩總纂《臺北市志》卷四社會志 社會福利篇 臺北市：臺北市文獻委員會，民國 77 年，頁 7。

先經各郊鋪公舉林有湖充當頂寮丐首,管理龍山寺邊丐院。又黃
恆秀充當下寮丐首,管理料館口丐院。茲據業戶黃順等以廳治改
設縣,又據業戶林文臻以林有湖緣事革退,復舉林國俊接充頂寮
丐首,取其認保各結到縣。據此,除批示照章分充並出示曉諭外,
合行給發諭戳為諭仰下寮丐首黃恆秀知悉,即將發去戳式一顆刊
刻奉公。嗣後務須約束下寮諸丐,毋許擾累街莊,倘有故違滋事,
即據實指稟赴縣,以憑勾究。該丐首仍於分管界內,不時小心稽
查,毋得始勤動怠;別滋弊端,致干革究,凜之慎之,毋違,此
諭。[36]

是故,清代臺灣臺北地區街肆乞丐問題,未曾在文獻上留下擾亂社
會秩序的紀錄,反倒大龍峒保安宮歷史流傳有乞丐在分類械鬥之時相助
的故事。故事內容為咸豐年間漳泉械鬥不止,棲息在保安宮後的乞丐
群,因夜中察覺芝蘭地區(今士林)漳州人沿著圓山仔腳要偷襲大龍峒
保安宮,臨機應變,以木棍假冒槍枝置於牆頭作為嚇阻之用,使得來犯
的漳州人誤以為當地泉州人已經有所防備而退卻,事後居民感念,乃在
宮後院建「天子門生府」讓乞丐安居。[37]

然而,清代乞丐寮設置制度至日據初期弛廢,使得臺北地區乞丐流
離失所,以後至 1923 年才有淡水人施乾(1899-1944)於艋舺綠町(今
大理街)設置「愛愛寮」後,臺北地區乞丐才得以安身,獲得照顧。「愛
愛寮」即今日「財團法人臺北市私立愛愛院」之前身。[38]

第三節 保安宮信仰的初期發展

清代臺灣各地廟宇的祭典中,農曆中元節祭典是最為盛大,也最為
信徒矚目的節慶。各籍移民藉著中元祭典活動將各地祭祀圈連結起來,
並在大街市各籍移民的原鄉信仰保護神最大的廟宇舉行。同安人最大的

---

[36] 曾迺碩總纂 《臺北市志》卷四社會志〈社會福利篇〉臺北市:臺北市文獻委員會,民國 77
年,頁 6-7。

[37] 李世偉總編纂《新修大龍峒保安宮志》臺北市:臺北保安宮,民國 94 年,頁 32。

[38] 參考施乾—淡水維基館網站,搜尋時間 2015 年 12 月 30 日。

中元祭典在大龍峒保安宮舉行，除新莊以南，臺北盆地內的各地同安人皆會參加農曆 7 月 10、11、12 日的祭典。中元普渡之前一日，保安宮舉行會「牽轙」法會，為同安人習俗，是一種超度儀式，分為「水轙」、「血轙」兩種，超度死於溺水、難產及血光之災的人。掌管「牽轙」的神明為「轙腳媽」，農曆 7 月 14 日為其聖誕，於是日舉行祝聖法會。7 月 15 日中元節當日，舉行盂蘭盆會施放「燄口」，賑濟各方孤魂野鬼，助其早日超脫轉世。[39]

大龍峒保安宮中元祭典分由三堡輪流主持，各堡含括的地方與輪值中元祭典活動情形，分別敘述於后：

一堡含括的地方，有：

> 大龍峒、牛埔庄、西新庄仔、下埤頭、社仔、大直、北勢湖、山仔腳、北投、唭哩岸、嘎嘮咧、關渡、滬尾、雞柔山、山頂頭、小基隆等。

一堡上述所屬地方，再分成六甲（小地區）輪流參與中元祭典，各甲分別如下：

> 一甲所屬為大龍峒；二甲所屬為牛埔庄；
> 三甲所屬為圓山至內湖區域；四甲所屬為社仔；
> 五甲所屬為北投；六甲所屬為淡水、小八里坌。

由於一堡所屬地方因內部再分為六甲，因此每甲輪流到保安宮作中元祭典活動，為 18 年輪值一次。

二堡含括的地方為淡水以南，有：

> 新莊、二重埔、三重埔、蘆洲、更寮、五股、八里坌、洲仔頭、觀音山等。

二堡上述所屬地方，則再分成三甲輪流參與中元祭典，各甲分別如下：

---

[39] 湯熙勇主編《臺北市地名與街路沿革史》臺北市：臺北市文獻委員會，民國 91 年，頁 191。

一甲所屬為蘆洲、八里、中洲里；

二甲所屬為二重埔、三重埔；

三甲所屬為新庄仔、泰山（楓樹腳）、五股。

由於二堡所屬地方內部再分為三甲，因此每甲輪流到保安宮作中元祭典活動，為 9 年輪值一次。

三堡含括到的地方，有：

大稻埕、加蚋仔、港仔嘴、溪州等，亦分為三甲，

各甲分別是：

一甲為大稻埕，二甲為加蚋仔、崁頂；三甲為港仔嘴、溪州。

由於三堡與二堡相同亦分三甲，因此每甲輪流到保安宮作中元祭典活動，為 9 年輪值一次。[40]

1858 年清廷與英法簽訂天津條約，其中開放開港通商有臺灣（臺南安平舊港）、淡水、打狗（高雄港）三處。三堡所屬大稻埕街肆，因屬淡水港區域，商業開港後，逐漸繁榮，郊商頭人在保安宮中元普渡祭典的地位逐漸重要，大稻埕的金萬成（殺豬業組成）、金順同（雜貨商組成）、金海利（郊行組成）、金同利（藥材商、米商組成）也就分別擔任，中元祭典的四大柱，即是祭典事務的主會、主壇、主醮、主普的主持者，負責推展大龍峒保安宮中元祭典活動。[41]

---

[40] 溫振華《清代臺北盆地經濟社會的演變》國立臺灣師範大學歷史研究所碩士論文，民國 67 年 7 月，頁 83。

[41] 溫振華《清代臺北盆地經濟社會的演變》國立臺灣師範大學歷史研究所碩士論文，民國 67 年 7 月，頁 84。

客家人清代移民臺灣的幾個問題[*]

摘要

清代康熙 22 年（1683 年）施琅領軍於澎湖外海打敗據守臺灣的鄭氏軍隊，臺灣在清廷接收統一以後，始有大量的漢人移民到臺灣地區墾殖，客家人在這些一波波的移民潮之中，也從大陸原鄉粵東、閩西等地，離開家鄉翻山越嶺，乘船橫渡臺灣海峽，到達臺灣落居各地，成為今日臺灣的一個主要族群。然而，臺灣閩、客之間存在的人口差距以及不同文化信仰，至今還是有相當顯著的差異性。為進一步解釋這些歷史成因，擬從文化人類學、歷史學的立場，藉著歷史研究、田野調查以及比較法等研究方法，探討客家人在清代早期移民臺灣的歷史及早期臺灣方志中的紀錄，另外釐清被視為閩南神祇的客家信仰及創新的本土客家信仰。

本文首先從日據時期昭和元年（1926 年）臺灣總督府舉辦「臺灣在籍漢民族鄉貫別調查」的調查資料進行分析，再朔至清代早期的政治因素，是否對客家人移民臺灣人數有所影響。其次從《諸羅縣志》、《臺灣縣志》、《鳳山縣志》等方志中，發掘當時官府及方志纂修者對客家移民的看法與觀感，儘管紀錄資料有很多是負面的描述，但這也就清楚顯現清代早期客家人遭受漳、泉之人及官府所鄙視的理由。最後，探討臺灣客家人民間信仰的發展，例舉從原鄉傳襲來的神祇信仰，如「三山國王」、「定光古佛」、「慚愧祖師」等在移墾中遭受閩南化的影響，並論述臺灣北部「褒忠亭義民爺」的形成與特色，藉著這些問題的釐清，有助於一般人對於臺灣客家族群移墾歷史的了解與其民間信仰神祇的認識。

關鍵字：臺灣人口、漢籍調查、臺灣方志、定光古佛、慚愧祖師

---
[*] 發表於 2004.11.21-22，「臺灣與日本及其周邊區域的歷史、地理與文化第八屆臺灣地理學術研討會、第三十三屆南島史學國際研討會」，日本南島史學會、臺灣師範大學地理學系主辦。

一、前言

　　客家相關問題的探討，是近幾年來臺灣地區在學術界中興起的議題。客家議題之所以成為社會及學界注目的焦點，主要的原因是與臺灣的民主選舉有關，特別是民主選舉以票選為成敗的依據。由於目前客家族群是在臺灣次於閩南族群的漢民族，因此一些參與公職選舉的候選人就以族群作為其爭取選票的對象，特別是總統開放民選以後，客家選票在上行下效的刻意拉攏之下，一些客家政策紛紛出籠，解決客家社會問題成為公職候選人政見談論的事情。在現實政治的風氣影響下，客家一些相關問題也就成為學術研討會的新議題。

　　在這一波以客家議題為中心的公職選舉風氣中，政府先後落實選舉的承諾，在中央行政單位增設行政院客家事務委員會，在首善之區的臺北市也成立客家事務委員會。臺灣的客家文化的發揚與延續，就由這些實質的機構去實施，雖然成立不久實際功效難以評估，但臺灣社會重視客家文化的風氣，卻也影響到臺灣海峽的另一端中國大陸學界及政府的重視客家文化的研究。因此，對於客家文化整體來說是一個很好的現象與發展。

　　客家文化的議題一般偏重於現代客家文化、政治地位的處境，因此如何化解文化上的危機，如客家語言的傳承以及客家事務的推展，也就成為當下主要的研究議論焦點，至於較遠的客家文化源流或者清代客家文化如何傳播等，有關文化實質內涵問題的討論，還是鮮少發現。本文以文化人類學、歷史學的立場，並以歷史研究、比較研究的方法，探討清代客家人到臺灣移墾過程中所呈現的幾個現象，或者說是問題。諸如臺灣地區客家人口數為何較閩南少？臺灣客家文化中民間信仰傳承、創新特色為何？清代早期臺灣方志上如何記載或描述客家人？以為釐清這些問題，可以清楚知道臺灣客家文化形成的原貌，並有助於一般人了解、認識客家歷史與文化的發展。

二、臺灣客家較閩南人口少的歷史因素

　　臺灣人口調查在清代早期的臺灣府志中已經有丁口數的資料,其中漢人丁口數較原住民番社的丁口數來的詳實,然而,在漢人丁口數中卻無法得知漢人原籍的資料,因此歷清一代,臺灣移墾的漢民中閩南人與客家人的人口數是無法統計的。臺灣漢人籍貫的統計工作,直至 1894年甲午戰爭中國敗於日本簽訂「馬關條約」,將臺灣割讓予日本後,才在日本臺灣總督府的治理下,以現代學術的研究方法進行調查研究。

　　有關第一次臺灣漢人祖籍的調查,當以日據時期昭和元年(1926年)臺灣總督府所舉辦的「臺灣在籍漢民族鄉貫別調查」為首次的調查。當時臺灣漢人數有 375 萬人,佔總人口百分之 88.4;其中福建省系人口有 312 萬人,佔漢族人口百分之 83.1;廣東省系人口有 59 萬人,佔百分之 15.6;其他省系漢人僅有 5 萬人,佔百分之 1.3[1]。

　　另外從當時的「臺籍漢人依祖籍細分統計」的調查資料當中,首先可以獲知本省籍漢人百分之八十來自福建省之泉州府與漳州府;其中泉州府(晉江、南安、惠安、安溪、同安等五縣)人佔全省臺籍漢人百分之 44.8,漳州府(龍溪、漳浦、南靖、長泰、平和、詔安、海澄等七縣)人佔全省臺籍漢人百分之 35。至於,福建省之汀州、福州、永春、龍巖、興化等府之人,僅佔佔全省臺籍漢人百分之 3。客家人的部分則以廣東省為主,其人數佔本省籍漢人百分之十六;其中嘉應州(梅縣)人佔全省臺籍漢人百分之 7.9,惠州府(歸善、博羅、長寧、永安、海豐、陸豐、龍川、河源、平和等九縣及連平州)人佔全省臺籍漢人百分之 4.1,潮州府(海陽、豐順、潮陽、揭陽、饒平、惠來、大埔、澄海、普寧等九縣)人佔全省臺籍漢人百分之 3.6。因此,客家人所佔總百分比,將廣東籍加上非泉州、漳州籍的汀州、龍巖等部分,所佔百分比率也僅有百分之 19,差距閩南泉州、漳州籍貫所佔百分比率甚大。

---

[1]　李汝和主修《臺灣省通誌》10 卷二人民志人口篇,臺中市:臺灣省文獻委員會出版,民國61 年 6 月,頁 186。

　　從上述的閩、粵百分比的統計數據，明顯的顯示出臺灣地區客家人少於閩南人的事實。造成這種閩、客人數差距的原因，除了漳、泉較粵東三州府的地理位置來的方便外，是否還有其他的歷史因素存在[2]，是頗值得探索研究。

　　臺灣成為中國的領地，以從清朝康熙 22 年（1683 年）8 月施琅率兵擊敗鄭氏軍隊，接受鄭氏政權的投降開始。清廷隨後即將臺灣、澎湖等地併入中國的領土，並於康熙 23 年設立臺灣府隸屬福建省布政司，同時在臺灣府下設立臺灣縣、鳳山縣、諸羅縣等 3 縣，作為行政區劃並管理臺灣、澎湖等地[3]。

　　清代早期臺灣府沿襲鄭氏舊制，當時統轄地區；有 4 個坊、26 個里、2 個庄、46 個社、1 個鎮以及澎湖的 36 個島嶼。其中臺灣縣統轄的行政地區有 4 個坊（東安坊、西定坊、寧南坊、鎮北坊），15 個里（武定里、永康里、廣儲東里、廣儲西里、長興里、新豐里、歸仁南里、歸仁北里、永豐里、保大東里、保大西里、仁德里、仁和里、文賢里、崇德里）。

　　南端的鳳山縣統轄的行政地區，則有 1 個鎮（安平鎮），2 個庄（觀音庄、鳳山庄），7 個里（依仁里、永寧里、新昌里、長治里、嘉祥里、維新里、仁壽里），12 個社（下淡水社、力力社、茄藤社、放索社、上淡水社、阿猴社、搭樓社、大澤機社、郎嬌社、琉球社、南覓社、加六堂社）。

　　北端的諸羅縣統轄的範圍最大，行政地區則有 4 個里（善化里、新化里、安定里、開化里），34 個社（蕭壟社、麻荳社、新港社、大武壟社、目加溜灣社、倒咯嘓社、打貓社、諸羅山社、阿里山社、奇冷岸社、大居佛社、他裡霧社、猴悶社、沙轆牛罵社、柴裡斗六社、東螺社、西螺社、南北投社、麻務棟社、崩山社、大傑巔社、新港仔社、竹塹社、

2　李汝和主修《臺灣省通誌》10 卷二人民志人口篇，臺中市：臺灣省文獻委員會出版，民國 61 年 6 月，頁 188。）

3　金鋐主修、鄭開極等纂《康熙福建通志臺灣府》康熙 23 年刊本，臺北成文出版社影印出版，民國 72 年 3 月，頁 67。

南嵌社、雞籠社、上淡水社、麻芝干社、南社、二林社、馬之遴社、大突社、亞束社、半線大肚社、大武郡牛社）[4]。

適時臺灣實在民戶總計 12,727 戶；其中臺灣縣民戶有 7,836 戶，鳳山縣民戶有 2,455 戶，諸羅縣民戶有 2,436 戶。

臺灣社會主要生產力之男子成丁人口，原來鄭氏政權登記名額有 22,253 人，清廷底定臺灣後存冊名額則為 13,270 人：其中臺灣縣名額 7,083 人，澎湖地區名額 546 人，鳳山縣名額 2,802 人，諸羅縣名額 2,839 人。另外，有新收男子成丁 3,550 人；其中臺灣縣為 1,496 人，鳳山縣 694 人，諸羅縣 1,360 人。合計實在男子成丁人口數為 16,820 人；其中臺灣縣 8,579 人，澎湖 546 人，鳳山縣 3,496 人，諸羅縣 4,199 人[5]。上述資料顯示當時臺灣地區的漢籍移民人口數是相當少的。

至於臺灣原住民的人口紀錄，在康熙 23 年刊本的《康熙福建通志臺灣府》裡面資料，則記載著一筆簡單的「實在八社番丁口 4,345 丁口，內除半老疾番、少男女番、老番婦 753 丁口豁免丁米外，實在男女番丁口 3,592 丁，……」的紀錄[6]。從這些紀錄人口數的統計，可以概括了解，當時官府能夠掌握漢人與社番的丁口數中，以漢人部分較為詳細，而社番丁口僅只有 8 個社番的統計，可以理解當時治理臺灣番社的不易。

另外，當時臺灣開墾的田園，在鄭氏政權登記官民田園有 30,054 甲地，清朝底定臺灣後實在官民田園則為 21,019 甲地[7]，田園驟然短少 9,035 甲，其原因或許如施琅在《壤地初闢疏》奏摺上所云：「自臣去歲奉旨蕩平，偽藩、偽文武官員、丁卒與各省難民相率還籍，近有其半，人去業荒，勢所必有」所致[8]。

另一方面，清廷為臺灣、澎湖的防衛，總計派遣水陸官兵 10,000 人駐防各處。其中臺灣鎮標中左右三營官兵 3,000 人，臺灣水師協鎮標

[4] 蔣毓英撰、陳碧笙校注《臺灣府志校注》，廈門大學出版社出版，1985 年 11 月，頁 9－11。

[5] 金鋐主修、鄭開極等纂《康熙福建通志臺灣府》康熙 23 年刊本，臺北成文出版社影印出版，民國 72 年 3 月，頁 107。

[6] 同上，頁 108。

[7] 同上，頁 109。

[8] 施琅《靖海紀事》，臺灣文獻叢刊第 13 種，臺灣銀行經濟研究室編印，頁 67。

中左右三營 3,000 人，澎湖水師協鎮標左右二營 2,000 人，南路營官兵 1,000 人，北路營 1,000 人[9]。

若從駐防官兵 10,000 人數與臺灣當時漢人男子成丁 16,820 人口數相較而言，清廷對於臺灣、澎湖的防衛，可以說是相當的嚴密。這也可以了解清廷自康熙 23 年以後，在臺灣、澎湖等地，選擇險隘、扼塞的地方駐防，這些設防，可以讓臺灣地區達到「寸板不得度」的效果[10]。

清廷首批派任臺灣地區的職官，其職別與名單分別為；分巡臺廈道周昌，臺灣知府蔣毓英，臺灣府同知梁爾壽，臺灣府經歷林起元；臺灣縣知縣沈朝聘、將相，臺灣縣縣丞趙行可，臺灣縣典史張元初，臺灣縣新港巡檢司巡檢紀文達，臺灣縣澎湖巡檢司巡檢姚法唐；鳳山縣知縣楊芳聲，鳳山縣典史王輅，鳳山縣下淡水巡檢司巡檢袁玫、謝寧；諸羅縣知縣季麒光、樊維屏，諸羅縣典史楊輔業，諸羅縣佳興里巡檢司巡檢孫寅等人[11]。

職官中，臺灣府知府蔣毓英論當時臺灣社會風氣，以為「臺灣自紅彝僭竊以來，因仍草昧，鄭氏父子相繼，民非土著，逋逃之淵藪，五方所雜處，未盡同風而易俗，攘及牛、豕者，如殺人之罪，故民皆惴惴焉，以盜為戒。今國朝寬大，苛禁咸弛，而鼠竊時聞，非天性之有異，實民心之澆薄也」。其次，觀察臺灣漢人移民，以為「三邑之民務本者多，逐末者少」。他亦將當時臺灣府的三邑人口數略加計算，統計所得為「共一萬六千餘人，不及內地一小邑之戶口」。此外，由於臺灣地區漢人移民性別比例，呈現男多女少現象，使其認為「匹夫猝難得婦」，因此提出「生齒奚能日繁」的看法。

再則，蔣毓英對於當時臺灣的自然環境，作出「地廣人稀，蕭條滿眼，蕞爾郡治之外，南北兩路，一望盡綠草黃沙，綿邈無際。……荒村煙火，于叢草中見之。……男女無完體之衣，適口乏肥甘之味；衢路衣

---

[9] 金鋐主修、鄭開極等纂《康熙福建通志臺灣府》康熙 23 年刊本，臺北成文出版社影印出版，民國 72 年 3 月，頁 118－120。

[10] 同上，頁 121。

[11] 同上，頁 149－154。

冠偶或遇之，疲癃慘淡之狀，不堪睹聞。蓋緣地瘠而民貧，民貧而俗陋，誠可悲也，亦可念也」的描述，道盡當時臺灣荒蕪與貧瘠的情形[12]。

　　因此，上述這些資料，說明了清代初期臺灣地區是不被當時的清政府地方官員所看重的，同時也顯現當時漢籍移民在臺灣人口數，是相當稀少，而有臺灣三邑之人不及內地一小邑的戶口人數。

　　一般談論清代渡臺禁令，總將施琅牽連其間。事實是否如此值得商榷[13]。近代討論施琅與清代渡臺禁令的關係，首由日人伊能嘉矩在其所著《臺灣文化志》中卷，第 11 篇交通沿革，第 2 章臺灣渡航弛張的篇章中論及。他以為施琅的《恭陳臺灣棄留疏》奏摺，明確陳述了臺灣棄留的利害，使得清廷將臺灣納入中國版圖，然而廷議中其他大臣的「臺灣孤島易為海盜淵藪應予棄之」，及「遷徙臺灣移墾回籍防守澎湖」之論，雖不被採行，但是這種消極的心態卻影響當時清廷治理臺灣呈現消極的政策。並認為從《六部處分則例》中「臺灣編查留寓條」的例子可以了解。其條文主要內容為：

> 臺灣留寓之民，凡無妻室無產業者，應逐令過水，交原籍管束。其有妻室產業情願欲在臺居住者，該府、縣及移知原籍，申報臺廈兵備道稽查，仍報名督、撫存案。若居住後遇有犯過，罪止杖笞以下者，照常發落，免其驅逐，若犯該徒罪以上者，不論有無妻室產業，概押回原籍治罪，不許再行越渡。（失察之官亦依輕重罰俸降級有差，其奸宄而留寓叢集滋事者，處以革職。）

---

[12] 蔣毓英撰、陳碧笙校注《臺灣府志校注》，廈門大學出版社出版，1985 年 11 月，頁 54－56。

[13] 可參閱施志汶〈臺灣史研究的史料運用問題：以清代渡臺禁令為例〉，《臺灣社會文化變遷學術研討會論文集》，臺灣師範大學歷史學系、臺灣省文獻會合編，民國 89 年 9 月出版。此篇文章內容中，將近代以來學者在清代渡臺禁令相關方面的研究論著，加以排比，並比較各家說法，花費頗多心力，值得參考。但施文仍將伊能嘉矩在《臺灣文化志》中引用的《六部處分則例》的「臺灣編查留寓條」的時間，定在康熙 22 年。這個時間應該是錯誤的，因為施琅率軍打敗劉國軒水師，逼迫臺灣鄭克塽投降是在康熙 22 年的 6 月，在此之時，清廷是無法對臺灣的狀況，馬上或者預先設定管理的條規。更何況鄭克塽投降後，清廷對於臺灣棄留的問題，才在康熙 23 年 4 月有所定奪，設置行政機構，隸屬福建省。另外，伊能嘉矩在書中也並未註明引用的時間，而是舉「臺灣編查留寓條」的內容，說明康熙年間治理臺灣採取消極又嚴格管理的政策。

同時附帶三條渡臺的限制，內容分別為：

> 欲渡航赴臺灣者，先給原籍地方之照單，經分巡臺廈兵備道之稽
> 查，依臺灣海防通知之審驗許之，潛渡者處以嚴罰。
> 渡航臺灣者，不准攜伴家眷，既渡航者不得招致之。
> 粵地（廣東）屢為海盜淵藪，以其積習未脫，禁其民之渡臺。
> 違反者依清律的兵律私出外境及違禁下海之條處分[14]。

伊能嘉矩以這些條例嚴格的作為，可以視作清廷在康熙年間治理臺灣初期，採取消極又嚴格管理的政策。

然而，上述附帶渡臺三條限制，其中「粵地（廣東）屢為海盜淵藪，以其積習未脫，禁其民之渡臺」的條文，卻被視為排斥客家人移墾臺灣的條款，也成為一般研究者視為臺灣閩、客族群人數及發展差異的主因之一。

另外，大興黃叔璥在其所著《臺海使槎錄》卷四中引〈理臺末議〉的一段內容，即「臺灣始入版圖，為五方雜處之區，而閩粵之人尤多。先時鄭逆竊據海上，開墾十無二三。迨鄭逆平後，招徠墾田報賦；終將軍施琅之世，嚴禁粵中惠、潮之民，不許渡臺。蓋惡惠、潮之地素為海盜淵藪，而積習未忘也。琅歿，漸弛其禁，惠、潮民乃得越渡」[15]，亦是一般研究臺灣閩、客人口問題的學者，所經常引用的依據。以為施琅對客家人的偏見，影響客家人至臺灣移墾的發展。

有關施琅資料，以其中《靖海紀事》為重要，收錄施琅康熙年間征臺灣的奏疏，但其內容沒有施琅對惠、潮之民的看法記載，因此，黃叔璥的《臺海使槎錄》中所紀錄的事情是否可信，有必要進一步探究。

黃叔璥順天大興人。進士出身，歷官至御史。於康熙 61 年與滿籍御史吳達禮同膺首任巡臺之命，乃有機會到臺灣視察，其就臺灣視察之事紀錄，以後將〈赤崁筆談〉四卷，〈番俗六考〉三卷，〈番俗雜記〉一卷等集成《臺海使槎錄》一書。由於本書為清代臺灣早期文獻之一，因

---

[14] 伊能嘉矩《臺灣文化志》中卷，東京刀江書院，1928 年，頁 769－770。

[15] 黃叔璥《臺海使槎錄》，臺灣文獻叢刊第 4 種，頁 92。

此以後修志的人，均多所參考引用。

　　黃叔璥以作者在康熙年間的背景來說，施琅於康熙 35 年 3 月 21 日病卒，享年 76 歲，應該是接近施琅的年代。施琅去逝之時，距黃叔璥以御史身分至臺灣，雖然有 26 年的差距，但施琅的事蹟及行事，以黃叔璥御史的身分應該不難獲悉。雖然目前尚未發現施琅本人嚴禁惠、潮之民的記載，但並不表示施琅沒有這方面的作為。以黃叔璥在康熙期間任御史的身分地位，其在《臺海使槎錄》一書中，所留下的有關臺灣事務的記載，以為是可以相信的。

　　另外，有關潮州人在清初的民情風俗，藍鼎元在其《鹿洲初集》卷十四的〈潮州風俗考〉一文有所描述。云：「潮郡依山附海，民有雜霸之風，性情勁悍，習尚紛囂……大抵士庶之家十人九賭，兵役之家九人十賭，通都僻壤無處無之，蓋習俗之浸淫久矣。賭博之餘，流為盜賊，攘雞盜牛，穿窬肪篋……或則操舟溪河，禦人于郊關之內，結隊出海，攘客于重洋之外，……」[16]，亦對當時潮州民俗作了實際的描述。因此，當時官家對於惠、潮之民的看法，自然不是無的放矢。

　　施琅自康熙 22 年 8 月接受鄭克塽的投降時，即與臺灣前途關係密切，至康熙 35 年因病去逝止，總計 13 個年頭。因此，黃叔璥記載，「終將軍施琅之世，嚴禁粵中惠、潮之民，不許渡臺。蓋惡惠、潮之地素為海盜淵藪，而積習未忘也。琅歿，漸弛其禁，惠、潮民乃得越渡」的說法，這事情應該是可以相信的。

　　此外，清康熙 52 年有一位吳桭臣者，跟隨臺灣知府馮協一渡臺，以後將其在臺灣所見聞的事情，寫成《閩遊偶記》一書。此書也紀錄了臺灣歸附清廷後的情況，記載臺灣當時官府的建置，以為「廷議設郡建官，制度規模等於內地無異」，同時評論臺灣地方，以為「在臺建置，設府一縣三；……治所設官司，有分巡道及府、廳、縣等員，武備則有總鎮及副、參、遊、守等員弁，府、縣學師各一。於以明倫善俗，興行教化；申嚴保甲，稽察奸宄。不但規制燦然，而且附籍者眾，戶口日增，

---

[16] 沈雲龍主編《鹿洲初集》卷 14 至卷 20，近代中國史料叢刊續輯 404，頁 1043－1046。

人皆視為樂土矣。」[17]。是故，從康熙 22 年到 52 年，僅 30 年的時間，臺灣的情境從「匹夫猝難得婦」、「生齒奚能日繁」、「地廣人稀，蕭條滿眼」變成人口眾多、人間樂土的模樣。這說明康熙末年期間，漢籍移民已經成為臺灣繁榮的主要社會因素。

　　從上述可以了解，清康熙 23 年前後，臺灣經濟、物質等環境條件與內地相較，是相當的落後與困苦。然而，誰能料到日後臺灣的環境變化是如此的快速，到了雍正、乾隆期間，居然有許多內地人不顧清廷嚴苛的渡臺禁令，不斷地甘冒個人生命危險，橫越波濤凶湧的海峽，偷渡來臺，臺灣宛若冒險者的天堂。在這一波波的移民潮中，客家人即因施琅個人對於「潮、惠之地海盜淵藪」的看法，落實在「臺灣編查留寓條」中，嚴禁潮、惠之地的客家人前來臺灣移民。這種限制潮惠地區客家人到臺灣移墾的不合理清政策，在清康熙年間屬於臺灣初期移民的起跑點，就讓客家人屈居下風的形勢，自然是後日臺灣客家與閩南人口數形成懸殊差距的主因。

三、臺灣方志有關客家人的紀錄資料

　　有關臺灣方志當中紀錄客家移民的資料，以清代早期的一府三縣的《諸羅縣志》、《臺灣縣志》、《鳳山縣志》以及當時巡臺御史黃叔璥所著的《臺海使槎錄》之書，是了解客家人在清代早期臺灣移墾社會中所遭遇實際狀況的重要文獻資料，這些容易為一般研究者所忽略。這些文獻紀錄當時社會及官員甚至作者本人，對於客家人的看法。茲就依據縣治最北端的諸羅縣為序，依次論述於後。

　　諸羅縣為清早期初設臺灣府時三縣之一，南自蔦松、新港，與臺灣縣接壤；東北至雞籠，山後皆屬焉。區域包括今中、北部臺灣。當時諸羅知縣周鍾瑄於康熙 55 年（1716 年）聘福建漳浦監生陳夢林編纂《諸羅縣志》，於次年完成。全書分封域、規制、秩官、祀典、學校、賦役、

---

[17] 諸家《臺灣輿地彙鈔》，臺灣文獻叢刊第 216 種，頁 16。

兵防、風俗、人物、物產、藝文、雜記等 12 志卷。該縣當時漢人戶口共 2,436 戶，丁口 4,459 人，另有番社大小 93 社[18]。其中卷八〈風俗志〉對當時客家風俗有所描述。資料內容分述於後：

〈風俗志〉之「漢俗考」

> ……佃田者多內地依山之獷悍無賴，下貧觸法亡命，潮人尤多，厥名曰客，多者千人，少亦數百，號曰客庄。朋比齊力，而自護小故，輒譁然以起，毆而殺人，毀匿其尸。……自流移人多，乃漸有鼠竊為盜者；及客庄盛，盜益滋；庄主多僑居郡治，借客之力，以共其狙，猝有事，皆左袒；長吏或遷就，苟且陰受其私……諸羅自急流溪以下，距郡治不遠，俗頗與臺灣同。自下加冬至斗六門，客庄漳、泉人相半，稍失之野，然近縣故畏法。斗六以北客庄愈多，雜諸番而各自為俗，風景亦殊鄙以下矣[19]。

〈風俗志〉之「漢俗考」之「婚姻喪祭」

> 各庄婚姻喪葬，大約相倣；唯潮之大埔、程鄉、鎮平諸山客，其俗頗異，禮節皆以簡為貴，略去者十之六七。（以下四條雜記客庄之俗）
>
> 婚禮用庚帖食物，或銀錢少許為定。納聘無幣帛，不用婚啟，以全柬開聘金雜物曰送酒。請期則隻雞樽酒而已。男不冠而女笄曰上頭。不親迎，不用蓋頭袱，不鳴鑼放花炮，富者用鼓樂，新婦至、合巹，親朋畢賀，厥明而廟見，彌月而旋車。
>
> 喪必延僧作道場，雖極貧必開冥路，七七盡而除靈。弔者祭則答之胙，香楮則答拜而不胙，不欲以一楮虧喪主之財，亦善俗也。喪不過七七間，三歲則挖視之，土燥棺完好色鮮則掩之。或俟九年，拾其骸於瓦棺，而復葬之；否則遷於他處。
>
> 祭惟元旦除夕五日，餘皆無之。清明祭於墓，盡日潦倒而還。無忌晨，凡祭，極豐不過三牲，口誦祝辭，遍請城隍土地諸神，云

[18] 周鍾瑄主修《諸羅縣志》臺灣文獻叢刊第五五種，臺北市：臺灣銀行經濟研究室，民國 47 年 5 月出版，頁 65、68-70。

[19] 周鍾瑄主修《諸羅縣志》臺灣文獻叢刊第五五種，臺北市：臺灣銀行經濟研究室，民國 47 年 5 月出版，頁 84。

祖先不敢獨食也[20]。

〈風俗志〉之「漢俗考」之「雜俗」

> 各庄佃丁山客，十居七八，靡有室家，漳泉人稱之曰客仔。客稱
> 庄主曰頭家。頭家始藉其力以墾草地，招而來之；漸乃引類呼朋，
> 連千累百，飢來飽去，行兇竊盜，頭家不得過而問矣。由之轉移
> 交兌，頭家拱手以聽，權盡出於佃丁。
>
> 初，臺人以客庄盛，盜漸多，各鑄鐵烙牛，以其字為號，便於識
> 別。盜得牛，更鑄鐵，取字之相似者，覆以亂之。牛入客庄，即
> 不得問。或易其牛，反縛牛主為盜。故臺屬竊盜之訟，偷牛者十
> 居七八[21]。

其次臺灣縣，為府治附郭，澎湖群島附屬。其疆域東抵大腳山，西
含括澎湖群島，南至二層行溪與鳳山為界，北至蔦松溪與諸羅縣為界。
清康熙 58 年臺灣海防同知王禮兼攝臺灣縣事，延聘陳文達編纂《臺灣
縣志》，翌年乃成書，為較《諸羅縣志》、《鳳山縣志》為晚。全書共分
十綱，每綱為一卷：有輿地、建置、秩官、武備、選舉、典禮、賦役、
人物、雜記、藝文等十卷。該縣當時漢人戶口共 7,846 戶，丁口 9,734
人，另澎湖丁口 546 人[22]。本書紀錄有關客家人的資料有兩處，在〈輿
地志〉之「風俗」項中之「雜俗」。其內容分別如後：

> 臺無客莊（客莊，潮人所居之莊也。北路自諸羅山以上，南路自
> 淡水溪而下，類皆潮人聚集以耕，名曰客人，故莊亦稱客莊。每
> 莊數百人，少者亦百餘，漳、泉之人不與焉。以其不同類也。），
> 比戶而居者，非泉人、則漳人也；盡力於南畝之間[23]。
>
> 客人多處於南、北二路之遠方；近年以來，賃住四坊內者，不可

[20] 周鍾瑄主修《諸羅縣志》臺灣文獻叢刊第五五種，臺北市：臺灣銀行經濟研究室，民國 47
年 5 月出版，頁 87。

[21] 頁 89。

[22] 王禮主修《臺灣縣志》臺灣文獻叢刊第 103 種，臺北市：臺灣銀行經濟研究室，民國 50 年 6
月出版，頁 177。

[23] 王禮主修《臺灣縣志》臺灣文獻叢刊第 103 種，臺北市：臺灣銀行經濟研究室，民國 50 年 6
月出版，頁 57。

勝數。房主以多稅為利，堡長以多科為利；殊不知一人稅屋，來往不啻數十人，奸良莫辨。欲除盜源，所宜亟清者也[24]。

　　再者鳳山縣，縣治東南抵高岡，西北臨大海，東北界諸羅縣，北界臺灣縣，南至沙馬磯山。康熙 56 年知縣李丕煜以邑前未有志，乃延聘陳文達於康熙 58 年纂修縣志，歷時五閱月，於翌年而成。全書分封域、規制、祀典、秩官、武備、賦役、風土、人物、藝文、外志等十卷。該縣當時漢人戶口共 2,445 戶，丁口 4,078 人；土番八社丁口有 4,345 人[25]。其中卷七〈風土志〉之「漢俗」記載有關客家人的資料，內容如後：

> 臺郡古荒遠地，所聚盧托處者，非有祖貽孫承世其家業也；大抵漳、泉之人來居之。此外，或自福興而至，或自惠、潮而來。雖各循土風，而大端亦不甚遠焉。………自淡水溪以南，則番、漢雜居，而客人尤夥；好事輕生，健訟樂鬥，所從來舊矣[26]。

　　隨後，乾隆 25 年（1760 年）王瑛曾調任鳳山縣知縣，以舊志創刊已久，乃於乾隆 28 年重修，定名為《重修鳳山縣志》。全書分輿地、規制、風土、田賦、典禮、學校、兵防、職官、選舉、人物、雜志、藝文等十二志卷。其中卷三〈風土志〉之「風俗」項記載有關客家人的資料，引用《諸羅縣》之卷八〈風俗志〉中資料甚多，但也因此凸顯當時社會對於客家人的一般看法。除此之外，當然也有新資料的記載，其「雜俗」項有關客家人紀錄資料內容如後：

> ……凡流寓，客莊最多，漳、泉次之，興化、福州又次之。初闢時，風最近古；先至者各主其本郡，後至之人不必賫糧也。厥後乃有緣事波累，或久而反噬，以德為怨，於是有閉門相拒者。然推解之誼，至今尚存里閈也（惟市肆之間，漳、泉二郡常特角不

---

[24] 王禮主修《臺灣縣志》臺灣文獻叢刊第 103 種，臺北市：臺灣銀行經濟研究室，民國 50 年 6 月出版，頁 60。

[25] 陳文達《鳳山縣志》臺灣文獻叢刊第 124 種，臺北市：臺灣銀行經濟研究室，民國 50 年 10 月出版，頁 65。

[26] 陳文達《鳳山縣志》臺灣文獻叢刊第 124 種，臺北市：臺灣銀行經濟研究室，民國 50 年 10 月出版，頁 79－80。

相下；官司化導之，不能止也）。土著既鮮，流寓者無基、功強
近之親，同鄉井如骨肉矣[27]。……

另外，「番社」項之「附錄」亦節錄《臺海使槎錄》有關客家人與
番社衝突之事，其紀錄資料內容如後：

> 「雍正癸卯，心武里女土官蘭雷為客民殺死，八夕社、加者膀眼
> 社率領番眾數百，暗伏東勢莊，殺死客民三人，割頭顱以去。文
> 武宣示兵威，勒緝凶番，兩社遯逃，僅得二髑髏以歸」[28]。

最後為《臺海使槎錄》，此書總共集錄黃叔璥所著之〈赤嵌筆談〉
四卷、〈番俗六考〉三卷以及〈番俗雜記〉一卷。黃叔璥字玉圃，號篤
齋，順天大興人。由進士，歷經升遷至御史，於清康熙 61 年（1722 年）
與滿御史吳答禮同膺巡臺首任御史。《臺海使槎錄》集錄之卷作，即是
黃叔璥巡臺之所見聞，為清代臺灣早期重要文獻之一，其內容資料常為
後人所援引。

本書紀錄有關客家人的資料有兩處，分別在卷二〈赤嵌筆談〉之「習
俗」以及卷四之〈赤嵌筆談〉之「朱逆附略」。資料內容分別於後：

卷二〈赤嵌筆談〉之「習俗」

> 「臺地民非土著，逋逃之淵藪，五方所雜處。泉之人行乎泉，漳
> 之人行乎漳，江、浙、兩粵之人行乎江、浙、兩粵，未盡同風而
> 異俗。」（諸羅雜識）[29]。

---

[27] 王瑛曾主修《重修鳳山縣志》臺灣文獻叢刊第 146 種，臺北市：臺灣銀行經濟研究室，民國
51 年 12 月出版，頁 55。

[28] 王瑛曾主修《重修鳳山縣志》臺灣文獻叢刊第 146 種，臺北市：臺灣銀行經濟研究室，民國
51 年 12 月出版，頁 63。

[29] 黃叔璥《臺海使槎錄》臺灣文獻叢刊第四種，臺北市：臺灣銀行經濟研究室，民國 46 年 11
月出版，頁 38。

卷四之〈赤嵌筆談〉之「朱逆附略」

「臺灣始入版圖，為五方雜處之區，而閩粵之人尤多。⋯⋯迨鄭逆平後，招徠墾田報賦；終將軍施琅之世，嚴禁粵中惠、潮之民，不許渡臺。蓋惡惠、潮之地素為海盜淵藪，而積習未忘也。琅歿，漸弛其禁，惠、潮民乃得越渡。雖在臺地者，閩人與粵人適均，而閩多散處，粵恒萃居，其勢常不敵也。康熙辛丑，朱一貴為亂，始事謀自南路，粵莊中繼。我師破入安平，甫渡府治，南路粵莊則率眾先迎，稱為義民。粵莊在臺，能為功首，亦為罪魁。今始事謀亂者既已伏誅，則義民中或可分別錄用，以褒向義；加以嚴行保甲，勤宣聖諭，使食毛踐土之眾，一其耳目，齊其心志，則粵民皆良民也！⋯⋯」（理臺末議）南路澹水三十三莊，皆粵民墾耕。辛丑變後，客民（閩人呼粵人曰客仔）與閩人不相和協。⋯⋯保正里長，非粵人不得承充；而庇惡掩非，率徇隱不報[30]。

　　從《諸羅縣志》、《臺灣縣志》、《鳳山縣志》、《重修鳳山縣志》等方志及《臺海使槎錄》文獻資料中，可以發掘許多當時官府及方志纂修者對客家移民的看法與觀感，儘管紀錄資料有很多是負面的描述，但這也就清楚顯現清代早期客家人遭受漳、泉之人及官府所鄙視的理由。另一方面，這些鄙視早期粵人（即是客家人）的紀錄，正好印證施琅對於潮惠粵民的偏見看法是有其共通的背景，即說明在十七、八世紀之時的臺閩，因地域的隔閡、族群的不同加上政治地位的優勢等條件，容易造成優勢族群對劣勢族群的誤解及偏見。然而，劣勢的客家族群在這不公平的社會環境下，仍舊能夠樂觀地奮鬥下去傳衍族群文化與家族命脈，其韌性是值得肯定。目前臺灣地區客家人分佈在北部桃竹苗及南部高屏等地，其先民實在是歷經了一番艱辛困苦奮鬥的歷史，才成為現在的形勢。

---

[30] 黃叔璥《臺海使槎錄》臺灣文獻叢刊第四種，臺北市：臺灣銀行經濟研究室，民國 46 年 11 月出版，頁 92−93。

四、清代臺灣客家民間信仰主要鄉土神祈

臺灣客家人對神祇的祭拜，實際是屬於多神的信仰，與其他漢族民系的信仰，沒有多大的差異，但是在諸多神祈當中也有其主要鄉土神祈的信仰。如在臺灣客家民間信仰仍就傳承屬於大陸客家原鄉的神祈；有汀州的「定光古佛」、嘉應州的「慚愧祖師」以及潮州的「三山國王」等，然而，這些民間信仰神祈在臺灣日後的發展，卻因為客家族群遭受閩南族群同化的影響而變化，久之竟被視之為閩南的神祈。此外，臺灣北部桃竹苗地區的客家人，更在居住的區域中形成創新的民間信仰神祈——「褒忠亭義民爺」信仰，此種信仰因臺灣歷史林爽文事件而設置，從清代乾隆 53 年（1788 年）起傳承至今。因此，本章將分別介紹上述三個原鄉神祈的背景以及新竹新埔褒忠亭義民爺的信仰源流。

1、定光古佛

「定光古佛」神祈是閩西汀州府地方的神祈。閩西汀州府屬於福建省所轄管，汀州府下轄永定、長汀、武平、連城、寧化、清流、歸化、上杭等八縣，居民大多數是客家人，因此汀州府武平縣巖前城的定光佛寺的定光古佛，成為閩西汀州籍客家移民奉祀的主神。

定光古佛又稱定公古佛，本姓鄭，北宋泉州同安人，年 11 歲出家得佛法，17 歲遊方於豫章，並為當地去除蛟患。宋太祖乾德二年（964年）隱居於福建省最西邊的武平縣的南巖之地，攝衣趺座時有大蟒猛虎蟠伏在旁，鄉民見而敬服，築庵加以供養。太宗淳化八年（997 年）坐化涅盤，年 82 歲，賜號定應。宋理宗紹定年間，有寇圍城，定應顯靈禦寇，亂平之後奏請賜額，名為「定光院」[31]，一般民眾也就以「定光古佛」稱之。

臺灣目前保留祭祀「定光古佛」的廟宇，有淡水的鄞山寺與彰化市的定光佛廟；淡水鄞山寺創建於清道光 2 年（1822 年），是由汀州人張

---

31 徐裕健《古蹟歷史文獻》上冊，內政部委託，中華民國 88 年 9 月，頁 C－18。

鳴崗等捐建，羅可斌施田。彰化定光佛廟創建於清乾隆 26 年（1761 年），是由永定籍的士民鳩金建造。彰化定光佛廟雖是第一座供奉「定光古佛」的廟宇，但是日據時期因「市區改正」計畫的道路闢建，廟宇規模部分受到拆除，以後又整修，乃成為今日格局。淡水鄞山寺則是傳襲從道光年間的廟宇規模，至今則以保留汀州會館完整性著名。淡水汀州會館的設立，乃是清道光之後，臺北地區汀州移民日增，為照顧原鄉移民到臺灣出外謀生而設，以後日據時期來臺汀州籍移民日漸減少，鄞山寺的會館功能逐漸喪失意義，原來供奉的定光古佛也就成為該寺主要的象徵，因此每年農曆正月五日定光古佛誕辰，都會舉行盛大的祭典。

2、慚愧祖師

　　「慚愧祖師」信仰源於粵東韓江流域的大埔、梅縣等地。「慚愧祖師」為唐代禪宗高僧，由於修行得道於大埔縣與梅縣交界的陰那山，當地一般信眾俗稱「陰那山祖師」，其圓寂前自號「慚愧」，故又稱「慚愧祖師」。

　　慚愧祖師原名了拳，永定人，初生之時「左手拳曲，有僧撫之，書了字於掌中，指遂伸，因名了拳。八歲牧牛，枯坐石上，如老僧，以杖畫地，牛不逸去。咸通間，修行廣東陰那坑，乘石渡河，開蓮花悟道，行雨露間不濡，隨住陰那山，稱為慚愧祖師」[32]。

　　清乾隆 27 年（1762 年）重修的《潮州府志》卷 30 人物志中，有關慚愧祖師的介紹：

> 了拳，陰那開山祖，俗姓潘別號慚愧，閩之沙縣人，元和 12 年丁酉（817 年）3 月 25 日生。初生，左拳曲，因名拳。彌月，一遊僧至，父抱兒示之，僧書了字於其拳，指立伸，更名曰了拳。幼穎悟，不茹葷，年 12 喪父母，依於叔母，不能容；17 去潮之黃砂社車上村，依嫠婦游氏為母，今大埔縣地。日與牧童登赤蕨嶺，曠觀如有所得。令放牛山麓，拳以杖畫地，牛不他逸；或以

---

[32] 福建通志局《福建通紀・福建高僧傳》臺北市：大通書局，1968 年，頁 2910。

烹魚啖之，受而投諸水，魚復活……所著錄偈歲久散軼，住陰那三十餘年，一日語其徒曰：「從前佛祖皆宏演法乘，自度以度人，我未能也，心甚愧之，圓寂之後，藏我骸于塔，當顏其額曰慚愧。」因偈云：「四十九年無繫無牽，如今撒手歸空去，萬里雲開月在天」語畢，端坐而逝，時懿宗咸通 2 年辛己（861 年）9 月 25 日也[33]。

　　臺灣目前奉祀慚愧祖師的地區以南投縣最多，廟宇鸞堂合計有 30 多座。其他則分佈在臺中縣東勢鎮的新伯公濟安宮、彰化縣社頭鄉湳雅龍鳳山寺、嘉義縣大林鎮大湖的佛方宮、臺南縣大內鄉鳴頭村的飛安宮以及屏東縣恆春鎮的祖師公廟等地[34]。當地民眾以閩南族群為多數，居於劣勢的客家人久而久之被同化，祭祀的「慚愧祖師」隨之有不同的靈驗傳說，亦被閩南族群接受，而被誤認為閩南族群的原鄉民間信仰神祈。

3、三山國王

　　「三山國王」是清代早期粵東客家鄉親到臺灣拓墾時，從原鄉攜來的家鄉神祈的信仰。因此，在臺灣各個地區，只要有三山國王廟的地方，就表示這地方有客家族群存在。

　　三山國王的信仰緣由，依據元代劉希孟《明貺廟記》：「世傳當隋時，失其甲子，以二月下旬五日，有神三人，出巾山之石穴，自稱昆季，受命於天，鎮三山（明山、獨山、巾山）托靈於玉峰之界石，因廟食焉。」[35]，則可知這種信仰最早起源於隋代。然而，大陸學者譚其驤以為漢人移民到粵東的年代，主要在唐、宋之時，唐以前粵東地區的主人為俚族的土著。因此，大陸學者謝重光也就認為三山神祈，最初是俚族為主的粵東土著的信仰。土著把三山神祈視為山神，且認為托靈於

---

[33] 轉引黃素真〈邊陲區域與「慚愧祖師」信仰——以林屺埔大坪頂地區為例〉全球客家地域學術研討會》論文集，臺灣師範大學地理系主辦 2003 年 10 月 25 日—27 日，頁 66。

[34] 王志文〈臺灣慚愧祖師的信仰初探〉《全球客家地域學術研討會》論文集，臺灣師範大學地理系主辦 2003 年 10 月 25 日—27 日，頁 108－112。

[35] 謝重光，《客家源流新探》，臺北武陵出版公司，1999 年 4 月，頁 192。

玉峰的界石，也就將界石作為三山神祇的象徵。唐元和年間，韓愈任潮州刺史，還派人祭拜此界石之神。宋以後，三山神祇的信仰，亦為遷移粵東的客家人所接受，並附加漢人的觀念，以後三山神祇不僅能庇佑人，也成為能助王師征討有功於國家的英雄，因而受賜「國王」的封號和「明貺」廟額。三山神祇遂由單純的自然崇拜，演化與英雄崇拜相結合的三山國王神祇[36]。

臺灣三山國王的信仰，目前以彰化縣荷婆崙霖肇宮及宜蘭縣冬山鄉大興振安宮為兩大中心，其中又以後者為盛，均將三山國王轉化成為閩南的「王爺」，富予大王、二王、三王等不同的王爺功能，解決信眾的乞求。蘭陽地區的三山國王信仰廟宇分佈，可謂臺灣地區的翹首，其冬山鄉的大興振安宮不僅是「臺灣三山國王宮廟聯誼會」中 133 座宮廟的中心，另本身宮廟也是分香眾多的廟宇[37]。

4、新埔褒忠亭義民爺

新竹地區的新埔褒忠亭義民廟，從早期的區域性祭祀，演化成日後北部地區客家人一般普遍性的義民爺信仰，在臺灣是一個很獨特的例子。實際上，新竹義民廟的存在與臺灣的歷史事件有密切的關係。

1786 年林爽文在大里杙（臺中縣大里市）起事，攻陷竹塹城之時，當地墾首林先坤等人立即組織義民軍，捍衛鄉土。戰役結束，以牛車載運所撿拾戰死的義民，計有二百多人，準備將這些戰死的義民，歸葬在大窩口（新竹縣湖口鄉）。然而，牛車過了鳳山溪，即停蹄不再前進。當事者於是就地卜筶，得到「雄牛睏地穴」吉地的指示，乃將義民的遺體全數歸葬，地點即現在的義民塚的位置。以後，獲得清乾隆皇帝褒揚義民，忠勇保鄉，衛民事蹟的「褒忠」敕旨。林先坤等人乃再議建廟祭祀，於 1790 年建廟完成。

---

[36] 同上，頁 192－194。

[37] 邱榮裕〈臺灣客家族群民間信仰──以三山國王、義民爺為中心〉《全球客家地域學術研討會》論文集，臺灣師範大學地理系主辦 2003 年 10 月 25 日─27 日，頁 53。

以後 1862 年（同治元年）彰化戴潮春起事，義軍再組織保衛家園。此次戰役，亦有百餘義民戰死，葬在原義塚旁邊，是為「附塚」。原廟於 1895 年因抗日損毀，而後，1904 年在經理徐景雲等人的倡議下，新廟落成。

義民廟的祭拜，開始並無承辦的固定組織，僅由林先坤、錢子白、劉朝珍、姜秀鑾等人號召業戶輪流經理，管理廟產及春秋祭祀。以後由新埔街、九芎林、石岡子、大湖口等四庄輪流管理、祭祀。戴潮春事件以後，四大庄先增為十三大庄，後再加大隘，成為十四大庄輪流經理，並將春秋兩祭，改為與民間中元祭典同時祭祀。無形之間，本是地區性祭祀義民爺的活動，演變成與民俗相合的中元祭典活動，義民廟的祭祀遂成為普渡眾生的祭拜活動[38]，以後再成為臺灣北部地區客家人一個重要且普遍性的節慶活動；至於新埔褒忠亭義民爺，則成為目前臺灣北部地區多數客家人的民間信仰神祈。

五、結論

臺灣客家文化傳承於大陸客家原鄉，隨著早期客家移民的移墾，散播在臺灣的遷徙之地與定居的家園。同屬於漢籍的客家人在清初的早期臺灣移墾時期，即因施琅個人對潮惠地區客家人的偏見，由施琅依杖自己權勢影響清代治理臺灣政策，將潮惠客家人排除早期臺灣漢籍移民的行列，造成同是位於沿海區域的廣東潮惠與福建泉漳地區的人民，入墾臺灣的際遇有所不同。今日臺灣漢籍人口數中客家人與閩南人的巨大差異，即是肇因於此。

清初臺灣早期縣邑，為臺灣縣、鳳山縣、諸羅縣等三縣。早期三縣邑所完成的方志內容，對於客家人社會與民俗的描述，經過檢視，記載內容充滿偏見，顯示當時的社會與官方對於客家人的看法，仍舊無法擺

---

38 羅烈師，〈客家族群與客家社會：臺灣竹塹地區客家社會之形成〉，徐正光主編，《聚落、宗族與族群關係》，中研院民族學研究所，2000 年（民 89 年）12 月，頁 129。

脫施琅時代的映象，對於當時來臺灣移墾，勤奮守法的客家人是不公允的評價與描述。臺灣客家人形成目前主要的南（高屏六堆地區）、北（桃竹苗三縣）兩處的生活區域，客家人的奮鬥歷史是值得肯定與尊重的。

最後，臺灣客家文化的閩南化現象嚴重，如民間信仰中「定光古佛」、「慚愧祖師」、「三山國王」等客家原鄉鄉土神祈的閩南化即是例子。由於客家早期在移墾過程中被為數眾多的閩南族群同化的關係，致使信仰神祈相混雜，被同化的客家人不僅逐漸忘卻客家語言，同時也接受閩南的民間信仰方式，而閩南族群亦接受被其同化的客家民間信仰中的神祈，但是卻將其神祈閩南化，致使日後一般人難以辨認真正的原委。

另外，客家人移民臺灣後，也因歷史事件的原因，在臺灣北部發展並創新了一個不同於原鄉民間信仰的神祈，即是發展了一個「新埔褒忠亭義民爺」的信仰，這是臺灣客家文化中本土化的最好例證。

新埔褒忠亭義民廟興起與發展之探究
——以兩件清代古文書契為中心[*]

摘要

　　本論文探究褒忠亭義民廟興起與發展的因素，何以褒忠亭義民廟能夠成為臺灣客家族群義民爺信仰的重要源頭，主要以清嘉慶「四姓合議規條簿約」及「光緒十年九月枋寮庄羅如發兄弟等立杜賣盡根水田屋宇契字」兩份古文書契文獻資料，進行論述。

　　前份資料，紀錄了四姓首事王廷昌、黃宗旺、林先坤、吳立貴等人，出錢出力成立褒忠亭嘗，規劃作為義民廟祭祀之用等事，對於解析褒忠亭義民廟何以成為義民爺信仰的重要源頭，可有明確的脈絡。

　　後一份資料，契字內文除了有賣主羅如發兄弟水田屋宇之事，也同時紀錄了褒忠嘗施主與經理人購置物產事宜。資料可以證明在清光緒年間，褒忠義民廟的褒忠亭嘗，仍在經理人公正的處理態度上，被持續的運作，讓嘗會母利得以增息之例。

　　這兩份古文書契說明褒忠亭義民廟的興起與義民爺信仰的發展，褒忠亭義民廟所屬褒忠嘗經理人，是廟務經濟財力的主要維護者，藉著合理的管理，使得義民爺祭祀經費得以充裕，加上調首的輪流，更加強義民爺信仰圈的擴大。

　　本論文研究方法，主要採歷史文獻研究、人類學田野調查等研究法，希圖藉此文獻資料清楚說明褒忠亭義民廟能夠成為義民爺信仰重要源頭的原因。

關鍵字：四姓合議規條簿約、四姓首事、褒忠亭嘗、褒忠亭義民廟

---

[*]　發表於 2015.8.28-29，「義民爺信仰文化學術研討會」，新竹縣文化局、明新科技大學主辦。

一、前言

　　義民爺信仰是臺灣客家族群落地生根以後，在臺灣本地所發展出來的民間信仰，是屬於創新本土性的民間信仰，有別於從客家原鄉播遷過來的民間信仰。就此而言，臺灣客家在移民的過程上，原鄉文化的傳播影響，經過二、三百年的時間已經有所轉變，開始有新文化的創新產生。如民間信仰從原鄉傳播來的嘉應州慚愧祖師、潮惠區域的三山國王以及閩西汀州的定光古佛，在臺灣客家族群移墾地區，均可以看到，仍舊受到客家子民的信仰供奉，但也與原鄉信仰的供奉上有所不同。

　　另一方面，臺灣客家族群在於臺灣歷史事件的影響下，南北地區的客家聚落的發展，卻因清代康熙年間的朱一貴事件，乾隆年間的林爽文事件，而有不約而同的作為，就是客家聚落為保衛家園不被亂軍侵犯，由當地鄉紳組織武力抵擋，並進而與官府合作共同平息亂事。事後對於戰役犧牲者，因為都是聚落所出的男丁，自然有著親人的情感，哀慟祭祀成為追念感謝最好的方式，加上朝廷的賜匾，更添榮耀。因此義民爺的祭祀，經過二佰多年的傳承與發展，成為臺灣客家族群民間信仰中，唯一有別於原鄉客家民間信仰的神明，此即是義民爺信仰。

　　新竹新埔褒忠亭義民廟是臺灣義民爺信仰的重要源頭，本論文研究方法，主要採歷史文獻研究、人類學田野調查等研究法，希圖藉清嘉慶「四姓合議規條簿約」及「光緒十年九月枋寮庄羅如發兄弟等立杜賣盡根水田屋宇契字」兩份古文書契文獻資料，進行論述，清楚說明褒忠亭義民廟興起，能夠成為義民爺信仰重要源頭的原因。

二、嘉慶柒年「四姓合議規條簿約」

　　這一份古文書契文件，首頁為「**同立合議規條簿約字人　王廷昌　黃宗旺　林先坤　吳立貴等**」，末尾有署名時間人名，為「嘉慶柒年壬戌歲十月　立同議合約規條人　王廷昌　林先坤　黃宗旺　吳立貴」，故將此契字文件稱為「**四姓合議規條簿約**」。

　　這份文件內容，簡言之在於敘述乾隆 51 年（丙午歲）林爽文戕官陷城，新竹地方義民募勇幫官殺賊而捐軀，殉難者屍骸拋露到處，乃由新竹地方人士王廷昌自備銀項，請地方人鄧五得為首，到各處收拾義民屍骸，後欲設塚廟，相有地基，立買成就，遂即設席，請到義首林先坤、黃宗旺、吳立貴等人，合眾商議。將餘款及廟祝王尚武托孤交佛銀四百元，共作為褒忠亭嘗，並議定資金運用、祭祀方式，以及對參與褒忠亭聖典開祭人員，按科舉身分，分送不同等分豬肉之事。

　　這份契字內容，可視為褒忠亭義民廟興起初始經費來源的寶貴文獻資料，亦是褒忠亭嘗（褒忠嘗、義民嘗）成立初始的重要文獻。此契字文件內容，讓大眾了解，褒忠亭義民廟的義民爺祭祀，何以成為目前臺灣客家族群普遍認同的義民爺信仰，其背後實際上有著先人慷慨的奉獻，以及公正褒忠嘗管理人制度的設置與運作，才能夠發展成為今日臺灣客家族群認同的義民爺信仰，而有別於客家原鄉的民間信仰。

　　茲將此契字文件內容，完整呈現於後：

> 同立合議規條簿約字人褒忠亭首事　王廷昌、黃宗旺、林先坤、吳立貴等，丙午年（乾隆 51 年，1786 年）冬，元惡林爽文戕官陷城，程（程峻）廳主遇害，壽（壽同春）師爺接任立策堵禦，我義民募勇幫官殺賊，志切同仇，捐軀殉難者不少，血戰疆場，屍骸拋露到處，夜更深常聞鬼哭，各庄人民寐寤難安，蒙制憲以粵民報效有功上奏，京都聖主封以褒忠貳字。
>
> 時有王廷昌自備銀項，請出鄧五得為首各處收骸，欲設塚廟，相有地基立買成就，遂即設席，請得義首林先坤、黃宗旺、吳立貴等，合眾商議。痛此義民死者，淒青靈於墨夜，暴白骨於黃沙，營埋忠骸於青塚，以免陰靈怨哭於他鄉。呈請　制憲大人，蒙批准。
>
> 該義首王廷昌、黃宗旺、林先坤、吳立貴，協同粵庄眾殷紳等，建塚立廟，戊申（乾隆 53 年）冬平基，己酉（乾隆 54 年）年創造，至庚戌（乾隆 55 年）春前堂廟宇未成，有釋士王尚武願題銀協力代理，至庚戌年冬廟宇完竣。

辛亥（乾隆 56 年）年二月初二日王廷昌、黃宗旺、林先坤、吳立貴等在褒忠亭四人面算，建廟完竣仍有長（剩）有佛銀貳佰大元，此銀係交林先坤親收，生放每年應貼利銀加壹五，又廟祝王尚武廟內設席，當眾交出佛銀四百大元，立有托孤字四紙，四姓各執壹紙，其銀眾議亦交林先坤收存，生放每元應貼利谷（穀）壹石貳升，計共利谷四拾八石，面議王尚武每年領回養老谷拾石，扣實王尚武利谷，每年仍長有谷參拾八石，其銀母利，經四姓交帶林先坤生放，參年會算壹次，其銀後日生放廣大，林先坤將銀交出立業，作為四姓首事承買褒忠亭香祀。

此廟建成十餘載，各庄人等同心協力，立有義民祭祀甚多，惟廟內崇奉　聖旨及程廳主未有祭祀，四姓王廷昌、黃宗旺、林先坤、吳立貴等，復立酌議，四人每人該津（獻金）銀壹佰拾大元，承買新社螺勝庄田業，立契四姓首事出首承買，有租谷五拾五石，眾議將租谷交帶林先坤男係林國寶料理，當時林國寶向眾說及父親林先坤親收王尚武銀項四百大元，願貼利谷參拾八石，又另收建（現）有仍長銀貳佰大元，願貼利息加壹五，兩條，其母銀陸佰大元，面言至明年冬面算，將母利并銀利谷，又另收四姓首事田利谷五拾五石，合共三條，壹概備出買業，作為褒忠亭嘗，事不得濫開，實心料理，後日承買租谷貳佰石，林先坤將契（養）字約以及租簿等項，當眾交出。

首事四人（僉）舉外庄誠實之人輪流料理，每年四姓向經理人領回租谷五拾五石，作為祭　聖典及程廳主使用。爐主及首事四姓輪流，祭祀之日當具告白字，通知粵庄眾紳士前來與祭。現年爐主及首事要辦祭費，仍長銀項，不得私相授受，無論多少，當眾交出，歸鄉紳作為盤費，扣實仍長有谷壹佰五拾石，交帶殷實之人經理生放，仍長有銀項，抽出伍元，現年爐主收存，七月中元普施，爐主將銀五元備辦棹席，敬奉四姓祖父祿位。街庄人等殷實之人，料理承買有田業租谷貳佰五拾石。

首事王廷昌、吳立貴、黃宗旺、林先坤祿位開祭，爐主首事子孫輪流料理，每年向經理人領回谷五拾石，作為至祿位應用。後日粵庄知我四姓辛苦協力建造塚廟成功，每年祿位開祭，具告白字通知并立帖，請褒忠亭經理人并七月中元爐主，以及大小調緣首

等，前來登席具開祭。經理人辛勞肉壹斤半。

其每年祭　聖典之日，有秀士、廩保、貢生、舉人、進士，以及監生州同，粵紳士等到前禮拜者，各宜開發胙肉。眾議，後日中元外庄輪流當調爐主，向王廷昌、黃宗旺、林先坤、吳立貴等四姓首事業內出息，取貼出谷叄拾石，議定此嘗係歸各庄適實之人輪流料理，其嘗歷年有增長加買田業或修義塚或整廟宇，四姓合議不得私行濫開，四姓立簿約，四本約四張，各姓首事各執簿約壹紙，永為執炤。

批明林先坤親收料理生放，建廟仍長銀貳佰大元利銀加壹五，又親收料理廟祝王尚武托孤字銀四佰大元，利谷叄拾八石，立批是實為炤。

再批明林先坤男係林國寶，四姓面對，新社螺膀庄收租谷五拾五石，立批再炤。

再批明林國寶當眾面，限明年母利并谷利，又另收去田租谷，至明年冬壹概付出買業，如無概交仍照議定貼利，日後經眾會算取出批炤。

再批明後日聖典開祭，文武秀士準領豬肉壹斤，廩保準領壹斤半，舉人準領貳斤，進士準領四斤，監生準領半斤，貢生準領壹斤，州同準領壹斤半。批炤。

再批明首事王廷昌、黃宗旺、林先坤、吳立貴等當眾廟內簿四本，立約四紙，各姓執簿約壹紙，後日照簿約均行，不得反悔，亦不得已大言生端等情批炤。

嘉慶柒年壬戌歲十月　日

立同議合約規條人　王廷昌、林先坤、黃宗旺、吳立貴[1]

　　從上述文獻內容，可以概括了解新埔褒忠亭義民廟肇始及日後祭祀發展的情形。依據資料紀錄，可以解惑幾個問題，茲分別敘述於後：

　　首先、有關義民屍骸是誰處理問題，在此文件內容獲得清楚答案，即是地方鄉紳王廷昌，他個人出錢，請鄧五得負責，雇請人至各處收拾義民骨骸。

---

[1]　此資料係范明煥先生提供，見照片資料。

　　其次、義民塚及蓋廟的問題，向來是人云亦云的說法，無法明確清楚的交代。因為在《樹杞林志》列傳篇，有地方人物陳資雲的記事，向為一般研究者作為參考，其文云：

> 陳資雲先生精通星數，奇士也。原籍廣東省，來臺，住石壁潭莊。乾隆五十四年（51 年），土匪林爽文作亂，雲遂慨然有平賊之志。但家貧無資，乃與同莊劉朝珍及六張犁莊林先坤同謀舉義，團練鄉民作為義勇。當時劉、林皆巨富，所有行軍需費皆劉、林備出。於是陳、劉、林率帶義勇出與賊戰。無如寡不敵眾，炮火鋒刃之下，義民戰沒數百人，乃退而駐紮六張犁及員山仔各處要害，把守周密，方保內山一帶地方免遭賊害。幸而固守未久，天兵渡臺，一戰破賊，上下義民出而夾擊，賊遂北，克復竹塹城池。上為國家，下衛地方，厥功偉矣！但陳、劉、林諸人，哀恤陣亡之士，殊抱我生眾死之憾；撫哀自問，其何以安慰英靈於九泉之下。計惟遍尋戰沒之骸，拾聚堆積如山，牛車載回，為覓佳城。果然天保佑之、人愛敬之，即有枋寮莊戴元久施出吉地一所，遂擇吉築墳，鑿穴如倉，將該忠骸聚葬於此。[2]

　　簡言之，陳資雲、劉朝珍、林先坤帶義勇與賊戰，事後，陳、劉、林諸人，哀恤陣亡之士，乃遍尋屍骸，以牛車載回，因有枋寮庄戴元久施出吉地，義民屍骸才得以聚葬一處。這種說法是為一般人所認同的。

　　然而，嘉慶柒年「**四姓合議規條簿約**」內文中，也有義民廟義民塚設置的記事，如「欲設塚廟，相有地基立買成就，遂即設席，請得義首林先坤、黃宗旺、吳立貴等，合眾商議。」的紀錄，雖然簡單幾句，但已經清楚交代了王廷昌是推動塚廟的事主，並且塚廟之地亦是其選址購買。

　　義民塚廟之事，有前面兩種不同說法，因此，到底義民塚誰是主事者，成為需要判定的事情。

　　民國 86 年由林柏燕擔任主筆，編輯成的《新埔鎮誌》宗教誌第二

2　〈列傳〉《樹杞林志》，頁 89-90。

章義民廟內文，有「第三軍以新埔陳資雲（即陳紫雲）為首，與林先坤配合，陳資雲戰死，可上義民正主神位，其餘林先坤以下，則為施主，享長生祿位，其為先烈英雄則一也。」的說法。[3]

　　然而，依據《新埔鎮誌》陳資雲戰死的說法，檢視《樹杞林志》陳資雲與林先坤、劉朝珍三人撿拾義民屍骸事；兩志書對於陳資雲戰死還是沒死，已經有明顯出入。再依據「**四姓合議規條簿約**」中四姓為王廷昌、黃宗旺、林先坤、吳立貴等四人，沒有陳資雲。再思考「**四姓合議規條簿約**」時間在嘉慶柒年，其論事較光緒 24 年出版的《樹杞林志》列傳為早，就歷史文獻上的意義，前者的可信度高於後者，因此王廷昌「自備銀項，請出鄧五得為首各處收骸，欲設塚廟，相有地基立買成就，遂即設席，請得義首林先坤、黃宗旺、吳立貴等，合眾商議。」之事，是可以接受的史實紀錄。因此，綜合推論，《樹杞林志》列傳陳資雲、劉朝珍有關義民塚記事，應是錯誤的記事。

　　另外，《新埔鎮誌》記載陳資雲戰死亦是錯誤說法，此乃鎮誌編寫者並未探查到居住在九芎林石壁潭陳資雲的後裔所致。陳資雲後裔陳作東於其民國 102 年（2013）所編纂的《廣東大埔（茶陽）始祖大學傅伍五道昭世系家譜》一書中，清楚說明陳資雲在林爽文事件後的個人動向，從臺灣回原籍，以後嘉慶年間姪子登岳隨同其回到臺灣，開墾九芎林石壁潭。

　　陳家存有一份清代嘉慶 13 年（1808）的古契約書，此古文書清楚說明陳資雲、陳登岳叔姪向竹塹社通事茖萊湘江、土目潘文起眾社番，承租九芎林石壁潭土地開墾。當時陳資雲年齡已經 73 歲，陳登岳 33 歲。[4]陳資雲於嘉慶 22 年（1817）逝世，享年 83 歲，其墓地在九芎林石壁潭。

　　有關契約書內容，分述於後：

　　　　立給佃批字竹塹社通事茖萊湘江‧土目潘文起眾社番等，承祖遺

---

[3]　〈宗教誌〉《新埔鎮誌》，頁 380。

[4]　陳作東《廣東大埔（茶陽）始祖大學傅伍五道昭世系家譜》，自行編撰，未發行，2013 年，頁 23。

下有埔林地壹處，坐落土名九芎林石壁潭，東至石壁潭為界，西至旱溝為界，南至大溪為界，北至山頂為界，四至界址經踏分明。今因離社遠，不能乏耕，招得與漢人陳資雲、陳登岳自備牛隻工本前去實力墾闢田園，年載大租向（竹）塹社交納，墾成之日經杖田園，按甲納租。田每甲捌石，園每甲肆石。開荒三年之外益或抽一九五，按甲永為定例。其築陂圳係佃人之事與業主無涉，面議定着歷年租谷早季收割之時，其大租車運到社倉交納，務要租谷乾淨扇皺守分，不准窩藏匪類及拋荒多年另招別佃，實力永為己業，此係二比甘願，各無反悔，今欲有憑，合立給佃批字壹紙，付執存炤。

即日批明 歷年早季應大租谷拾石正，抽出伍石納三王爺香燈，仍餘伍石歸江起收納，給出完單執炤。

嘉慶拾叁年 拾月 日 立給佃批字竹塹社通事 茗萊湘江戳記

土目 潘文起戳章[5]

從這份嘉慶 13 年（1808）的佃批字古文書，清楚了解陳資雲在當時還健在，但年紀已經 73 歲，帶著姪兒陳登岳（時年 34 歲）向竹塹社通事茗萊湘江。土目潘文起等佃耕九芎林石壁潭壹處埔林地來開墾，同時契約中言明大租抽出伍石，納給三王爺作為香燈，此三王爺即是三山國王，當時供奉在當地的福昌宮，是當地客家墾民的守護神。一般人因未見原件，解讀此一文書以為是陳登雲、陳登岳兄弟，主要是臺灣文獻叢刊之《清代臺灣大租調查書》頁 398 之（六三）資料，將陳資雲誤為陳登雲所致，使得地方文史研究者無從判別。

其三、有關廟祝王尚武托孤捐銀四佰大元事，在此內文也清楚的被紀錄，由於有此記事，可以讓後人了解褒忠亭義民廟在主殿右側，供奉王尚武牌位的原因。

其四、有關褒忠亭嘗（褒忠嘗、義民嘗）的產生，在此內文中也有清楚敘述，如「當時林國寶向眾說及父親林先坤親收王尚武銀項四百大

---

5 陳作東《廣東大埔（茶陽）始祖大學傅伍五道昭世系家譜》，自行編撰，未發行，2013 年，頁 249

元，願貼利谷叁拾捌石，又另收建（現）有仍長銀貳佰大元，願貼利息加壹五，兩條，其母銀陸佰大元，面言至明年冬面算，將母利并銀利谷，又另收四姓首事田利谷五拾五石，合共三條，壹概備出買業，作為褒忠亭嘗，事不得濫開，實心料理，後日承買租谷貳佰石，林先坤將契（養）字約以及租簿等項，當眾交出。」這個紀錄，讓後人了解當時四姓首事褒忠嘗資金運用的方式，以及林先坤、林國寶父子對褒忠嘗母利的承諾事。

最後，有關義民廟祭祀，特別在聖典與程廳主的部分，此文獻資料內文做了詳細的經費分派說明，同時也將出席參與祭典有科名的人士分配祭祀的胙肉，依據科舉資格，而有不同斤兩分派，做了規定的記事。此種紀錄，意味著當時褒忠亭義民廟的祭祀，在地方是受到社會大眾矚目並重視的典禮，才會有社會鄉賢人士的參與祭祀。

總而言之，嘉慶柒年的「**四姓合議規條簿約**」，是將褒忠亭義民廟祭祀義民爺以及褒忠嘗的經理方式，做了清楚的約定記事，並分派給四姓各執壹紙為憑。依據文獻紀錄，可以了解當時王廷昌出力捐銀，邀請義首黃宗旺、林先坤、吳立貴等人，合眾商議，是褒忠亭義民廟及義民塚得以建成的關鍵人物；以後廟祝王尚武捐銀四佰大元托孤之事，亦是褒忠嘗資金母銀重要的貢獻者。新埔褒忠亭義民廟祭祀活動能夠延續，除了褒忠嘗管理人的公正管理運用之外，尚有各庄調首輪流祭祀才能夠持久發展。這些事情均在這份文獻資料內文中，被清楚的敘述與條例式紀錄，就褒忠亭義民廟而言，這是一份寶貴的文獻資料。

三、光緒十年羅如發兄弟契字

《新埔鎮誌》的〈新埔文獻〉有一份古文書契字，此契字內容與褒忠亭義民廟褒忠嘗有關，故在此提出討論。此古文書契字已經有名稱，云：「**光緒十年九月枋寮庄羅如發兄弟等立杜賣盡根水田屋宇契字**」，為求以後敘述簡便，簡稱為「**光緒十年羅如發兄弟契字**」。茲將契字內容，

完整敘述於後：

光緒壬午年五月註明經理人傅合源、張裕光、黃淳仁、周三合等全當眾對簿連口契券字，約點交於五分埔庄殷戶接理。新舉經理人朱洪浩、詹崇珍、劉錦標、劉廷章。

立杜賣盡根水田屋宇契字人羅如發、順和兄弟等，有承父遺下水田屋宇物業壹處，坐落土名枋寮庄，其田東至范天順田毗連為界，西至義民嘗田毗連直透為界，南至大圳橫過為界，（北）至屋後大車路為界，四至界址面路踏分明，原帶霄裡溪大陂圳汴水五寸通流到田灌溉充足，遞年應納社課租為壹拾石四斗正，又遞納屯租為四石五斗正給單付照，並帶埔園壹塊，又帶房屋壹座間數不計，以及門窗戶扇牛欄為倉風圍竹木禾埕車路菜園果樹什物等項，原屬舊管壹應在內，茲因乏銀別創，兄弟商議願將此契內田業，概行出賣與人，先問訪親人等，俱各不受，外託中引就褒忠嘗施主林六吉、劉朝珍、經理人劉錦標、劉廷章、詹崇珍、朱洪浩等出首承買，以為褒忠嘗嗣業，當日全中三面言定，出得依時值價佛銀貳仟叁佰大元正，即日立字，其銀色現經交發兄弟親收足訖，其田業隨即踏明交付褒忠嘗經理人等前去，掌管出贌收租納課，永為祀典。契明價足一賣千休，永斷葛藤，界內寸土無留，日後發子孫永不敢言及贈贖找洗等情，保此業委發兄弟承父遺下物業與別房人等，毫無干涉，中間並無倩貨準折重張典掛他人為礙，以及上手大租來歷不明等弊，係發兄弟出首一力抵當，不干承買之事，此係明買明賣二比甘願，兩無迫勒，口恐無憑，今立杜賣盡根水田屋宇契字壹紙，又帶上手契紙共二紙付執為照。

即日批明發兄弟經中實收到字內佛銀貳仟叁佰大元正親收足訖批照

又批明倘有上手老契不敢隱匿如有隱匿取出作為故紙不得執用批照

再批明此業原帶坪頂牛埔壹所又帶霄裡坑水租係歸褒忠嘗收批照

在場弟　為發　為雙

在場母　楊氏

在場男　德華

在場中弟　為添

為中人　劉上珍　羅清錦

在場　羅揚聲

代筆　劉拜颺

立杜賣盡根水田契字人　羅如發　羅如順　羅如和[6]

依據上述「光緒十年羅如發兄弟契字」內容，有關褒忠亭義民廟褒忠嘗相關事，分別敘述於後：

首先、契字首部分，先記載褒忠嘗前任經理人交接給新任經理人之事，此與一般古文書契中之水田買賣契字內容，寫法有所不同。如「註明經理人傅合源、張裕光、黃淳仁、周三合等全當眾對簿連口契券字，約點交於五分埔庄股戶接理。新舉經理人朱洪浩、詹崇珍、劉錦標、劉廷章。」，又內文亦有「褒忠嘗施主林六吉、劉朝珍、經理人劉錦標、劉廷章、詹崇珍、朱洪浩等」的紀錄。此契字不僅呈現前任點交新任狀況，亦將褒忠嘗施主林六吉、劉朝珍等名字登錄其中，這些記事呈現褒忠嘗經理人制度，從嘉慶至光緒以來，是一種健全有效率的管理制度。

其次、褒忠嘗以依時值價佛銀貳仟叁佰大元，購買羅如發兄弟水田屋宇之事，說明褒忠嘗從嘉慶的四姓捐銀及廟祝王尚武捐銀為母銀之後，在經理人的經營下至光緒年間已經母利積累不少，才能夠提出大筆上千佛銀款項，購買產業。而產業購置似乎也考慮到與原有農田的銜接與方便性，因所購買物業坐落在當時土名枋寮庄，其田四界範圍：「東至范天順田毗連為界，西至義民嘗田毗連直透為界，南至大圳橫過為界，（北）至屋後大車路為界」，此外還包括「原帶坪頂牛埔壹所，又帶霄裡坑水租」等。

是故，在「光緒十年羅如發兄弟契字」文獻資料中，可以獲得觀察到褒忠亭義民廟的褒忠嘗經理人制度發展的情形，從嘉慶到光緒長時間

6　〈新埔文獻〉《新埔鎮誌》頁763-764。

的運作，不僅使得母利資金獲得增長，加上經理人均是尋找殷實之人擔任，而得以維持健全發展。

四、褒忠亭義民廟現代化組織發展

　　一般民眾到褒忠亭義民廟朝拜，僅止於廟堂的祭拜活動，甚少繞路到廟後方去看看，因此多數人不知道還有兩座大的墳墓，其中最大座，且在廟後中央的墳墓，是屬於林爽文事件客家義民犧牲者的墓園；而另一座在大墳墓左邊的墳墓，則是較晚的年代，屬於同治元年戴朝春事件客家義民犧牲者的墓園。

　　到底先有墓園，還是先有義民廟，這個問題多數時候，會困擾一般來此朝拜的人。因為有兩座墳墓，對同治元年戴朝春事件的墓園而言，先有義民廟，後有墓園是對的說法；但對於乾隆年間林爽文事件的墓園而言，它是先於義民廟，就存在的墓園，因此是先有墓園後有義民廟的說法是對的。

　　褒忠亭義民廟是義民爺信仰的源頭廟，從此分香的義民廟多達 30 座以上。民國 85 年 4 月 20 日在新埔褒忠亭義民廟由董事長魏雲杰擔任大會主席，討論組織「**臺灣區褒忠亭義民廟聯誼會**」籌組及章程事宜，開展「**臺灣區褒忠亭義民廟聯誼會**」的成立事宜。同年 6 月 25 日在新埔褒忠亭義民廟，正式成立「**臺灣區褒忠義民廟聯誼會**」，並選出第一屆理事長、常務理事、常務監事、理事、監事等人。名單分別說明於後：

　　理事長：魏雲杰。常務理事部分，北區：平鎮義民祠劉坡榮，新埔義民廟魏雲杰，苗栗義民廟彭富欽；中區：水里義民廟張如判，嘉義義民廟劉雲昌；東區：花蓮稻香忠義堂彭信雄，鳳林壽天宮溫仁財；南區：屏東竹田六堆忠義祠張松生，高雄市義民廟黃啟川。常務監事：高雄褒忠義民廟劉興銘。理事部分，則由各廟推出理事一名。監事部分，北區：

三灣三元宮暨褒忠祠廖文弘，中區：草屯無極褒忠義民宮洪耀清，南區：高雄褒忠義民廟劉興銘。總幹事：林保明。[7]

　　民國 92 年 12 月 16 日在新埔褒忠亭義民廟，召開「**臺灣區褒忠義民廟聯誼會**」第二屆第四次會員大會，決議將「**臺灣區褒忠義民廟聯誼會**」改名為「**全國褒忠義民廟聯誼會**」。至民國 96 年 10 月 21 日在六堆忠義祠召開第三屆第八次理監事會議，決議規劃召開新社團籌備成立大會，並將相關事宜呈報內政部。[8]

　　隔年元月 25 日在新埔褒忠亭義民廟，召開「**中華民國褒忠義民廟聯誼會**」第一屆第一次會員大會，暨第一次理監事會議，投票選出理事長、常務理事、常務監事、理事、監事等。茲將名單，分別說明於後：

　　理事長：林光華；常務理事部分有：林光華、劉德發、吳森源、鄭瑞文、黃啟川、劉喜漢、劉錦鴻等 7 人；常務監事：洪耀清；理事：劉喜漢、黃金明、林煥田、彭阿喜、林光華、彭阿炎、吳盛和、陳添松、劉德發、吳春增、蘇東貴、鄒國才、李水富、陳秋田、吳森源、陳紹勳、鄭瑞文、黃啟川、劉錦鴻、楊瑞和等 20 人；後補理事：戴國銘、張金泉、黃添海、楊慢發、彭榮華等 5 人；監事：吳年龍、吳泰燈、葉佳壇、洪耀清、林順明等 5 人；後補監事：張鴻文；總幹事：魏北沂。大會特聘黃啟川為榮譽理事長、傅有舜為顧問。[9]

　　此後，在林光華理事長的推動下，分別向內政部申請立案證書，於民國 97 年 3 月獲得內政部核准臺內社字第 0970039231 號全國性及區級人民團體立案證書；向新竹地方法院申請法人證書，也在同年 6 月獲得臺灣新竹地方法院核發 97 證社字第七號法人登記證書。

　　是故，褒忠亭義民廟的組織發展，有別於其他廟宇傳統信仰圈、祭祀圈的發展，而是從當代制度中，取得政府相關單位的法條規範許可登

---

[7]　參考〈中華民國褒忠義民廟聯誼協會記事〉《中華民國褒忠義民廟聯誼協會第一屆第 12 次理監事聯席會議·建國百年水里義民廟創建 75 週年慶暨客家新紀元展望研討會·會議手冊》，中華民國褒忠義民廟聯誼協會，民國 100 年 9 月 11 日，頁 19。

[8]　同上書，頁 21。

[9]　同上書，頁 22。

記與法人資格的認定，以合法的方式，取得發展的依據，這種現代法治社會的認識與配合，不同於傳統社會的作法，說明廟宇組織管理是否得當，攸關廟務發展的事實，組織管理方面的作為，確有很大的影響。

五、結論

　　本文以清嘉慶「四姓合議規條簿約」及「光緒十年九月枋寮庄羅如發兄弟等立杜賣盡根水田屋宇契字」兩份古文書契文獻資料，作為褒忠亭義民廟興起與發展原因的主要論述。

　　前份資料，紀錄了四姓首事王廷昌、黃宗旺、林先坤、吳立貴，以及廟祝王尚武等人，出錢出力成立褒忠亭嘗事，同時亦規劃資金利息用途，其中分配作為義民廟祭祀等事。褒忠亭義民廟何以成為義民爺信仰的重要源頭，其興起原因可從此文獻資料獲得明確的脈絡。

　　後一份資料，契字內文除了有賣主羅如發兄弟水田屋宇之事，也同時紀錄了褒忠嘗施主與經理人購置物產事宜。從這份資料上，可以清楚看到清光緒時期的褒忠亭嘗經理人制度，仍舊被持續運作之例。

　　兩件古文書契，說明褒忠亭義民廟的興起與義民爺信仰的發展，褒忠嘗經理人制度，是廟務經濟財力的主要維護者，藉著合理的管理，使得義民爺祭祀經費得以充裕，加上調首的輪流，更加強義民爺信仰圈的擴大。

　　目前新埔褒忠亭義民廟更加入「中華民國褒忠義民廟聯誼會」組織，其對於供奉義民爺的廟宇，以及義民爺信仰圈的影響力，也就不逮而言了。

附件：

「四姓合議規條簿約」1

「四姓合議規條簿約」2

「四姓合議規條簿約」3

人輪流料理其會歷年所增長加買田業或修義
塚或整理廟宇四姓會議不得私行監開四姓立簿
約四本約四紙各拾首事查批簿約壹紙永為執

一批明林先坤觀眾行種法嚴行嚴禁貳佰大元
利銀架店五元銀收料無過權王尚武托張字銀
四佰六元利谷查詮公算立批具足完為炒

一批明林先拍嚴係林團寶四姓面對新社螺膀主
收租谷五拾五石立批再炒

一批明林團寶賣石欲限明年山利菁谷利秀炒
一去田組余重明年祭賣願付出買業如無概炒
仍照議定照利日後議眾食莫取出批炒

一再批明後日　聖典開祭文武秀士准領媽宮壹
斤廩保准領壹斤半與人准領貳斤廷士准
領四斤監生准領壹斤半貢生准領壹斤州同

准領壹斤半批炒

一再批明　首事王尭昌黃宗旺林先坤吳立貴
等當眾願內簿四本立約四紙各姓执傳
約壹紙後日照簿約均行不得反悔亦不得
已大言生端等情批炒

嘉慶柒年壬戌歲十月　日立同議會約規人
　　　　　　　　　　　　　保林先坤
　　　　　　　　　　　　　　王尭昌
　　　　　　　　　　　　　　黃宗旺
　　　　　　　　　　　　　　吳立貴

從日人征臺資料論臺灣北部
客家乙未抗日事蹟*

摘要

本論文主要以臺灣日據時期，出版有關乙未日文書籍，來看日人如何紀錄當時臺灣各地方義勇軍，與日軍激戰事情，其中特別注重桃園地區的記事，作為從日人的資料，解析桃園客家乙未抗日的事蹟。

日人出版書籍中，選擇杉浦和作所著的《明治28年臺灣平定記》，由臺北市新高堂書店出版，時間1896年（明治29年）5月發行，以後又於1932年（昭和7年）再版。主要原因杉浦和作是當時參與征臺的軍人，屬於臺北從軍會員，對於1895年乙未日軍征臺事，資料搜集甚為詳細。

另外，亦將臺灣總督府據臺後，臺灣改隸地方行政廢縣置廳，其中桃園廳於1906年以日文編纂的《桃園廳志》，作為選錄的方志，乃因此廳志內文的附錄第十二章土匪討伐，章節內文紀錄了日軍乙未年對於桃園廳轄區地方人民抗日的討伐之事。由於此廳志是日本據臺後，殖民統治者官方出版的地方誌書，發刊目的在於記事1895年乙未以來，在10年期間，於桃園廳轄區所施政的各種「成果」，因此各章節內容較能夠呈現當時社會狀況。故選為與前書，作為桃園客家地方抗日比較的依據，以詳明客家族群的抗日事蹟。

本論文研究方法，著重文獻資料分析，借著比較法，來論述日據時期初期日文書籍資料，來探究桃園客家地區的抗日狀況。

關鍵字：乙未抗日、桃園客家地區、桃園廳志、臺灣平定記、近衛師團

---

* 此篇與北京航天航空大學高等教育研究所張海英教授，聯合發表於2015.09.19-21，「2015乙未・客家國際學術研討會」，桃園客家事務局、臺灣大學客家研究中心主辦。

一、前言

　　1895 年日本以「馬關條約」為口實，派兵接受臺灣澎湖，當時臺灣人民無法接受這個殘酷的割臺條約，即在同年 5 月 25 日臺灣臺北府城成立「臺灣民主國」，公推當時臺灣省巡撫唐景崧為臺灣民主國大總統，除向清廷示意，如電奏「臺灣士民義不臣倭，願為島國永戴聖清」，誓言奉清朝為正朔之外，也樹立藍地黃虎的「黃虎旗」為國旗，年號「永清」，來抵抗日軍的入侵臺灣。

　　臺灣各地人民紛紛回應，自組義勇軍在全臺義民大統領吳湯興的帶領下，成為乙未抗日的主要武力，挫敗了日軍現代化裝備的狂妄。有關臺灣人民乙未抗日的研究，在歷屆學術研討會以及論文、學報、雜誌刊物等的發表，目前已經積累不少的成果，可以看到臺灣人民「義不臣倭」的勇於犧牲的浩氣。

　　有關日人以日文紀錄臺灣乙未征戰之事，而出版書籍的相關論述，本國人似乎較為少見，本文選擇杉浦和作所著的《明治 28 年臺灣平定記》，由臺北市新高堂書店出版，時間 1896 年（明治 29 年）5 月發行，以後又於 1932 年（昭和 7 年）再版。主要原因杉浦和作是當時參與征臺的軍人，屬於臺北從軍會員，對於 1895 年乙未日軍征臺事，資料搜集甚為詳細。

　　另外，臺灣總督府據臺後，臺灣行政區域因改隸而廢縣置廳，本文將其中桃園廳於 1906 年以日文編纂的《桃園廳志》作為選錄的方志，乃因此廳志內文的附錄第十二章土匪討伐章節內容，是載錄 1895 年乙未日軍在轄區內討伐地方人民抗日的記事。由於此廳志是日本據臺後，官方出版的地方誌書，發刊目的在於呈現 1895 年以來，10 年期間，新殖民統治者在轄區各項施政的成果，此志書也由於時間接近清代末期，因此從各章節內容可以看到當時社會改隸前後的狀況。故選此志書與前書，作為桃園客家地方 1895 年乙未抗日文書籍比較的依據，以詳明客家族群的抗日事蹟。

　　本論文研究方法，除採用歷史研究、文獻資料分析之外，也借著比較法，來論述日據初期相關兩本日文書籍資料，來探究 1895 年桃園客家地區的抗日狀況。

二、日據初期日文書《明治 28 年臺灣平定記》乙未抗日記事

　　《明治 28 年臺灣平定記》，作著：杉浦和作，出版時間：明治 29 年 5 月發行，昭和 7 年 5 月再版，出版地：臺北市新高堂書店。

（一）、該書構成說明：

　　第一部分：人物照片（該書從「征臺軍凱旋紀念貼」中選錄相關人物照片）分別是：

1、第一代臺灣總督樺山海軍大將（明治 28 年 5 月 10 日就任）照片。

2、近衛師團長北白川宮能久親王殿下照片。

3、能久親王殿患病後，從灣裡至臺南行軍過程中使用的抬鈞（實物現藏於臺南神社）照片。

4、乃木第二師團長照片。

5、第二師團第四旅團長陸軍少將伏見宮真愛親王殿下照片。

6、明治 28 年 10 月逃離安平的「賊軍魁首」劉永福照片。

第二部分：序文

1、臺灣軍司令官陸軍中將阿布信行閣下序。

2、平定紀念會會員（幹事長）小宮元之助序。

3、作者 杉浦和作 臺灣平定記的發行序。

第三部分：凡例（針對問題加以說明）

1、該書對應明治 28 年 5 月發行的《征臺軍凱旋紀念貼》中「征臺」，
　定名為「平定臺灣」，主要記載比志島混成支隊、近衛師團、第
　二師團等，三個軍對平定臺灣的戰記，並紀錄入臺與離臺的時
　間。

2、比志島混成支團於明治 27、28 年系一支獨立軍團，《下關條約》
　簽署後，受隸屬於臺灣總督府近衛師團指揮，成為近衛第一混
　成旅團，平定基隆後，擔任北部臺灣的守備任務。按照日軍入
　臺順序，安排本書第一編。

3、近衛師團、第二師團剿匪地、在臺進攻地、露營地、宿營地、
　通過地、分隊派遣地、海軍陸戰隊匪徒掃攘地的名稱，於大正
　九年有所變換，本文依照原地名。

4、本書新舊地名對照表。

第四部分：目次（為該書的主要內容）
第一編混成支隊（章節標題如下）
　澎湖島戰記、裡正角灣的上陸、高地的佔領、拱北炮臺的佔領、
　馬公城的陷落、漁翁島的佔領、澎湖列島的駐防兵、澎湖列島的
　駐配兵、大統領朱氏和總兵周氏、捕虜的誓約、清軍懸賞的告諭、
　外國軍艦、孤拔將軍之墓、南征軍苦於疫癘；臺灣總督府；支隊
　臺灣島北部守備、支隊軍人軍屬合葬之墓、支隊踏上凱旋之途。
第二編近衛師團（章節標題如下）
　三貂角上陸、第一次衝突、金皎蔣（瑞芳）的戰鬥、敵兵的逆襲、
　基隆總攻擊、出發及前進、市街攻擊的準備、本隊的進擊、東炮
　臺的攻擊、西炮臺的攻擊、背面戰鬥、左右側支隊；臺灣受度、
　皇軍進入臺北；臺灣始政的祝典；支隊的小戰鬥、楊梅壢的戰鬥、
　崩坡附近的戰鬥、大湖口的戰鬥、新竹附近的戰鬥、新竹城的進
　入、土兵的跋扈、土兵的由來、新竹縣來襲、土兵的襲擊、安平
　鎮的攻擊、近衛第二混成旅團的到著、山根支隊的進發、龍潭陂

的攻擊、中間隊及本隊右側衛的消息、大姑陷的偵查、牛欄河附近的攻擊、大姑陷的攻擊、左側隊的孤立、土兵的襲擊、糧食縱列的被襲、大姑陷河岸土兵的掃攘、山根支隊的行動、內藤支隊的行動、松原支隊的行動、桃仔園新竹間的土兵掃攘、打類坑的攻擊、龍潭陂的再攻擊、銅鑼圈的攻擊、新埔的攻擊、師團司令部的前進、尖筆山的攻擊、苗栗縣的攻擊、八卦山的攻擊及彰化縣的略取、嘉義方面追擊隊的戰鬥、臺灣總督以下暗殺的隱謀；南進軍的計畫；近衛師團的南進、師團進入臺南城臺灣平定、殿下發病後的行軍、殿下陣中的逸事（記載 17 件事情）。

第三編第二師團（章節標題如下）

第二師團征臺戰記、南進軍的部署、澎湖島駐軍、番仔命的上陸、茄苳腳的激戰、東港的佔領、鳳山的佔領、海岸支隊的勇戰、校仔頭的重圍突擊、王爺頭之戰、霄壠的激戰、二師團進入臺灣城；臺灣平定；近衛師團長宮殿下御歸京、在臺南作戰死者招魂祭、第二師團的土匪討伐。

從上述各篇目的章節內容，可以看到日籍作者，在敘述日軍各師團前後在臺征戰，初期面對臺灣人民頑強抵抗時，所用的稱呼為「敵兵」、「土兵」，到了臺灣平定後，則以「土匪」稱之，甚至於對臺灣人民仍舊抵抗而派軍征討之事，更以「土匪討伐」來論述，呈現日軍的武力鎮壓是正義的一方，而原來居住臺灣的地方人民，對入侵者的武力戰鬥，卻成為非正義一方的違法者。本書對臺灣義勇軍在不同時期當中的稱呼，可以清楚瞭解作者用詞是別有心意，此亦可以說明日人據臺後，對臺灣人民已經擺出殖民統治者居高臨下，不可一世的姿態與心境。我們讀者亦能從中體會作為被殖民者的屈辱與可悲。

另外，本書清楚記事北白川宮能久親王在臺南病死一事，可以平息國內人士對於能久親王戰死、戰傷之爭論。畢竟史實只有一個，臆測論說實是不足掛齒之事。

（二）本書的史料價值

　　首先，作者杉浦和作，除了是軍人背景之外，亦是當時「臺灣平定紀念會員」，為紀念平臺事蹟，乃將日軍在臺灣面對惡劣環境，冒著瘴癘之險，與抗爭激烈的各地臺灣人民義勇軍的戰役，依依敘述。其中尚包括日軍軍種編隊人數，以及各戰役時間、地點、人物（包括清軍將領、臺灣義勇軍）的詳細記事。這些資料可以作為當時雙方軍備人員動員人數的統計與比較，不僅日軍付出慘痛代價，更可以讓後人知道，臺灣人民在當時不惜付出家園財產與生命，為著的是「義不臣倭」的浩氣，而勇於犧牲。

　　其次，本書附錄《臺灣陸軍墓地平定紀念會》文，文內紀錄日軍葬在臺灣陸軍墓地人數共計有 8,574 人，分別在臺北墓地：步兵大佐以下 3,135 人，其中高等文武官 35 人，判任文武官 156 人，兵卒以下 2,944 人；臺中墓地：陸軍少將男爵山根信成以下 1,409 人；臺南墓地：步兵少佐河野五男以下 2,681 人；澎湖島墓地：步兵大尉清水信純以下 1,349 人。從這份資料可以讓我們作為當時日軍在臺灣征戰中因病或戰死的軍人實際死亡人數。各處墓地前面的軍籍，是該墓中軍階最高者的表示。

　　上述墓地人數，不論病死還是戰死，終究是在 1895 年臺灣乙未抗日之役死亡的日本軍人。以當時而言，日軍佔領臺灣，也付出慘痛代價，但在臺灣人民義勇軍方面，犧牲的人數必然多於日軍傷亡人數，加上被波及到的村落婦女老少等傷亡人數，應該更多於日軍傷亡的數字，所以臺灣乙未抗日，僅從這本日文書籍中，就可以看出付出巨大的犧牲。是故，身為臺灣人的後代，怎麼能夠輕易的忘卻 1895 乙未先人抗日犧牲的事蹟。

　　其三，本書紀錄了當年 6 月 17 日臺灣總督樺山資紀主持的臺灣始政的典禮情形，如出席人數、樺山總督祝辭、近衛師團北白川宮祝辭以及英國領事的祝賀等，均有記事。亦紀錄當年 11 月 5 日在臺南府城北練兵場，設征臺役戰死者招魂的祭典事情，如臺灣總督樺山資紀的弔祭文、臺灣副總督高島鞆之助的弔祭文，以及臺南縣知事、臺南府民總理張建功的祭文等。對於瞭解日軍佔領臺灣後，統治臺灣的具體方策具有

重要的參考價值。

其四，該書將樺山總督從 1895 年（明治 28 年）6 月始政以來，到來年（明治 29 年）三月，這近十個月期間，成為臺灣殖民時期的軍政時代。

綜合以上簡而言之，此書的記事資料意義如下：

1、是探究日本侵略、佔領臺灣的目的、過程的重要依據。

2、對認識日軍侵略臺灣時客家抗擊行動具有重要的參考價值；

3、對於探究臺灣地方文化變遷具有重要參考價值；

4、對於認識日本在軍國主義時期的國家戰略方針、政策、軍事行動的具體指向具有重要的實證價值。

三、日據初期日文方志《桃園廳志》乙未抗日記事

《桃園廳志》，作著：桃園廳編纂，出版時間：明治 39 年 5 月，出版地：臺北臺灣日日新報社。

（一）、該書構成說明：

第一部分：人物題字

1、「水成」二字，用印者：清惠幹雄。

2、「文」一字，書研海題。

第二部分：該書序文

1、桃園廳志序，明治 39 年 5 月中旬民政長官男爵後藤新平。

2、序，明治 39 年 5 月初旬桃園廳長竹內卷太郎。

第三部分：照片一張

此照片，主題呈現當時桃園廳舍全景，廳長竹內卷太郎半身像，以花邊嵌在照片之右上角。

第四部分：桃園廳志目次（為該書的主要內容）

第一章　廳城（章節標題如下）

　　　　概論；堡庄：桃澗堡、海山堡、竹北二堡。

第二章　建置（章節標題如下）

　　　　行政區劃：沿革；組織、分掌、本廳官銜；支廳：三角湧
　　　　支廳、大嵙崁支廳、鹹菜硼支廳、中壢支廳、楊梅壢支廳、
　　　　大坵園支廳；街莊長役場、守備兵營、憲兵屯所、公學校；
　　　　郵便電信局：桃園局、大嵙崁局、中壢局；制茶試驗場：
　　　　楓樹坑試驗場、安平鎮試驗場；登臺、稅關監視署。

第三章　地理（章節標題如下）

　　　　境界、山嶽：插天山脈、鳥嘴山脈、龜侖山脈、銅鑼圈高
　　　　原；地勢：桃澗平野；河川：大嵙崁川、三角湧溪、鹹菜
　　　　硼溪；氣象：氣溫、風、雨；市邑：桃園街、中壢街、大
　　　　嵙崁街、三角湧街、大坵園街、鹹菜硼街、楊梅壢街。

第四章　種族並表譽（章節標題如下）

　　　　表譽：紳章、褒賞蕃人種、西班牙人的占居、土目；漢人
　　　　種：閩人、粵人、移住民的拓殖、分類械鬥、閩粵二族的
　　　　分佈、人口數、業別。

第五章　交通（章節標題如下）

　　　　道路：舊路、新路；港灣、鐵道：停車場、旅客貨物；桃
　　　　嵌輕便鐵道。

第六章　產業（章節標題如下）

　　　　產業、農業：米、稻的種類、米作狀況、茶、茶的起源、
　　　　安平鎮制茶場、楓樹坑制茶場、甘藷、落花生、甘蔗、藍
　　　　麻、柑橘、材木、農業者、大租小租、蕃大租、養贍埔地、
　　　　大租率、田園甲數、小租額、小租的買賣；樟腦：制腦額；
　　　　工業：鍛冶、陶器、笠、蘭席、瓦；礦業：石炭；商業：

商業上的習慣、典鋪、金利；漁業：魚族、養魚；家畜家禽、殖林、農會、水利：埤圳、水租、霄裡圳、二甲九圳、三七圳、十二股圳、龍潭陂、大圳的計畫。

第七章　租稅（章節標題如下）

歲入沿革：歲入累年計；國稅：地租沿革、劉銘傳的厘革、補水銀、平餘銀、地租制度、地租改正率、本廳的地租額、新舊比較、土地整理組合規則、糖業稅、礦業稅、契稅國稅累年計；地方稅：地方稅累年計、地方稅負擔額。

第八章　員警（章節標題如下）

員警沿革、保甲制度：沿革、壯丁團；公共衛生：檢疫、直轄部內、各支廳部內；公醫、獸役、市場、屠畜場、阿片制度、隘勇。

第九章　學事（章節標題如下）

清國時代的教育：考試、書院、義塾、社學、書房；國語傳習所、公學校：桃園公學校、大嵙崁公學校、樹林公學校、中壢公學校、南崁公學校、龍潭陂公學校、鹹菜硼公學校、八塊厝公學校、三角湧公學校、楊梅壢公學校；小學校：桃園尋常高等小學校。

第十章　廟宇及古跡（章節標題如下）

廟宇、古跡：五福宮、壽山岩、石觀音、鶯歌石、龍潭陂。

第十一章　生蕃人（章節標題如下）

生蕃社：蕃社的組織、犯罪、家屋、衣服、裝飾、紋身、食物、婚姻、育兒、疾病、馘首、祭典、農作、狩獵、通貨、手工、迷信、性情；蕃政：清政府的經營、我政府的經營、封鎖後的隘勇線前進。

附錄

第十二章　土匪討伐（章節標題如下）

楊梅壢的戰鬥、中壢附近的戰鬥、安平鎮的戰鬥、中庄的

戰鬥、福德坑的戰鬥、大嵙崁的戰鬥、兵站線的斷絕、騎
兵的遭難、大嵙崁河畔的討伐、土城的討伐、柑園的討伐、
三角湧的討伐、殘賊的討伐、招降、被害、鎮滅。

　　從上述章節標題，可以瞭解日本據臺初期改隸，官方桃園廳的行政
措施與各項施政成果，當時桃園廳長官竹內卷太郎已經任職三年半之
久，從民政長官後藤新平的序文中，可以察覺到竹內卷是一位急於向上
司表現治績的長官，因為當時廳志編纂之事，首先提出是臺北廳，其次
是新竹廳，再來則是桃園廳，但桃園廳志則較新竹廳志超前出版發行。
後藤新平對於桃園廳志內容有所嘉許，因為將臺灣改隸前後的事情，地
方主管能夠在政務推展與施行中，抽出空檔配合修志頗為辛苦，但此志
書的完成，不僅保留當時地方改隸實況，也呈現日人在此期間施政作
為，可供施政者征前鑒後之用。

（二）、本廳志的史料價值

　　首先、這本桃園廳志編纂內容，可以視為日人據臺殖民初期 10 年
間的地方施政成果報告書。如第二章建置部分，就其章節標題內容，可
以看到軍政體系的管理系統，分佈在桃園廳的 6 個支廳轄區中。此外，
學校、郵局、電信局以及制茶試驗場的設置，均是殖民統治者落實在當
地人民生活中的新措施。又如第五章交通部分，其章節標題內容提到道
路之舊路與新路，桃崁輕便鐵道（桃園到大溪）等的交通建設。又如第
八章員警部分，章節標題內容提到公共衛生、檢疫事務的管理工作，以
及公醫、獸役、市場、屠畜場、阿片制度等監督管理，另外接續清代隘
勇業務，作為防蕃機關管理原住民。又如第九章部分，章節標題內容有
公學校與小學校設置的記事，區別日本人與臺灣人教育的差別。這些均
是殖民統治者，初期 10 年間，地方治理不同前朝的顯著施政成果的記
事。

　　其次、廳志若干章節標題內容，也保留了清代光緒年間地方街肆與
社會生活行業的記事。如第三章地理部分，有市邑的記事，包括桃園街、

中壢街、大嵙崁街、三角湧街、大坵園街、鹹菜硼街、楊梅壢街等。又如第六章產業部分，章節標題內容，可說全數將前朝（光緒年間）的地方民間各項產業、商業習慣、水利設施等均做了描述與記事，這些資料可以提供後人瞭解清光緒年間，當時桃園地區的產業發展的具體狀況，並用以推測臺灣其它地方的發展情形。

其三、廳志中第七章租稅部分，其章節標題內容，因以表格統計並比較，可以提供閱讀者瞭解清光緒年間至改隸初期，地方歲入、地租沿革及改正、以及糖業稅、礦業稅、契稅、地方稅等差異的情形。這些資料可以作為地方經濟改隸前後的比較之用。

其四、廳志附錄第十二章土匪部分，章節標題內容主要敘述殖民初期，日軍對臺灣人民的激烈武力反抗，而討伐之記事，新統治者以討伐、招降方式，彌平轄區內臺灣人民的反抗。本章由於紀錄抗日與日人討伐事蹟，地點包括：楊梅壢的戰鬥、中壢附近的戰鬥、安平鎮的戰鬥、中庄的戰鬥、福德坑的戰鬥、大嵙崁的戰鬥、兵站線的斷絕、騎兵的遭難、大嵙崁河畔的討伐、土城的討伐、柑園的討伐、三角湧的討伐等。前述這些標題單元內文，均能夠對於當時應戰雙方人員，甚至於戰鬥的時間、地點與路線有所紀錄。這些資料不僅可以提供瞭解日軍的應戰單位與軍事部署作為等事，也可以讓人從另一個角度，看到當地臺灣人民義勇軍的英勇對抗的戰績。這些記事可以彌補臺灣乙未抗日資料不足之處，其中可以明顯看到桃園地區客家庄客家人在 1895 年乙未激烈抗日的紀錄事蹟。

綜合以上簡而言之，此志書資料意義如下：

1、是探究日本殖民臺灣初期 10 年間，新統治者在桃園廳施政過程與成果的重要依據。

2、對認識日軍入侵桃園地區，客家庄客家人的抗戰行動，具有重要的參考價值。

3、對於探究臺灣改隸後，地方社會文化的變遷，具有重要參考價值。

4、對於認識日本在殖民地臺灣所採取戰略方針、政策、軍事行動，
具有重要的實證價值。

四、有關臺灣北部桃園客家地區抗日記事比較

（一）《桃園廳志》乙未抗日部分記事

臺灣日據初期，臺灣總督府改變清代行政區域的劃分，1901 年（明
治 34 年）11 月至 1909 年 10 月將臺灣「縣治區劃」改成「廳制區劃」
方式，劃分為二十廳，分別為：臺北廳、基隆廳、深坑廳、宜蘭廳、桃
仔園廳、新竹廳、苗栗廳、臺中廳、彰化廳、南投廳、斗六廳、嘉義廳、
鹽水港廳、臺南廳、番薯藔廳、鳳山廳、阿猴廳、臺東廳、恒春廳、澎
湖廳等。其中桃仔園廳後改名為桃園廳。

本文之《桃園廳志》1906 年（明治 39 年）出版，即是在此廳制時
期，亦是日本據臺初期 10 年間，官方所完成的地方誌書。此廳志以日
文纂寫，明顯的目的，就是要給懂得日文的人閱讀，而不是提供給臺灣
社會一般民眾來閱讀。

當時桃園廳轄區，除直轄桃園（桃澗堡內 4 庄）、龜崙口（桃澗堡
內 10 庄）、南崁（桃澗堡內 6 庄）、埔仔（桃澗堡內 8 庄）、八塊厝（桃
澗堡內 6 庄）等區域外，尚設支廳管轄各區，分別是：大嵙崁（大溪）、
三角湧（三峽）、大坵園（大園）、楊梅壢（楊梅）、鹹菜硼（關西）、中
壢等六支廳。當時三角湧支廳與鹹菜硼支廳，則是目前新北市的三峽區
與新竹縣的關西鎮兩處。在《桃園廳志》的附錄第十二章土匪部分，章
節標題內容有日軍在三角湧及鹹菜硼等討伐抗日的記事。三角湧日軍討
伐部分，有關當地抗日事蹟記載尤為詳細，值得參考。在此廳志內文中，
日人以「土匪」稱呼臺灣抗日義勇軍，之所以如此，主要是以殖民地統
治者立場來看待臺灣人民的抗日行為。

　　各支廳底下轄區，分別如三角湧支廳下轄：鶯歌石（海山堡內 9 庄）、樹林（海山堡內 12 庄）、成福（海山堡內 3 庄）、三角湧（海山堡內 17 庄）等區；大嵙崁支廳下轄：員樹林（桃澗堡內 4 庄、海山堡內 1 庄）、龍潭陂（桃澗堡內 7 庄）、三坑仔（桃澗堡內 7 庄）、大嵙崁（海山堡內 7 庄）、三層（海山堡內 2 庄）等區；鹹菜硼支廳下轄：銅鑼圈（桃澗堡內 2 庄）、鹹菜硼（竹北二堡內 15 庄）、石崗仔（竹北二堡內 9 庄）等區；楊梅壢支廳下轄：楊梅壢（竹北二堡內 15 庄）、大坡（竹北二堡內 11 庄）、新屋（竹北二堡內 15 庄）等區；中壢支廳下轄：大崙（竹北二堡內 5 庄、桃澗堡內 2 庄）、宋屋（桃澗堡內 5 庄）、安平鎮（桃澗堡內 5 庄）、中壢（桃澗堡內 7 庄）等區；大坵園支廳下轄：大坵園（竹北二堡內 11 庄）、竹圍（桃澗堡內 1 庄、竹北二堡內 4 庄）、石觀音（竹北二堡內 10 庄）等區。

　　是故，廳志第十二章章節標題內容，所提有楊梅壢、中壢、安平鎮等地，均是客家庄。茲將上述三個地方戰鬥記事，分別簡述於後：

1、楊梅壢的戰鬥

　　內文記事提到 1895 年 6 月 14 日日軍前哨到達楊梅壢時，吳湯興即命令鹹菜硼蔡旺、銅鑼圈邱林兩人率眾二百餘人攻擊，但被日軍中隊擊退，日軍進入太湖口，此時吳湯興親率飛虎、新苗諸隊與吳光亮等人，約數千人包圍攻擊，並斷絕日軍與桃仔園部隊的聯絡。日軍援軍 21 日早到楊梅壢的崩坡一帶，受到義勇軍陳超亮、邱國霖、徐驤等各率二百多人分三面合擊，企圖一舉殲滅日軍。但日軍以榴散彈連發阻礙攻勢，南進軍更以騎兵攻擊銅鑼圈夏阿賢率領的隊伍，夏阿賢隊伍潰敗。便在太湖口附近露營，22 日往新竹城前進，沿途擊退殘敵，當天上午 11 時佔領新竹城，吳湯興率部眾退守苗栗。但是臺北至新竹間的兵站線，經常遭受抗日義勇軍襲擊，不僅切斷電線‧破壞鐵路‧妨礙運糧，更突襲兵站部等事。

2、中壢附近的戰鬥

內文記事提到 6 月 23 日有抗日義勇軍三百人襲擊中壢兵站支部，遭到擊退，此舉為徐驤所為，徐驤是新竹人清廷的秀才，徐驤新竹敗退後，與溫八合作，到中壢。張兆麟、陳光海、徐子勳、宋阿榮等率領五百人，群集在廣興庄的義民廟，隔日襲擊中壢兵站部，遭受擊退。宋阿榮及勇兵多人則到安平鎮胡阿錦家群集，胡阿錦字嘉猷，安平鎮義勇軍的首領，屬下副將黃娘盛，其眾因加入徐驤人馬而聲勢浩大，企圖一舉殲滅日軍等。

亦提到 24、25 兩日在中壢附近崁仔腳、大湳尾上店仔庄、八字圳等處有抗日義勇軍與日軍激戰之事，日軍甚且將民間家屋放火作為攻擊手段，以阻卻義勇軍的藏匿。兩天被擊斃的義勇軍部將，分別為：徐傳、黃龍、潘龍、溫八、趙英等人。這批日軍 25 日在大湖口宿營，26 日進入新竹。

3、安平鎮的戰鬥

內文記事提到 6 月 26 日有後備步兵第一聯隊第二大隊進入桃仔園兵站部守備，7 月 1 日午後，有抗日義勇軍約 40 人突擊桃仔園守備隊的炊事場被擊退的記事。6 月 27 日接獲情報，胡阿錦與黃娘盛將從安平鎮率義勇軍明日進擊，28 日晨曉 4 時，日軍三木大隊從中壢出發，攻擊胡阿錦，龍潭陂李蓋發漏夜提軍支援，在安平鎮與日軍激戰，黃娘盛的家園在此激戰中，被焚毀，當天將領張生戰死，日軍收兵返回中壢。7 月 1 日黎明三木軍隊全軍進攻，炮兵分佈在老虎頭崗、山仔頂崗、安平鎮高椵頭等三處，步兵分三面進攻胡阿錦的家園，由於胡宅防備嚴密，日軍攻擊付出極大代價才攻克下來，此戰役胡阿錦乘夜逃走，其它李蓋發、黃娘盛、徐驤、胡廷嶸等退至龍潭陂。文內有義勇軍領袖在此役犧牲者，分別是：邱明琳、黃德、謝乞等人的記事。

綜合上述三處戰鬥事情的敘述，可以看到地方人士抗日犧牲名字的紀錄，由於同件事情也描述了日軍激烈攻擊的狀況，使得這些義勇軍領袖雖在戰鬥中死亡，但也表現出雖敗猶榮的氣勢，《桃園廳志》屬於地方誌書，因此乙未地方抗日事蹟的紀錄，也就較其它書籍來的清楚詳細。

（二）《明治二十八年臺灣平定記》乙未抗日部分記事

　　本書作者杉浦和作，是 1896 年（明治 29）3 月 31 日日軍在各地與臺灣人民發生激烈抗日戰役結束後，由除役軍人所組成「平定紀念會」的會員，這個會訂在每年的臺灣始政紀念日及十月二十八日（北白川宮能久親王病逝之日）在臺灣神社設饌餐聚，幹事長為小宮元之助，幹事有朝比奈正二、塚本喜三郎、中辻喜次郎等三人。該會會員均在臺北市，住址清楚，共計 75 人。其規約中，訂定有會員死去其正系子孫得以繼承會員的條文，由此可以理解此「平定紀念會」在臺灣社會是具有特殊地位與意義的團體。杉浦和作亦是「臺北從軍會員」，本書序文之後有其〈臺灣平定記ノ發行ニ就テ〉文章，說明原来是《征臺军凱旋记念帖》相片冊中後編的〈征臺記〉一文，改編為此書；另外，本書後，附錄其有關〈臺灣に於ける陸軍墓地〉文章，從内容中可以清楚看到日軍在臺灣 1895 年乙未戰鬥傷亡，埋葬在各墓地的人數統計。故本書是從日軍角度來論述平臺的事蹟。

　　本書有關桃園地區 1895 年乙未抗日記事，在第二編近衛師團部分的章節中，從第 46 頁的支隊的小戰鬥記事開始，一直到第 94 頁的銅鑼薵（圈）的攻擊記事止，是屬於與桃園地區有關的日軍乙未平臺的記事。

　　其中章節標題分別為：楊梅壢的戰鬥、崩坡附近的戰鬥、大湖口的戰鬥、新竹附近的戰鬥、新竹城的進入、土兵的跋扈、土兵的由來、新竹縣來襲、土兵的襲擊、安平鎮的攻擊、近衛第二混成旅團的到著、山根支隊的進發、龍潭陂的攻擊、中間隊及本隊右側衛的消息、大姑陷的偵查、牛欄河附近的攻擊、大姑陷的攻擊、左側隊的孤立、土兵的襲擊、糧食縱列的被襲、大姑陷河岸土兵的掃攘、山根支隊的行動、内藤支隊的行動、松原支隊的行動、桃仔園新竹間的土兵掃攘、打類坑的攻擊、龍潭陂的再攻擊等。

　　各章節標題内文，作者將各日軍編隊名號動員的時間、路線、軍火狀況，以及地勢等作為主要描述，其間亦有日軍長官名字的紀錄。文内描述臺灣抗日義勇軍以「敵兵」稱呼。

　　本書亦將臺灣民間抗日者，以「土兵」稱之。在「土兵的跋扈」標題的內文，留存著 6 月 22 日晚，有一臺灣土民向日本總督府獻上了情報，其文內容如下：

> 現得警報，客民聚眾數千，團積三角湧之崁仔腳，擬早晚乘虛襲臺北，現在土匪藐視臺北兵力單薄，謠言紛起，截途搶劫之事，日見其它，總之莫論有無其事，城中務須戒嚴，出入撿搜，勿為小人所算，至全臺遼闊，人心未遽貼服，兵力太單，亦非萬全之舉也。[1]

　　此事，讓我們瞭解臺灣社會，在當時也有同胞出賣抗日情資給總督府的事情。以後本書在敘述日軍在各地戰鬥情況時，亦有當地土民向日軍報告抗日義勇軍動向的情資記事。

　　本書另在「安平鎮的攻擊」章節標題內文的敘述中，以時間為軸，將日軍的攻擊過程，兩方攻防情況清楚說明，但特別描述日軍攻擊火力，同時也紀錄傷亡人數，並分析胡嘉猷所盤踞抵抗的民宅家屋結構及防衛設施。從這部分的記事，可以瞭解日軍在安平鎮一役中，付出極大的代價。

　　至於客家庄龍潭陂方面，在乙未抗日當時的情形，本書紀錄了兩次的日軍攻擊事例。事情記敘如後：

　　第一次「龍潭陂的攻擊」記事，在第 65 頁，紀錄山根支隊在 7 月 14 日攻擊龍潭陂事，因胡嘉猷、黃娘盛在此領導當地居民據庄抗日，因村落有竹欉圍繞又利用家屋銃眼，可有效防禦日軍隊伍攻入。山根少將以此防禦對短兵進擊不利，乃以山炮六門轟擊，更以步兵突擊，使得此役日軍擊斃敵兵百餘名，胡嘉猷等敗走，日軍死傷下士以下 11 名，騎兵隊長與炮兵中隊長兩人座馬，因敵兵狙擊而斃。

　　第二次為「龍潭陂的再攻擊」記事，在第 93 頁，紀錄山根支隊在第一回龍潭陂攻擊後，部隊就往大姑陷（大溪）移動，抗日義勇軍乃再返回龍潭陂，在高處設堡壘作為防禦，日軍採用炮兵轟擊，再派出中隊

1　杉浦和作《明治二十八年臺灣平定記》，臺北市：新高堂書店，昭和 7 年 5 月再版，頁 52。

進擊，最後義勇軍敗走，有數十人被擊斃。

　　從日軍兩次攻擊龍潭陂的戰役而言，呈現當地客家庄民抗日的勇氣與決心，雖武力趨於劣勢，但仍舊以「硬頸精神」再度與日軍再戰一場，這種豪氣是令人敬佩。

　　龍潭陂兩次被日軍攻擊之事，少見於地方文獻與耆老傳聞，也不見於上述《桃園廳志》之記載，此事借著本書的記事，回到史實，事隔兩個乙未 120 年之後，而讓龍潭陂客庄知道此事，亦是一種機緣。因此，本書雖以日軍立場記事 1895 當年平臺之事，但也無意間保存了臺灣地方與日軍戰鬥的史實資料。

五、結論

　　在臺灣歷史上，於乙未 1895 年清廷割臺之際，臺灣本島士民以「義不臣倭」的決心與氣概，面對登臺日軍，集結力量，團結一致，在各地發動了歷史上前所未有的抗爭與抵禦，戰事異常慘烈。依據日人杉浦和作的《明治二十八年臺灣平定記》一書資料所述，在 1901 年（明治 34 年）將臺灣各地日軍墓地改葬於陸軍四處（臺北、臺中、臺南、澎湖）墓地，人數的統計在 8,574 名以上；當然臺灣士民的犧牲，更是數倍於日軍傷亡以上的人數。1895 年在臺灣各地發生的抗日戰鬥，史稱「臺灣乙未抗日」事件。

　　本文所采兩本日文出版書籍，其一是個人著述的《明治二十八年臺灣平定記》，其二是臺灣官方出版的志書《桃園廳志》，兩書各有其特色。前書作者是軍人身份，因此敘述日軍師團以及隊伍行動，將時間、地點、人物、環境、戰鬥狀況等記載詳細，可以看到日軍以及北白川宮能久親王在臺灣征戰的囂張戰記（英勇事蹟）。就臺灣人的立場來說，此書可以提供清楚的抗日地點、時間以及當時抗日義勇軍所遭遇的激烈戰鬥場景，這些資料可以補足我們乙未史料不足之處。

　　桃園客家庄在乙未抗日戰爭中也不遑多讓，如中壢、楊梅壢、安平

鎮、龍潭陂、銅鑼圈等，均在《明治二十八年臺灣平定記》一書中被清楚的記事，日軍隊伍如何遭遇激烈抗爭而使戰事異常激烈，其中記載龍潭陂被日軍攻擊兩次的紀錄。官方志書《桃園廳志》在其附錄第十二章內容，有關龍潭陂的抗日征討，就沒有如此說明。但對於各地抗日人士名字的紀錄，倒是相對與前書《明治二十八年臺灣平定記》來得詳細，這種差異，該是志書的特色所致。

　　「臺灣乙未抗日」迄今正巧 120 年，緬懷先人「義不臣倭」的民族氣節與抗日保家的戰鬥激情，令人肅然起敬。臺灣客家庄先人激烈的抗日歷史，不為後代所知，身為知識份子，實感羞愧。

羅福星革命思想對日據臺灣當局及社會之衝擊[*]

摘要

　　臺灣客籍志士羅福星，字東亞，號國權，祖籍廣東省嘉應州鎮平縣（今蕉嶺）高思鄉大地村。1907 年（明治 40 年）與祖父離開臺灣，返回廣東故鄉途中經廈門，因仰慕孫中山革命思想，旋即加入「中國同盟會」，開展革命抱負。

　　此後即以革命者自居，追隨孫中山革命理想。從其在東南亞的經歷、參與 1910 年廣州起義、跟隨胡漢民以及率領南洋招募之民軍等事情，可以清楚看出其對革命的熱誠，亦即不怕死、不愛錢的革命精神。羅福星也因有在中國革命的豐富經驗，更成為日後 1912 年到日本殖民地臺灣，企圖發動臺灣人民革命的原動力。

　　本論文主要以歷史研究、文獻分析之方法，將臺灣日據時期之《臺灣日日新報》、《羅福星抗日革命案全檔》以及相關文獻資料，詳加分析，作為論述 20 世紀初期羅福星發揚孫中山革命思想，對當時日本殖民地臺灣當局與社會所造成衝擊之研究。

關鍵字：羅福星、革命思想、臨時法院、陰謀革命事件、臺灣日日新報

---

[*]　發表於 2014.3.12，「孫中山與臺灣學術研討會」，國立國父紀念館主辦。

一、前言

20 世紀初期中國南部地區，興起革命風潮，在孫中山、黃興等革命黨人的引領下，逐漸興旺。特別 1911 年 3 月的廣州黃花崗起義及 10 月的武昌起義，讓中國發生巨大的變化，政權更迭，1912 年中華民國誕生。這個革命風潮，自然波及到被殖民地的臺灣，因為臺灣社會有同種、同文與歷史情結牽扯的關係。

羅福星志士即是在這種時空背景下，到臺灣，並欲發動臺灣人民的革命。然而，革命組織事跡敗露，遭致臺灣總督府警務搜捕，最後被判死刑，1914 年 3 月 3 日於臺北監獄以絞首方式執刑，死時當年 29 歲。

本論文主要以歷史研究、文獻分析之方法，將臺灣日據時期之《臺灣日日新報》、《羅福星抗日革命案全檔》以及相關文獻資料，詳加分析，作為論述 20 世紀初期羅福星發揚孫中山革命思想，對當時日本殖民地臺灣當局與社會所造成衝擊之研究。

二、羅福星革命思想緣起與篤行

臺灣客籍志士羅福星，字東亞，號國權，祖籍廣東省嘉應州鎮平縣（今蕉嶺）高思鄉大地村。1886 年出生於印尼巴達維亞（今雅加達），週歲時隨父母遷回廣東故鄉，10 歲隨同祖父羅耀南返回印尼，就讀華僑學校，直到中學畢業。1903 年（明治 36 年）羅福星 18 歲，與祖父由印尼雅加達到臺灣，於新竹廳苗栗一堡牛欄湖庄落籍，隨後寄籍於苗栗街，入學苗栗公學校就讀，至 1907 年（明治 40 年）因屆適婚年齡，乃於當年 5 月 26 日與祖父離開臺灣，返回廣東故鄉。

羅福星之教育，可以說是在其祖父用心的栽培下，分別在印尼巴達維亞與臺灣苗栗等地，接受新式教育的訓練，不僅熟悉漢文，也熟悉英、日語等外國語言，親身體驗不同國度的社會制度與文化，故其個人見識與觀點也就較甚於常人，而有自己的堅持與看法。

1912 年中華民國的建立之後，羅福星趁著這股中國革命風潮，返

回日本殖民地臺灣，在臺北大稻埕、苗栗等地，組織「華民聯合會館」，招募臺灣各地志士，從事推翻日人統治的革命工作，然因苗栗大湖地區革命團體誤事，使得革命組織曝露，主要領導羅福星、謝德香、江亮能、傅清鳳、黃光樞、黃敬員等人，最後遭受臺灣日本臨時法庭判決死刑。這案件是日本臺灣總督府首次以「革命意味之陰謀事件」為由，宣告領導者死刑之例。

　　本文內容有關羅福星的革命思想緣起部份，主要簡明敘述中國同盟會時期表現，將革命思想篤行之部份，以其在臺灣社會各地，以革命會、華民會、三點會、同盟會或革命黨之名義，各定部署，糾結同志，藉謀達其目的，作綜合說明。分別敘述於後：

（一）革命思想緣起

　　羅福星 1907 年與祖父離開臺灣，返回廣東故鄉途中經廈門，因仰慕孫中山革命思想，旋即加入「中國同盟會」，開展革命抱負。1908 年曾奉丘逢甲之命，到印尼爪哇一帶視察僑校。1909 年赴新加坡任中華學校校長，後前往緬甸同盟分會之書報社，擔任黨務書記工作。隔年，轉赴印尼巴達維亞，任當地中華學校校長。

　　孫中山在 1910 年 2 月廣州新軍起義失敗後，11 月與黃興、趙聲、胡漢民、孫德彰、鄧澤如等人在庇能（馬來西亞檳城）開會，圖謀再次在廣州大舉，會後同志分赴南洋各地籌款。

　　黃興等人 1911 年 1 月底，在香港成立統籌部，策劃廣州起義。胡漢民 3 月初自西貢赴香港，參加統籌部工作。當年春，羅福星與同志募款於荷印各島。4 月 18 日西荷印機關部，接獲廣東將舉事之電報，羅福星與同志決定共同返國。4 月 24 日羅福星等自印尼抵達香港，次日到達廣州，隨即參加 4 月 27 日（農曆 3 月 29 日）下午 5 點 30 分由黃興率領百餘名同志起義於廣州，然攻擊都督衙門失敗。此役近代史稱為「黃花崗之役」，當時有林時爽等七十二位烈士殉難，是為革命第十次起義。

　　5 月 1 日羅福星與胡漢民避難於香港，當月下旬黃興與胡漢民避居九龍，黃興口述起義經過及失敗原因，由胡漢民執筆作成報告，公諸海內外同志。以後，羅福星隨同胡漢民前往南洋，羅福星與胡漢民 6 月下旬抵達印尼巴達維亞，不期與黃興相遇。胡漢民旋赴西貢，從事安南黨務擴充及籌款。黃興則於 8 月 25 日離開巴達維亞到香港。

　　10 月 10 日武昌起義時，黃興在香港，胡漢民在西貢，孫中山在美國。10 月 14 日黃興由香港發電報給胡漢民及羅福星，要求在海外招募民軍。羅福星 10 月 19 日在印尼募得民軍一批，同月 23 日率民軍搭船啟程赴香港，經西貢，會胡漢民。隨後胡漢民同月 29 日自西貢率領青年同志一批，搭「金陵輪」急赴香港，到香港時已禁港，僅胡漢民上岸。廣州李準向胡漢民洽降，約期 11 月 9 日反正。11 月 9 日廣州光復，廣東省諮議局推舉胡漢民為都督，次日胡漢民抵達廣州省城，就任都督一職。隨後，羅福星同月 14 日率領民軍離開香港，次日抵達廣州，並領武器，以後同月 24 日奉胡漢民之命，與朱玉廷同率民軍搭兵船往上海，旋入蘇州。

　　1912 年（民國元年、日大正元年）1 月 1 日，孫中山於南京就任中華民國臨時大總統，中華民國正式成立。羅福星奉令於 1 月 24 日解散民軍，隨後在上海滯留約 5 個月，期間認識游金鑾女史，譜寫戀曲，而後返回故鄉，受任為村中學校校長。

　　綜合上述，羅福星 22 歲從臺灣返回原鄉，路經廈門時，旋即加入「中國同盟會」，此後即以革命者自居，追隨孫中山革命理想。從其在東南亞的經歷、參與 1910 年廣州起義、跟隨胡漢民以及率領南洋招募之民軍等事情，可以清楚看出其對革命的熱誠，亦即不怕死、不愛錢的革命精神。羅福星也因有在中國革命的豐富經驗，更成為日後到日本殖民地臺灣，企圖發動臺灣人民革命的原動力。

（二）、革命思想篤行

　　有關羅福星對臺灣社會革命思想之內容，其曾自述：「親自視察臺

灣社會，見現在之臺民，日陷於困苦悲慘之境遇，凡百之事之辦理，皆受其苛刻；雖小事亦受其掣肘。吸取人民之膏血，使無立腳之地。日本人之鄙視本島人猶甚於禽獸。來臺之日本人，日益增加，奪取本島人之產業，使其陷於貧困，臺民之生活僅得度日而過；所有營業，賦課徵收無餘。今若不警醒，則將來之事，誠不可測。吾客歲渡臺以來，即任鼓吹本島人民不要忘記往日國籍」。[1]

羅福星認為日本殖民臺灣政策，對於臺灣本島人民以及中國人相當苛刻，不僅控訴日本政府對臺灣本島人民的虐政有八項外，更例舉三項事例，說明臺灣日本警察對持中華民國籍之華民，管理要求方式與其他英、美、德、法等國之外國人，採取明顯差別待遇與歧視。茲將上述內容分別說明於後。

1、有關臺灣島民在日本苛政統治下之慘事，八項事例如下：

（1）、凡人民之產業均為官吏所強奪，民不得生存於社會。

（2）、苟為有利之事業或營業，悉收為官營或專賣；對島民之薄利營業，則徵以苛稅以苦民，是為吾人所引以為憤慨者也。

（3）、對臺民輦夫苛徵營業稅、房屋稅、地方稅等，為世界上所有殖民地尚未聞有之苛稅法，獨臺灣有之。

（4）、街道沿途販賣之行商及挑擔小商人之利薄行業，須繳納營業稅、牌照稅，不幸遇警則被課罰以一圓，因而有泣官之虐待，苦生活難支之怨。

（5）、本島人養豬營業者，稅金年納二圓，市場販賣又被課徵，收支不能相抵。

（6）、地方警察官最為可惡，除以保甲費、警察費、壯丁費等名義，徵收金錢以肥私囊外，其淫威如狼似虎，實為村中之王，贈賄多者，可以平安度日，不款待者，常被虐待受苦

---

[1] 莊金德、賀嗣章編譯，《羅福星臺灣抗日革命案全檔》臺灣省文獻委員會出版，民國66年，頁372。

楚。

（7）、討伐生番之事，要求每一民家必須義務出一人為夫役，無
　　　　男丁，甚有賣妻顧役夫以盡其義務，而被僱者僅為四、五
　　　　十圓即出賣自己生命。這種法律非愛民保民而設，實為消
　　　　滅島民而設。

（8）、臺灣刑事警察橫行，捕一竊犯，苦打成招，即未作之行為，
　　　　亦供為己作，此時有金錢行賄賂者，必得幫助脫罪。

2、有關日本警察對持中華民國籍之華民，採取明顯差別待遇與歧視，三項事例如下：

（1）、中華民國人民來臺，如經營商業者，必被臺灣政府虐待，
　　　　如訴之，則被告知，此殖民地之制度也，法律也。然而，
　　　　此種法律、制度，對在臺灣之英、美、德、法等諸外國人，
　　　　並不適用，獨適用於華民，是為差別待遇。

（2）、華民來臺登記居留者，須付討伐生番之夫役及學校之捐
　　　　款，在世界各國法律中，尚未曾看到對於外人有此種義務
　　　　之條文規定。

（3）、華民在臺遭受臺灣警官暗殺毒死者不遑枚舉，如桃園廳三
　　　　角湧庄之廣東鎮平人張上清，其曾調查確實有明確事實證
　　　　據，被當地警官所暗殺之事件。[2]

羅福星例舉上述事例，自然讓具有中國情結之臺灣本島人士，產生
了革命情懷。

羅福星初期結識黃光樞、江亮能、謝德香、傅清鳳及黃員敬等人，
即對他們倡言臺灣人應革命反抗日本的統治，舉猶太人、琉球人之境
遇，認為日本統治當局藐視、虐待臺灣人，不僅課重稅，也奪產業，而
使將臺灣人失去生計之途，未來陷於沈淪之悲境。臺灣人若不覺悟，則
前途誠不可測，尤以臺灣人民本係中國人，無有永久屈服於日本之理。

2　莊金德、賀嗣章編譯，《羅福星臺灣抗日革命案全檔》臺灣省文獻委員會出版，民國66年，
　　頁 37-41。

　　是故，羅福星在臺灣的革命思想內容是言之有物，能夠打動臺灣本島人心意，而願意參與其革命組織，日後推翻日本人在臺灣的統治。另外，從 1914 年（大正三年）2 月 16 日加福豐次警視呈報給臺灣總督，有關臨時法院審判經過的資料，其中「臨時法院案件處分表」統計的受理人數有 247 人，可以確認羅福星的革命組織所牽連的人，對當時臺灣社會造成相當的影響。[3]

三、羅福星革命黨對日據臺灣當局之衝擊

　　1912 年 12 月 17 日羅福星由汕頭乘輪船到臺灣，抵臺北大稻埕後，首先對當時日本殖民地的臺灣社會，做了深入的觀察，並對臺灣島民，鼓吹同文、同種的民族意識。由於 1903 年（明治 36 年）羅福星 18 歲時，曾在苗栗公學校入學就讀的背景關係，乃至苗栗初探民意，沒料到召募黨員事獲得熱烈支持。

　　然而，1913 年 10 月 8 日發生苗栗大湖葉水全共和黨機關敗露事件，黨員被逮捕 8 人。隨後，11 日臺灣總督府警察官署三叉河、大湖兩支廳，同時展開搜捕革命黨員之行動，逮捕黨員 11 人，起出槍械 4 支。這些地方組織突發事件，使得羅福星不得不在 14 日於臺北機關處，處理善後，特別召開秘密會議商討對策。

　　但臺灣總督府警察已經掌握部份黨員名冊，分由各支廳警捕尋線逮人，由於牽連黨員人數眾多，臺灣總督府為遏止臺灣本島漢人受中國革命成功推翻清朝政權之影響，採取積極有效的措施來壓制。

（一）臺灣總督府採新對策遏止革命思想漫流

　　其方法：一方面，依照臺灣總督府臨時法院條例第一條，馬上成立苗栗臨時法院及苗栗支監，進行快速審判、發監執行工作；另一方面，

---

[3]　莊金德、賀嗣章編譯，《羅福星臺灣抗日革命案全檔》臺灣省文獻委員會出版，民國 66 年，頁 282。

依據「匪徒刑罰令」逮捕、審判這些涉案陰謀革命黨員，並搜捕主要領導人羅福星及其他黨員。

因此，《臺灣日日新報》大正 2 年 11 月 27 日第五版　「府報抄譯」部份，也就刊載兩則臺灣總督府發布的消息，內容如下：

府令第百號，內容為：「臺灣總督伯爵佐久間　為頒發府令事　照得茲為飭令審判匪徒刑罰令所揭示犯罪被告案件，依照臺灣總督府臨時法院條例第一條，自 1913 年（大正 2 年）11 月 25 日起在新竹廳苗栗開設臨時法院。合行曉諭　為此示仰臺灣闔屬各色民人等一體知悉　特示右諭咸知　大正二年十一月二十五日」。

府令第百一號，內容為：「臺灣總督伯爵佐久間　為頒發府令事　照得明治四十二年十月所頒府令第七十九號監獄支監名稱位置中，臺北監獄宜蘭支監之次追加，如左合行曉諭　為此示仰臺灣闔屬各色民人等一體知悉　特示　本令自頒發日起施行　計開　臺北監獄苗栗支監　新竹廳苗栗　右諭咸知　大正二年十一月二十五日」。

從這兩則府令內容，可以知道臺灣總督府企圖以快速審判、快速發監執行方式，處理羅福星所領導企圖反抗日本人統治的革命團體，以遏阻臺灣社會這股革命風潮。

新設置的苗栗臨時法院，委派法官為安井勝次、富島元治、大里武八郎三位；委派檢察官為小野得一郎、松井榮堯兩位。苗栗臨時法院 1913 年 12 月 4 日首次依據「匪徒刑罰令」對新竹、桃園陰謀革命事件涉案人員宣判判決。其中死刑六名，分別是：羅福星、謝德香、江亮能、傅清鳳、黃光樞、黃敬員等人。檢察官隨即於 12 月 8 日，將謝德香、江亮能、傅清鳳、黃光樞、黃敬員等五人在臺北監獄以絞刑方式，執行死刑。

羅福星當時因獲得黨員掩護，未被日警搜捕到，卻於 1913 年 12 月 18 日，在黨員周齊仔引導下，準備從淡水乘船離開臺灣，夜宿芝蘭三堡下圭柔山庄靠海邊之李稻穗家時，卻被當地人密報，而於次日凌晨被逮捕。日警從羅福星身上搜出黨員名冊，使得臺北廳警務課展開另次的

搜捕黨員行動。事後才在 12 月 28 日《臺灣日日新報》刊載羅福星被逮捕及照片等消息，臺灣社會群眾也才知曉。

　　羅福星在 1914 年 1 月 6 日苗栗臨時法院審判中，提出不服先前缺席，法官以違犯匪徒刑罰令被宣告死刑判決。他認為：「所謂革命者，其目的雖欲預先糾合同志，謀於中國政府，求中國之後援，將臺灣歸為中國之領土。然此不過真係一種腹案，並無確實之成算，屬於未必之事。而臨時法庭竟以缺席判決，宣告死刑，不可不謂為不當，本人之所以出此舉者，罪不在自身，罪在政府也」。[4]

　　同年 1 月 31 日臺北地方法院移送二百二十八名革命黨員，到苗栗臨時法院接受審判。2 月 14 日羅福星、周齊仔被移送苗栗支監。2 月 28 日苗栗臨時法院第三次開庭宣判，死刑一人，即羅福星志士。羅福星聲明不服事，經臺灣總督府法務部確認無赦免之原因，臺灣總督批覆執行死刑，苗栗臨時法院檢察官隨即於 3 月 3 日在臺北監獄，將羅福星以絞刑方式，執行死刑，羅福星當年 29 歲。[5]與此同時，臺灣總督府在羅福星相關的陰謀革命事件審判終了後，隨即將苗栗臨時法院及苗栗支監命令廢止。

（二）臺灣總督佐久間關注陰謀事件審判

1、專人報告臨時法院審判經過情形

　　此事由臺灣總督府警察本署加福豐次警視負責，親自出席苗栗臨時法院每一次的開庭，對於法官、檢察官開庭審判之情形，均詳悉記錄。內容包括：開庭時間、出席法庭人員、被告人之分辯理由、審理結果、檢察官起訴人名資料、旁聽者、新聞記者等。其中亦有其個人叮嚀新聞記者事情之記事，如「**毋庸將羅福星陳述『對於政府之指摘、及為臺灣**

---

[4]　莊金德、賀嗣章編譯，《羅福星臺灣抗日革命案全檔》臺灣省文獻委員會出版，民國 66 年，頁 276。

[5]　莊金德、賀嗣章編譯，《羅福星臺灣抗日革命案全檔》臺灣省文獻委員會出版，民國 66 年，頁 420。

三百萬人民企圖革命』等項，記載於新聞內」。[6]另外，也有被告與辯護人名單、臨時法院案件處分表等的整理資料。

加福豐次警視的「報告審判經過情形」，共計有六次。分別是：1914年1月16日開庭；1月17日開庭；2月18日開庭；2月19日開庭；2月20日開庭；2月26日開庭。每次報告資料均將被告人的審判、分辯、革命黨員關係、事情經過等依依記錄，使得閱讀者能夠未親自列席審判法庭現場，也能夠清楚了解整個革命黨陰謀事件及審判結果。因此，佐久間總督在批閱此報告時，就可以完全掌握到整個陰謀事件的處理狀況，而不被蒙蔽。

2、事後設宴獎勵有功人員

隨後，臺灣總督佐久間左馬太於3月8日，在臺北市古亭庄的總督官邸設慰勞宴，招待臨時法院有關人員14位，對於他們審判陰謀革命事件之辛勞表示感謝，出席人員分別是：高田民政長官代理、石井覆審法院長、早川同檢察官長代理、安井臺北地方法院長、小野同檢察官長、渡邊臺中地方法院長、土屋同檢察官長、松井臺北地方法院檢察官、富島覆審法院判官、大里臺北地方法院判官、中山警警視、加福警視、志豆機典獄、鈴木秘書官等人。

隔日，民政長官的慰勞宴會則在梅屋敷舉行，參加人員同前，唯安井院長、小野長官因身體不適缺席。

這種高規格的獎勵慰勞臨時法院相關人員方式，亦是說明了臺灣總督府已經充分了解羅福星陰謀革命事件對臺灣社會衝擊的影響。[7]

（三）引發日本國內國會議員質詢臺灣陰謀事件

日本國內國會議員小林代議士於1914年2月26日，則向政府提出

6　莊金德、賀嗣章編譯，《羅福星臺灣抗日革命案全檔》臺灣省文獻委員會出版，民國66年，頁280。

7　《臺法月報》第8卷第3號　頁42。

有關於臺灣羅福星革命陰謀事件的質問，其質問內容如後：

1、臺灣陰謀事件，瀰漫於臺北、基隆、新竹、苗栗、臺中、南投、臺南、阿緱各廳之下，係屬大事件，且黨羽達數千之多。然而，該陰謀發生以來，達二年餘之久，何以不能即早探知檢舉？

2、該陰謀事件，臺北既為其策源地；而苗栗向無法院，又無監獄之地，設置臨時法院，其理由何在？

3、如該陰謀事件，係錯綜案件，何以不符預審？

4、臺北已有多數該事件之犯人，而久付諸放任不理，是屬何故？

5、當局以為該事件，非民心不平不滿之結果，其理由如何？

6、如該事件，致令全島大動搖；對此善後之策，當局有無具體辦法？[8]

從上述六個質問，可以清楚了解遠在日本的國會議員，對羅福星在臺灣組織革命黨反抗日本人統治一事，其革命思想有衝擊臺灣社會的憂慮。

臺灣總督府對此質問的答辯，則是小心翼翼地逐條回覆，內容如後：

1、匪徒事件之發生，係因被告羅福星於明治四十年移住中國廣東省，在徘徊各地之中，為革命思想所感化，到大正元年十二月底，回臺灣。大正二年三月乃開始與被告謝德香、江亮能等相謀。是年七、八月以後，即計劃以苗栗為中心，主要在勸誘廣東人（客家人），窺伺時機舉事。是年十月，即行探知，著手搜查，尚未獲得充分之黨員；且係在並無何等準備以前所檢舉者，故非涉及「發生以來達二年餘久」之事件。

2、匪徒事件，係以苗栗方面為中心者，而最初之檢舉，亦屬此地區。臺北並非本事件之策源地，因此，以為臨時法院設置於苗栗最為適當。

3、匪徒事件，其被告人，雖屬多數，但犯罪之事實比較簡單。

8　莊金德、賀嗣章編譯，《羅福星臺灣抗日革命案全檔》臺灣省文獻委員會出版，民國66年，頁435。

因此，自無付諸預審之必要。

4、臺北有多數之加盟人，雖屬；但其加盟，均係大正二年九月以後之事。是年十二月，即行檢舉，並未付諸放任不理。

5、此一陰謀事件係被告羅福星等二三人，惑於對岸革命之思想，而計劃暴舉者。此外，均無知之民，為金錢上之利益誘惑，而隨聲附和者；並非出於本島施政上不平不滿之結果。

6、如前各項之事實，本並未令本島民間有何動搖。且為今後不令有此種事件發生，業已針對各項，均加以注意矣。[9]

從上述臺灣總督府的答覆內容，羅福星的革命思想及革命黨組織，對臺灣社會的影響，臺灣總督府已經充分明白，故以「今後不令有此種事件發生，業已針對各項，均加以注意矣」作為負責表示。然而，一年半後在臺灣南部，卻又發生更為慘烈的臺灣本島人驅逐日本人的「西來庵事件」。

四、羅福星革命黨對臺灣社會之衝擊

（一）帶動臺灣社會中國革命風潮

苗栗臨時法院 1914 年 2 月 28 日第三次審判文中，有關個人羅福星部份被起訴理由。

1、革命思想部份：「倡言（日本當局）藐視、虐待臺灣人，課以重稅，奪其產業，令其失去生計之途，進陷於沈淪之悲境。今（臺灣人）若不覺悟，則前途誠不可測。尤以臺灣人民本係中國人，無永久屈服於日本之理。務須糾合島內同志，相其時機，蜂起各處，殺戮擊退日本人，驅逐於本島之外，由此即可脫離其悲境矣」。

2、革命起事方式部份，則是：「兵械、糧食可由中國祕密進口，中國人憐惜本島人民者亦不少，一旦舉事，得其來援，成功

---

[9] 莊金德、賀嗣章編譯，《羅福星臺灣抗日革命案全檔》臺灣省文獻委員會出版，民國 66 年，頁 437。

　　自無疑問。茲為達到其目的計，擬以革命會、華民會、三點
　　會、同盟會及革命黨之名義，各定部署，糾合同志；且視其
　　募集之人數，視其才幹，授以相當之榮職及薪水」。[10]

　　羅福星這種主張與看法，使得黃光樞、江亮能、謝德香、傅清鳳及黃員敬等五人贊同加入，並承諾盡力糾合同志加入革命組織，因此革命黨員以苗栗地方為中心，分佈至桃園、臺北、基隆等地。

　　此次，同時被臨時法院宣告判決的革命黨員總計有 102 名，其中處死刑 1 人，即羅福星；處 15 年徒刑 2 人，即謝阿鼎、梁芳；處 9 年徒刑 4 人，即周齊仔、陳宇宙、鍾泉海、王阿三；處 7 年徒刑 20 人，為翁阿源、楊宏、朱紅牛等；處 5 年徒刑有 73 人，為徐達賓、洪育英、林茂、曹阿份、蕭文榮等；處 4 年 6 個月徒刑 1 人，為徐運桂；無罪 1 人，為黃樹木。

　　此外，當時臺北地方法院檢察長三好一八於 1928 年《臺灣日日新報》創刊三十週年的慶祝紀念演講會上，為當時社會頗為熱門的思想議題，作專題演講，其講題為：「傾壞國家的社會主義」。專題中提到 1912 年（大正元年）12 月至 1913 年 12 月，所發現的陰謀事件（即是羅福星革命黨陰謀事件）。這個陰謀事件涉及臺灣全島，北部在臺北、桃園、新竹各廳；中部在臺中、南投；南部在臺南、阿緱各廳等，被檢舉的人員多達七百多名。

　　三好一八檢察長認為此次發生如此大的陰謀事件，主要是民族敵對觀念興起所致，而這個觀念的發生，源於中國南部武昌革命烽火的影響，讓臺灣人民以為仗勢中國的力量，可以使得臺灣革命大業容易遂行。

　　對於羅福星於 1912 年（大正元年）渡臺糾合同志事企圖舉事，其引用羅福星的自白書，簡潔描述羅之革命企圖心，內容如下：

　　日本政府之虐政，中華民國國民聞之不能不憤慨也。余奉福建都
　　督之命，與十二名志士共同渡臺，計謀臺灣革命，募集同志十萬

---

[10] 莊金德、賀嗣章編譯，《羅福星臺灣抗日革命案全檔》臺灣省文獻委員會出版，民國 66 年，頁 360。

人。臺灣革命獲得廣東都督、福建都督的同意,今則閩廣兩省均已聯合,國民黨領袖黃興亦派人至臺,募集黨員同志。余到臺南一帶視察,在林季商之處,亦已有二萬同志會員。欲雪國家之恥,報同胞之仇即在此時,今我十二志士,立志粉身碎骨。[11]

是故,從三好一八檢察長的特意引用羅福星自白書中內容一事而言,明顯的已經將羅福星在臺灣的革命企圖,予以確定。換言之,臺灣總督府官方執法官員,已經間接說明了羅福星在臺灣的革命犧牲,確實在臺灣社會具有一定的歷史影響。

(二)革命思想獲得社會部份階層人士支持

在這次判決中有判決謄本資料,詳細記錄每一個被告人的姓名、年齡、職業及住址。茲就這謄本資料,分述革命黨員的年齡、職業、居住地區,以此來說明羅福星革命黨對臺灣社會的衝擊層面。[12]

1、年齡層統計

66 歲 1 人;50 歲 1 人;40-49 歲 11 人;30-39 歲 32 人;20-29 歲 56 人;17 歲 1 人。由此可以看到革命黨主要年齡層曾在 20-39 歲之間,其中 20-29 歲年齡層年輕力壯人數最多。

另,這一位 66 歲屬於老人階段的高齡革命黨員,職業務農,是居住在新竹廳苗栗一南湖庄的徐運桂,被判處徒刑 4 年 6 個月。判決原因是藏匿匪徒(革命黨員王阿三原拘留在三叉河支廳,逃走。臨時法院仍於 1913 年 12 月 4 日對其缺席判決,處徒刑 9 年。嗣後自首,徐運桂係藏王阿三者)。

---

[11] 三好一八,〈國家を傾くる社會主義(二)〉,《臺灣警察協會雜誌》132 號,臺北:臺灣警察協會,1928 年 6 月,頁 15。

[12] 莊金德、賀嗣章編譯,《羅福星臺灣抗日革命案全檔》臺灣省文獻委員會出版,民國 66 年,頁 350-359。

2、職業別統計

無職業者 1 人（即羅福星）；農 33 人；零工 3 人；算卦 1 人；雜貨商 3 人；挑賣魚菜 2 人；苦力 10 人；沿街賣藥 4 人；魚商 1 人；挖煤業 1 人；屠戶 1 人；鐵匠 2 人；鐵路部人員 3 人；製造、包裝茶箱業 2 人；拉貨車車夫 1 人；小器作、木匠 4 人；鋸木匠 5 人；泥水匠 2 人；沿街販賣飲食 2 人；被雇傭人 6 人；糕餅點心商 1 人；燒磚瓦 3 人；石匠 1 人；篾匠 1 人；通信局工役 1 人；雜貨商 2 人；米商 1 人；茶商 3 人；轎夫 1 人；藥商 2 人；旅館業 1 人。職業別，共計 31 種不同行業的人，參加羅福星所藏的革命黨組織名單中，可見臺灣社會人士是有相當程度認同他的革命思想，而加入革命組織。

另外，各項行業以農業為業人數最多 33 人，這種情況或許可以推測連保守的農人，也不滿日本當局統治，而參與變天的革命組織。

3、居住地區統計

（1）屬臺北廳基隆堡所轄地區 6 人
（2）屬臺北廳大加蚋堡所轄地區 43 人
（3）屬臺北廳芝蘭一堡所轄地區 2 人
（4）屬臺北廳芝蘭二堡所轄地區 4 人
（5）屬臺北廳興直堡所轄地區 2 人
（6）屬臺北廳擺接堡所轄地區 1 人
（7）屬新竹廳竹北一堡所轄地區 1 人
（8）屬新竹廳苗栗一堡所轄地區 40 人
（9）屬新竹廳苗栗二堡所轄地區 1 人
（10）中國福建省 2 人

從上述居住地區統計，可以看到相關資訊。即臺北廳大加蚋堡是當時繁華地區，各行各業匯集於此，羅福星的革命思想在這商業區獲得認同，因而有 43 人加入革命組織；至於，新竹廳苗栗一堡向來是客家人

聚集的地區，羅福星因是客家人且曾經在苗栗公學校就讀過，這兩項重要背景影響下，其革命思想自然容易獲得支持，所以參加革命組織的黨員人數，與臺北廳大加蚋堡之情形相近。

是故，羅福星實際的革命事業，苗栗地區是最為重要的發展地區，這件事在法院審判羅福星的理由部份，已經被檢察官確認；同時也是臺灣總督府在答覆日本國內國會議員質問，其中有以「是年（1913）七、八月以後，即計劃以苗栗為中心，主要在勸誘廣東人（客家人），窺伺時機舉事」作為羅福星陰謀發展革命黨組織的理由。

（三）革命思想受到當時報紙、刊物報導

1、《臺灣日日新報》

日本佔領臺灣初期新聞媒體有限，至 1898 年（明治 31 年）5 月 1 日時，《臺灣新報》與《臺灣日報》，兩報廢刊合併，組成新刊物稱為《臺灣日日新報》，同時也成為總督府報，開始為臺人所重視。當時《臺灣日日新報》發行一百六十三萬六千七佰六十七份數，對臺灣社會有很大的影響力。

《臺灣日日新報》首先於 1912 年（大正 2 年）11 月 27、28 兩日，分別在漢文版以「滑稽陰謀事件」上、下為標題，敘述當時所謂苗栗地方事件。

日文版的「近来の滑稽劇土民一揆の陰謀」報導，早漢文版一天出刊，當日文版將羅福星事件刊出後，其引用的標題立刻引發當時臨時法院人員的注意，對於報紙用詞是否適當，臨時法院內部有各種批評，促使當時觀察審判的加福豐次警視立刻向臺灣日日新聞編輯部反映，提出「在法院認真審理之案件，而舉出兒戲之標題，似欠穩妥，應請避免」的意見。[13]

然而，《臺灣日日新報》編輯部卻依舊以相同的標題，刊載羅福星

---

[13] 莊金德、賀嗣章編譯，《羅福星臺灣抗日革命案全檔》臺灣省文獻委員會出版，民國 66 年，頁 78。

等相關訊息在日文版、漢文版上。兩版之報導內容對於事件發生原委，社會背景，羅福星、吳覺民、黃光樞等發動革命黨員募集事及企圖臺灣起革命，欲脫離日本統治等事，刊載詳細。

　　2、《語苑》

　　有筆名為「草庵戲作」的作家，以閩南話與日文並呈的方式，寫了名為〈土語小說：戀の羅福星〉的短篇小說，在《語苑》第3期刊出。內容以男女在大稻埕淡水河渡船上岸情景開始，文中雖以男女思慕與豪情壯志之語穿插其間，但主要內容在敘述羅福星陰謀革命事件的重要情節。此篇文章刊出時間上與當時事件發生相近，可以推斷作者取材羅福星陰謀革命之事，寫作成短篇土語（閩南語）小說，是一種推崇羅福星的作為。[14]

　　是故，羅福星陰謀革命事件藉著當時最大發行量的《臺灣日日新報》刊載，以及文藝《語苑》期刊小說的發行，使得臺灣民眾從這些媒體資訊，可以對於羅福星革命黨之作為獲得相當程度的了解。

五、結論

　　總之，羅福星一生革命事業，雖未曾跟隨孫中山，但參加中國同盟會，追隨黃興、胡漢民等孫中山之革命主要幹部，參與中國革命起事，亦可視為實踐孫中山革命思想的信徒。羅福星以此革命信念，來到曾經是中國領地，而今屬於日本殖民地的臺灣島，推動臺灣本島人的抗日革命大業，最後壯志未酬身先死，雖是憾事，但也帶動臺灣社會中國革命思想風潮。

　　臺灣總督府所屬檢察長三好一八，其個人認為發生如此大的陰謀事件，主要是民族敵對觀念興起所致，而這個觀念的發生，源於中國南部武昌革命烽火的影響，讓臺灣人民以為仗勢中國的力量，可以使得臺灣

---

[14] 草庵戲作，〈土語小說：戀の羅福星〉，《語苑》第3期臺北：臺灣語研究通信會，1914年，頁36-56。

革命大業容易遂行。這個看法無疑肯定了羅福星追隨孫中山的革命思想，對臺灣島民而言，具有巨大的影響力。

臺灣戒嚴時期白色恐怖案件人權反思
——以義民中學案為例[*]

摘要

　　臺灣地區戒嚴令發佈於 1949 年（民國 38 年）5 月 19 日，次日開始實施，至 1987 年（民國 76 年）7 月 15 日總統蔣經國宣佈解嚴為止，實施時間長達 38 年之久，是世界威權、獨裁體制政府中，戒嚴令實施最久的的地區。期間被涉及「叛亂」、「匪諜」判刑的人數高達 27350 人之多，其中以 1950 年（民國 39 年）以後，即所謂 1950 年代白色恐怖政治受難者最為多數，占整個政治受難者總數的一半以上。

　　中華民國自二次世界大戰結束，即加人聯合國成為其中主要創始國之一。聯合國基於二次世界大戰經驗教訓的結果，為保障每一個人的權利，於 1948 年 12 月 10 日通過《世界人權宣言》，承認任何人的基本權利與基本自由，國際社會應維護人人的尊嚴與正義，不僅揭示了核心人權原則，也說明人權對有權利和責任的人，雙方同時產生權利和義務的觀念。隨後又於 1976 年公佈《國際公民和政治權利公約》、《國際經濟、社會和文化權利公約》，作為對各國家政府的約束力，保障個人的日常生活中的各種權利，如生命、法律平等、言論自由、社會安全、受教育等權利。

　　然而，臺灣對於上述聯合國人權相關法案，遲至 2009 年（民國 98 年）始由中華民國總統馬英九公佈，並聲名在中華民國轄區內，司法判決可以立即引用國際人權法案。本論文主要藉著白色恐怖時期之義民中學案之政治受難者為例，反思聯合國人權宣言及相關法案，有否受到中華民國政府尊重的研究。研究方法主要以政治學、歷史研究途徑，並以文獻分析方式，力圖達到客觀的研究成果。

關鍵字：臺灣戒嚴令、白色恐怖、政治受難者、人權、義民中學案

---

[*]　發表於 2015.5.22-23，「全球視野下的歷史思維教學與研究－歷史教育國際學術研討會」，國立臺灣師範大學歷史學系主辦。

一、前言

1945 年 10 月 25 日臺灣主權回歸中華民國，但日據後期皇民化思想教育依舊影響臺灣社會，使得在兩年後爆發的二二八事件中臺灣民眾作為，難脫日據皇民化思想教育所左右。中華民國執政的國民黨在日本投降後，在中國大陸面臨中國共產黨銳不可當的崛起勢力，在幾次重大關鍵戰役失敗後，1949 年不得不撤退到臺灣，為鞏固臺灣社會穩定，1949 年 5 月 19 日公告《臺灣省戒嚴令》，進而於同年 6 月 21 日頒布《懲治叛亂條例》，更接著隔年 6 月 13 日頒布《戡亂時期檢肅匪諜條例》。這些新頒布條例如同天網般，讓臺灣民眾，開始承受「白色恐怖」的統治，有些民眾遭受治安當局濫捕的厄運。

根據李禎祥等編撰的《人權之路：臺灣民主人權回顧》（2002）記載：「根據 1989 年 6 月 21 日法務部向立法院所做的報告：軍事法庭所受理的政治事件有 29407 件，受難人數約 14 萬。然而據司法院人員透露，政治事件有 6、7 萬件。如以每案平均 3 人計算，戒嚴時期的政治受難者，應在 20 萬人以上。」由此可知，戰後臺灣白色恐怖政治案件至少有數萬件，一個家庭中有一人受難。家人必受波及，因此戰後臺灣白色恐怖政治受難者及其家屬，人數高達數十萬人。

1980 年代臺灣社會、政治等議題，群眾遊行運動紛起，企圖突破戒嚴統治，執政的國民黨遂於 1987 年（民國 76 年）7 月 15 日公佈解除戒嚴令，此舉加速臺灣社會民主化過程，進而影響社會政治思潮的變遷，過去戒嚴時期漫長的社會思想禁錮所積累的問題，使得臺灣民主化歷程開始轉向「轉型正義」的追求。臺灣社會民主化思潮：一方面注重人權、自由、民主與正義等議題成為焦點；另一方面開始引入國際人權觀念，將臺灣民主化過程與世界各國的經驗，探索比較。

本論文主要藉著白色恐怖時期之義民中學案之政治受難者為例，反思聯合國人權宣言及相關法案，有否受到中華民國政府尊重的研究。研究方法主要以政治學、歷史研究途徑，並以文獻分析方式，力圖達到客

觀的研究成果。

二、臺灣戒嚴時期背景與律法

1、社會背景

1945 年 8 月 6 日及 9 日兩天，美國分別在日本廣島、長崎投下兩顆原子彈後，二次大戰太平洋戰區局勢急劇逆轉，日本天皇隨即於 8 月 15 日頒布《終戰詔書》，無條件向盟國投降，9 月 2 日簽署《降伏文書》。中國戰區則於同年 9 月 3 日由中國陸軍總司令何應欽在南京接受日軍投降，在致日軍岡村寧次第十八號備忘錄中，有「奉中國戰區最高統帥蔣委員長命令，派陳儀將軍為臺灣及澎湖列島受降主官」一事之說明。隨後，臺灣方面同年於 10 月 25 日在臺北市公會堂（現今中山堂）舉行中國戰區臺灣受降典禮，由日本臺灣末代總督兼第十方面軍司令官安藤利吉向臺灣受降主官陳儀，簽署降書。

當日上午十時陳儀隨即發表廣播，宣言從今日起臺灣及澎湖列島正式重入我國版圖，所有一切土地、人民皆已置於中華民國國民政府主權之下。從當時許多記錄的資料來看，當時臺灣六百萬人民在獲得回歸後，對從祖國來的新政權，臺灣社會充滿期盼與憧憬。

然而，臺灣社會實際上存在許多日本殖民時期遺留下的問題。諸如：臺灣島內戰後物價波動、糧食供需、日據臺灣兵返臺、殖民教育、皇民化思想等，這些問題急需由接收的新政權代表陳儀來解決。但陳儀對臺灣翻轉新局，所應對的主政措施顯然有所不足，最大問題之一，即是無法改變臺灣民心已接受的皇民化教育思想對中國政權與社會人民差異的定見。臺灣社會遂在光復後一年四個月的期間，人民不滿的情緒藉著於 1947 年 2 月 28 日臺北市街頭查緝走私香煙案，爆發二二八事件。

另一方面，中華民國政府面臨與中國共產黨相爭的第二次國共內戰問題，國民政府在遼寧、徐蚌、平津三大戰失利後，更積極整備臺灣的事務，臺灣島成為執政國民黨最後據守的基地。是故，國民政府不僅對

於臺灣社會所爆發的二二八事件，派遣軍隊鎮壓，同時將陳儀為首的臺灣行政長官公署撤銷，改組為臺灣省政府，初以魏道明為臺灣省主席，1948 年底蔣介石又以《總統令》任陳誠為臺灣省主席，同時兼臺灣省警備總司令。中國大陸局勢失利後，陳誠遂於 1949 年 5 月 19 日頒布《臺灣省警備總司令部布告戒字第壹號》的戒嚴令，也即是一般所謂的《臺灣省戒嚴令》。宣告臺灣省自 1949 年 5 月 20 日零時起在臺灣省全境及附屬島嶼，包含澎湖群島等實施戒嚴，此法令遂成為國民政府穩固臺灣統治的重要律令，同時是掌握維持社會治安秩序的利器。

2、臺灣省戒嚴令、懲治叛亂條例、戡亂時期檢肅匪諜條例、刑法

抗日戰爭勝利後，中國大陸內部爆發激烈的第二次國共兩黨引發的內戰，國民政府為建構「非常體制」以動員全國來勘平中國共產黨的叛亂，1947 年國務會議通過《厲行全國總動員以戡平叛亂案》，隨即同年 7 月 19 日公布《動員戡亂完成憲政實施綱要》，使得全國進入「動員戡亂時期」，在全國各地先後宣布戒嚴。以後第一屆國民大會代表藉由國民大會依憲程序，制定《動員戡亂時期臨時條款》於 1948 年 5 月 10 日於南京公布施行，使得「動員戡亂體制」正式取得憲法依據。以後此體制主要影響，讓總統擁有不受憲法限制的緊急處分權，以及連選得連任，對於憲政體制造成極大破壞。[1]

1949 年國民政府因國共內戰失利，政權形勢危急，乃由臺灣省主席兼臺灣省 6 警備總司令陳誠，為「確保臺灣之安定，俾能有助於戡亂工作的最後成功」[2]於同年 5 月 19 日頒布《臺灣省警備總司令部布告戒字第壹號》的戒嚴令（簡稱臺灣省戒嚴令），宣告臺灣省自隔日（5 月 20 日）零時起在臺灣省全境以及澎湖群島等實施戒嚴。

[1]　動員勘亂體制，文化部臺灣大百科全書 http://nrch.cca.gov.tw/twpedia.php?id=3859 檢索時間 20150325。

[2]　臺灣戒嚴令，國家發展委員會檔案管理局
http://www.archives.gov.tw/Publish.aspx?cnid=1014&p=857　檢索時間 20150325。

此臺灣省戒嚴令，主要內容如下：

一、本部為確保本省治安秩序，特自五月二十日零時起，宣告全省戒嚴。

二、自同日起，除基隆、高雄、馬公三港口在本部監護之下，仍予開放，並規定省內海上交通航線（辦法另行公佈）外，其餘各港，一律封鎖，嚴禁出入。

三、戒嚴期間規定及禁止事項如左：

（一）自同日起，基隆、高雄兩港市，每日上午一時起至五時止，為宵禁時間；非經特許，一律斷絕交通。其各城市，除必要時，由各地戒嚴司令官依情形規定實行外，暫不宵禁。

（二）基隆、高雄兩市各商店及公共娛樂場所，統限於下午十二時前，停止營業。

（三）全省各地商店或流動攤販，不得有抬高物價，閉門停業，囤積日用必需品擾亂市場之情事。

（四）無論出入境旅客，均應遵照本部規定，辦理出入境手續，並受出入境之檢查。

（五）嚴禁聚眾集會、罷工、罷課及遊行請願等行動。

（六）嚴禁以文字標語，或其他方法散佈謠言。

（七）嚴禁人民攜帶槍彈武器或危險物品。

（八）居民無論家居外出，皆須隨身攜帶身分證，以備檢查，否則一律拘捕。

四、戒嚴期間，意圖擾亂治安，有左列行為之一者，依法處死刑。

（一）造謠惑眾者。

（二）聚眾暴動者。

（三）擾亂金融者。

（四）搶劫或搶奪財物者。

（五）罷工罷市擾亂秩序者。

（六）鼓動學潮，公然煽惑他人犯罪者。

（七）破壞交通通信，或盜竊交通通信器材者。

（八）妨害公眾之用水及電氣、煤氣事業者。

（九）放火決水，發生公共危險者。

（十）未受允准，持有槍彈或爆裂物者。

五、除呈報及分令外，特此佈告通知。[3]

　　國民政府接著於同年 6 月 21 日頒布《懲治叛亂條例》，更於隔年 6 月 13 日頒布《戡亂時期檢肅匪諜條例》。這些法律的功用主要檢肅中國共產黨滲透臺灣的相關人員。前者《懲治叛亂條例》是戒嚴時期最為嚴厲的條例，原本是用來對付中國共產黨黨員，但在當時臺灣島內許多政治犯卻因軍法處審判官依據其中第 2 條第 1 項判決（即俗稱二條一），被判死刑而命喪刑場。《懲治叛亂條例》各條內容如後：

第 1 條　叛亂罪犯適用本條例懲治之。

　　　　本條例稱叛徒者，指犯第二條各項罪行之人而言。

第 2 條　犯刑法第一百條第一項、第一百零一條第一項、第一百零三條第一項、第一百零四條第一項之罪者，處死刑。

　　　　刑法第一百零三條第一項、第一百零四條第一項之未遂犯罰之。

　　　　預備或陰謀犯第一項之罪者，處十年以上有期徒刑。

第 3 條　將軍隊交付叛徒，或率隊投降叛徒者處死刑。

　　　　預備或陰謀犯前項之罪者，處三年以上十年以下有期徒刑。

第 4 條　有左列行為之一者處死刑、無期徒刑或十年以上有期徒刑：

　　一　將要塞、軍港、船艦、橋樑、航空器材、鐵道車輛、軍械彈藥、糧秣、電信、交通器材物品或其他軍用場所建築物、軍需品交付叛徒或圖利叛徒而毀損或致令不堪使用者。

　　二　將軍事政治上之秘密文書、圖表、消息或物品洩露或交付叛徒者。

---

[3]　中華民國公文 38 年布告，
http://zh.wikisource.org/wiki/Category:1949%E5%B9%B45%E6%9C%8819%E6%97%A5 檢索時間 2015、03、25

三　為叛徒招募兵伕者。

四　為叛徒購辦運輸或製造軍械彈藥，或其他供使用物資者。

五　為叛徒作嚮導或刺探、搜集、傳遞關於軍事上之秘密者。

六　為叛徒征募財物或供給金錢資產者。

七　包庇或藏匿叛徒者。

八　受叛徒之指使或圖利叛徒於飲水或食品中投放毒物者。

九　受叛徒之指使或圖利叛徒放火或決水者。

十　受叛徒之指使或圖利叛徒而煽動罷工、罷課、罷市或擾亂治安、擾亂金融者。

十一　脅迫煽惑或以其他方法使軍人、公務員不執行職務、不守紀律或逃叛者。

十二　為前款之人犯所煽惑而聽從者。

前項一至十一各款之未遂犯罰之。

第 5 條　參加叛亂之組織或集會者，處無期徒刑或十年以上有期徒刑。

第 6 條　散佈謠言或傳播不實之消息，足以妨害治安或搖動人心者，處無期徒刑或七年以上有期徒刑。

第 7 條　以文字、圖書、演說，為有利於叛徒之宣傳者，處七年以上有期徒刑。

第 8 條　犯本條例第二條第一項、第三條第一項及第四條第一項第一款至第十一款之罪者，除有第九條第一項情形外，沒收其全部財產。但應酌留其家屬必需之生活費。

前項罪犯未獲案，或死亡而罪證明確者，單獨宣告沒收其財產。

刑法第二條第一項但書之規定，於沒收財產不適用之。

第 9 條　犯本條例之罪而有左列情形之一者，得不起訴或減輕或免除其刑：

一　自首或反正來歸者。

二　於犯罪發覺後，檢舉叛徒或有關叛徒組織，因而破獲者。

前項案件經不起訴或減輕或免除其刑者，得按其情節施以三年以下感化教育。

感化教育不得延長，認為無繼續執行之必要者，得免除之，其辦法由行政院定之。

第 10 條　犯本條例之罪者，軍人由軍事機關審判，非軍人由司法機關審判，其在戒嚴區域犯之者，不論身分概由軍事機關審判之。

第 11 條　犯本條例專科死刑之現行犯，在接戰地域，軍事最高機關得為緊急處置，事後呈報。但日後如發現有事實證據不符或有重大錯誤者，軍事最高長官及各級承辦人員應分別依法治罪。

第 12 條　本條例未規定者，適用其他法令之規定。

第 13 條　本條例自公布日施行。[4]

至於後者《戡亂時期檢肅匪諜條例》是臺灣戒嚴時期情治單位機關偵辦及審理匪諜相關案件主要依據的法律之一，臺灣警備總司令部以此條例逮捕被認為有嫌疑的人，也因此只要被密報是匪諜，政府情治單位機關人員可以不經任何法律程序，就可以逮捕、審訊乃至於定罪下獄，這使得臺灣戒嚴時期被稱為臺灣白色恐怖時期。此條例內容 15 條，條文如後：

第 1 條　戡亂時期檢肅匪諜，適用本條例，本條例未規定者，適用其他法令。

第 2 條　本條例稱匪諜者，指懲治叛亂條例所稱之叛徒，或與叛徒通謀勾結之人。

第 3 條　本條例稱治安機關者，指依法令負責檢肅匪諜，或維持治安之機關。

第 4 條　發現匪諜或有匪諜嫌疑者，無論何人均應向當地政府或治安機關告密檢舉。

主管機關對於告密檢舉人應保守其秘密。

第 5 條　人民居住處所有無匪諜潛伏，該管保甲長或里鄰長應隨

4　懲治叛亂條例，
http://law.moj.gov.tw/Law/LawSearchResult.aspx?p=A&k1=%E6%87%B2%E6%B2%BB%E5%8F%9B%E4%BA%82%E6%A2%9D%E4%BE%8B&t=E1F1A1&TPage=1 檢索時間 20150325

　　時嚴密清查。

　　各機關、部隊、學校工廠或其他團體所有人員，應取具二人以上之連保切結，如有發現匪諜潛伏，連保人與該管直屬主管人員應受嚴厲處分，其處分辦法另定之。

第 6 條　治安機關對於匪諜或有匪諜嫌疑者，應嚴密注意偵查，必要時得予逮捕並實施左列處分：

一　搜索其身體、住宅或其他有關處所。

二　檢查扣押其郵件、電報、印刷品、宣傳品或其他文書圖畫。

三　攜帶或收藏武器、彈藥、爆炸物、無線電機或其他供犯罪所用物品者，不問曾否允許，得扣押之。

第 7 條　逮捕之人犯或扣押之物品，應即解送指定之當地最高治安機關，依法辦理。

第 8 條　前條最高治安機關對於被逮捕人得為左列處置：

一　罪嫌不足者，予以釋放。

二　情節輕微而有感化必要者，交付感化。

三　罪證顯著者，依法審判。

　　前項第二款之感化辦法另定之。

第 9 條　明知為匪諜而不告密檢舉或縱容之者，處一年以上七年以下有期徒刑。

第 10 條　故意陷害誣告他人為匪諜者，處以其所誣告各罪之刑。證人、鑑定人意圖陷害匪諜嫌疑之被告，而為虛偽之陳述或報告者，亦同。

　　犯前二項之罪，於所誣告或所虛偽陳述報告之案件裁判確定前自白者，得減輕其刑。

第 11 條　匪諜牽連案件，不分犯罪事實輕重，概由匪諜案件審判機關審理之。

第 12 條　匪諜之財產，得依懲治叛亂條例沒收之。

　　依前項沒收之財產，由第七條之最高治安機關執行之，並應即造具財產目錄，呈報行政院。

第 13 條　明知為匪諜財產而故為隱匿、旬充、寄藏、牙保、搬運或冒名代管者，處七年以下有期徒刑，或併科一萬

元以下罰金。

第 14 條 沒收匪諜之財產，一律解繳國庫。

破獲之匪諜案件，其告密檢舉人及直接承辦出力人員應給獎金，由國庫支付，其給獎辦法，由行政院定之。

前兩項所定收支，應編列預算。

第 15 條 本條例自公布日施行。[5]

　　有關白色恐怖時期判決案引用刑法條文部分，本論文以「義民中學」案為例，此案判決書內容，其中審判官依據刑法條文的有：屬刑法第八章刑之酌科及加減之第五十九條以及屬第五章刑之第三十七條第一項、第二項等條文判決。此兩刑法條文內容如後：

刑法第 37 條（屬第五章刑）

（褫奪公權之宣告）

宣告死刑或無期徒刑者，宣告褫奪公權終身。

宣告一年以上有期徒刑，依犯罪之性質認為有褫奪公權之必要者，宣告一年以上十年以下褫奪公權。

褫奪公權，於裁判時併宣告之。

褫奪公權之宣告，自裁判確定時發生效力。

依第二項宣告褫奪公權者，其期間自主刑執行完畢或赦免之日起算。但同時宣告緩刑者，其期間自裁判確定時起算之。

刑法第 59 條（屬第八章刑之酌科及加減）

（酌量減輕）

犯罪之情狀顯可憫恕，認科以最低度刑仍嫌過重者，得酌量減輕其刑。[6]

　　戒嚴時期所採行的軍法審判是根據《軍事審判法》。其中規定平民

---

[5]　勘亂時期檢肅匪諜條例，
http://law.moj.gov.tw/Law/LawSearchResult.aspx?p=A&k1=%E6%88%A1%E4%BA%82%E6%99%82%E6%9C%9F%E6%AA%A2%E8%82%85%E5%8C%AA%E8%AB%9C%E6%A2%9D%E4%BE%8B&t=E1F1A1&TPage=1 檢索時間 20150325

[6]　刑法，
http://law.moj.gov.tw/Law/LawSearchResult.aspx?p=A&k1=%E4%B8%AD%E8%8F%AF%E6%B0%91%E5%9C%8B%E5%88%91%E6%B3%95&t=E1F1A1&TPage=1 檢索時間 20150325

軍事審判案件，由「該管高級軍事審判機關」進行初審。戒嚴初期臺灣的高級軍事審判機關為「臺灣省保安司令部」，以後此機構改稱「臺灣警備總司令部」。戒嚴時期的政治案件，經過情治機關執行逮捕、偵訊以後，即送到軍法處進行起訴與初審。軍事法庭初審之審判庭，分簡易審判庭（由於一位審判官獨任）、普通審判庭（由三位審判官合議）及高等審判庭（由五位審判官合議，屬國防部）。被判者不服初審判決，可以提出聲請覆判，但《軍事審判法》有規定被告僅有一次覆判的機會，同時也規定對於覆判庭所作判決，被告「不得聲請再覆判」，軍事法庭雖雖分三級審判，但由此而言，其實等同於二級制。[7]

　　《懲治叛亂條例》是戒嚴時期壓制異議人士的特別刑法，其第 10 條規定，即是將觸犯叛亂罪者，一概以軍法審判。而 1949 年（民國 38 年）1 月 14 日總統修正公布的《戒嚴法》第 8 條內容，則將戒嚴時期平民所犯的刑事案件，也可交由軍法審判。此條內容如後：

　　[修正]第八條
　　戒嚴時期，接戰地域內關於刑法上左列各罪，軍事機關得自行審判或交法院審判之：
　　一、內亂罪。
　　二、外患罪。
　　三、妨害秩序罪。
　　四、公共危險罪。
　　五、偽造貨幣有價證券及文書印文各罪。
　　六、殺人罪。
　　七、妨害自由罪。
　　八、搶奪、強盜及海盜罪。
　　九、恐嚇及擄人勒贖罪。
　　十、毀棄損壞罪。
　　犯前項以外之其他特別刑法之罪者亦同。
　　戒嚴時期，警戒地域內犯本條第一項第一、二、三、四、八、九

---

[7]　依據國家人權博物館籌備處景美人權文化園區軍事法庭說明文整理。

等款及第二項之罪者，軍事機關得自行審判或交法院審判之。[8]

是故，這些新頒布條例，並配合早在 1948 年 5 月 10 日南京所實施「動員戡亂」體制，臺灣白色恐怖時代由是肇始，直至 1987 年解嚴，時間長達 38 年，如同天網般，讓社會民眾承受「白色恐怖」的統治氣氛，更有些人遭受治安當局濫捕的厄運。由於臺灣戒嚴時期，許多平民因涉及政治案件，而移送軍法審判，在非公開審判的軍法速審速決的制度下，平民接受軍法審判，可以視為一種嚴重的人權迫害。

三、戒嚴時期政治案件與中壢義民中學案

1、戒嚴時期政治案件

2004 年 12 月 9 日副總統呂秀蓮在「美麗島事件」二十五週年前夕召開記者會，公布由總統府人權諮詢委員會、國史館、行政院文建會、國家檔案局及財團法人戒嚴時期不當叛亂及匪諜審判案件補償基金會等，共同評選出來的「戒嚴時期十大代表性政治冤案」，主要彰顯政府貫徹人權立國的決心，喚起全民共同珍惜民主。鑑於臺灣歷經長達 38 年戒嚴，期間舊政府以高壓威權迫害人權，致使人民遭受巨大的痛苦。解嚴後，部分受害者或家屬雖獲得國家賠償，但對於人權迫害事件的真相，尤其加害者的身分，仍未公諸於世。認為有必要評審戒嚴時期重大政治冤案，公布加害真相以昭炯戒，因此就戒嚴時期人權迫害重大政治冤案，依年代、代表性、影響力、統獨與族群、及荒謬性等標準，評審出臺灣戒嚴時期十大代表性政治冤案。[9]

有關政治案件數量與受難人數，依據政治受難者、前立法委員謝聰敏的調查，指出戒嚴時期臺灣出現了二萬九千多件的政治案件，十四萬

---

[8]　戒嚴法 植根法律網，
http://www.rootlaw.com.tw/LawContent.aspx?LawID=A040060090000200-0380114 檢索時間
20150325

[9]　副總統主持戒嚴時期十大代表性政治冤案發表會，中華民國總統府民國 93 年 12 月 09 日，
http://www.president.gov.tw/Default.aspx?tabid=131&itemid=10080 檢索時間 20150325

人受難，其中有三千至四千人遭處決。在 50 年代，死亡名單 1017 人，其中本省籍佔三分之二，外省籍佔三分之一。有些案件只因在牆壁塗鴉寫幾個字便被監禁三年、五年，還有被槍斃者僅是十幾歲的青少年，其荒謬與血腥令人難以想像。認為白色恐怖的本質是跨越族群、年齡、身份，破壞一切人權保障制度，只為延續政權及當權者利益。[10]

　　至於白色恐怖羅織罪名方式，學者李筱峰則歸納其研究結果，主要類型可分為：（1）打擊親共或左翼言行，（2）打擊臺灣獨立運動及主張，（3）整肅原住民精英，（4）壓制民主運動，（5）政治權力的鬥爭，（6）不合當局利益之言論，（7）情治特務單位的內部鬥爭，（8）特務人員為了爭功領獎製造的冤案、假案。[11]

　　這些戒嚴時期不當審判的政治案件依據條文，主要來自於 1949 年通過《懲治叛亂條例》修正案，對所謂「叛徒」採取更嚴厲的處罰，不僅可以沒收其全部財產，該條例第二條（即著名之「二條一」）並強制規定犯刑法第 100 條第一項、第 101 條第一項、第 103 條第一項、第 104 條第一項之罪者應處唯一死刑；違反懲治叛亂條例的案件係由軍法機關審理，剝奪人民受司法保障之權利，以及 1950 年公佈的《戡亂時期檢肅匪諜條例》中「匪諜」、「通匪」、「知匪不報」等罪名的羅致；中央方面，蔣介石則授權蔣經國從情報、治安體系，橫跨黨、政、軍各方面，佈建一套完整的情報網，而於 1955 年成立國家安全局，統攝警備總部、調查局、情報局等情報機構，奠定臺灣的國家安全情報系統，也被民間稱稱為「特務政治」。[12]

　　公布戒嚴時期十大代表性政治冤案分別是：

　　（1）1949 年山東流亡學生案（又稱澎湖案）

　　1949 年「山東煙臺聯合中學」八千多名師生，暫赴澎湖與軍方協

---

[10] 副總統主持戒嚴時期十大代表性政治冤案發表會，中華民國總統府民國 93 年 12 月 09 日，http://www.president.gov.tw/Default.aspx?tabid=131&itemid=10080 檢索時間 20150325

[11] 李曉峰〈臺灣戒嚴時期政治案件的類型〉《新臺灣新聞週刊》2000.11.23。

[12] 副總統主持戒嚴時期十大代表性政治冤案發表會，中華民國總統府民國 93 年 12 月 09 日，http://www.president.gov.tw/Default.aspx?tabid=131&itemid=10080 檢索時間 20150325

議，讓學生一面讀書，一面接受軍事訓練。不料，當時澎湖防衛司令部三十九師師長韓鳳儀等違反「半訓半讀」之協議，欲強行接收這批學生當兵，張敏之校長與聯中二分校校長鄒鑑，挺身抗爭，卻遭羅織「匪諜」罪名，聯中師生受盡迫害與凌辱，有百餘人受害，張敏之、鄒鑑兩位校長與劉永祥、張世能、譚茂基、明同樂、王光耀等五名學生被槍決，其他一百多名充軍學生遭受軍方刑求、拘禁後，被發配臺灣和澎湖兩地的新生隊從軍。

（2）1952 年中壢義民中學案（即客家中壢事件或稱為省工委會姚錦案）

1952 年 7、8 月間，當局以羅織讀匪書之讀書會或加入匪幫等名義，逮捕中壢鎮私立義民中學教務主任姚錦、教員黃賢忠，中壢鎮公所幹事徐代錫、內壢國民學校教員邱興生等 4 人，全遭臺灣省保安司令部判處死刑。另外，三位曾受教於姚錦時已在臺北師範學校就學的徐代德、范榮枝、各處有期徒刑十年褫奪公權七年；劉鄹星、李錦裳、楊環處有期徒刑五年褫奪公權三年。此案尚有其他人遭受波及涉案，甚至連帶嬰兒、小孩。

（3）1952 年鹿窟事件

1949 年 9 月臺灣省工作委員會書記蔡孝乾，與陳本江、陳義農、許希寬等人決議在北區建立「鹿窟武裝基地」，成員大多是農民、礦工、木工及該地居民。亦包含臺共份子及臺灣文學家呂赫若在內。1952 年 11 月軍警動員大舉搜捕，共逮捕陳朝陽等六百多人，受理自首者四百多人。此案判死刑者有許希寬、陳朝陽等二十人，餘分別判處無期徒刑及八年、十年、十五年徒刑。被判徒刑的甚至有未成年的兒童，整個村莊受難。

（4）1953 年原住民湯守仁、高一生案

湯守仁與高一生，為嘉義阿里山鄒族人，曾參加二二八抗暴，1949 年受陳顯富、簡吉之命，與林瑞昌組織「高砂族自治會」。湯守仁於 1950 年當選縣參議員。高一生臺南師範學校畢業後回到故鄉，致力提升族人

子弟的教育。有強烈「高山族」民族主義意識，提出「高山族自治縣」之構想。1950 年 4 月簡吉被捕後，二人同時辦理自新，1952 年卻被情治單再次逮捕，於 1954 分別判處死刑。

（5）1960 年雷震組黨案

1949 年 11 月，雷震創刊《自由中國》後，結合國民黨內的開明派和黨外的自由主義者，宣揚反黨的理念，抨擊國民黨一黨專政，並與臺灣本土的反對派結合，推動不分省籍的反對黨運動。1960 年預備成立中國民主黨與國民黨抗爭，擬定創黨宣言，不幸於 1960 年 9 月雷震及《自由中國》編輯傅正、劉子英、總務馬之驌各以「包庇匪諜」、「煽動叛亂」罪被捕，《自由中國》被查封，雷震遭判處有期徒刑十年，劉子英判十二年，馬之驌五年，傅正交付感化。

（6）1961 年蘇東啟案

1961 年 9 月雲林縣議員蘇東啟、蔡光武、詹益仁、張茂鐘、林東鏗、黃樹琳、李慶斌，以及現役士兵陳庚辛等，被當局指稱謀議奪取虎尾糖廠保警和空軍訓練中心的槍械，發動武裝革命，控制電臺，號召臺灣獨立。警總保安處逮捕四百多人，被判刑者五十人。1962 年 9 月初次判決，蘇東啟、張茂鐘、陳庚辛等死刑，詹益仁判無期徒刑，林東鏗等三人判十五年，其他人則判二年至十年徒刑。此案引發海內外爭議，發回更審，1963 年 9 月第二次判決，蘇東啟、張茂鐘、陳庚辛改判無期徒刑，餘維持原判，蘇洪月嬌改為有期徒刑二年，抱著甫初生四個月的么兒蘇治原服刑。

（7）1964 年彭明敏案（即臺灣人民自救宣言案，或稱為彭明敏事件）

1964 年 9 月臺灣大學教授彭明敏和他的學生謝聰敏、魏廷朝，因為意圖散佈「臺灣人民自救宣言」而遭逮捕，是謂彭明敏事件。1965 年 4 月彭明敏被判刑八年、謝聰敏判十年、魏廷朝八年，其後彭明敏在國內外許多團體為其陳情的狀況下，由蔣中正總統於 11 月 3 日特赦出獄。

（8）1968 年陳映真、丘延亮案（即民主臺灣聯盟事件，或稱陳映真事件）

1968 年 7 月政府以聚讀馬列共黨主義、魯迅等左翼書冊及為共產黨宣傳等罪名，逮捕包括陳映真、李作成、吳耀忠、丘延亮、陳述禮等民主臺灣聯盟成員共三十六人，民盟成員各被判十年刑期不等。

（9）1950 年黃紀男、鍾謙順案

1947 年 9 月，黃紀男與廖文奎、廖文毅兄弟從事獨立運動，在香港組織「臺灣再解放同盟」，向聯合國請願，要求國際干涉臺灣地位問題。1950 年 2 月廖文毅等人又在日本京都成立「臺灣民主獨立黨」。1949 年 10 月起，黃紀男、鍾謙順、廖史豪等人亦在島內加速組織工作，召集志士，組成「臺灣獨立防衛軍」。1950 年 5 月，黃紀男等遭人密報被捕入獄，黃紀男被列為主犯，鍾謙順、廖史豪、溫炎煌、偕約瑟、許朝卿、許劍雄等人為從犯，分別處以十二年、七年及五年不等徒刑（廖史豪後改判無期徒刑）。本案是當時唯一與共產黨無關的「臺獨案」。

（10）1979 年美麗島事件（即高雄事件）

1979 年 12 月 10 日黨外人士於高雄舉行世界人權紀念日大會，最後引發群眾與情治單位大規模的衝突。事後被逮捕的名單中，包括與此事件無涉的魏廷朝，甚至連當時人在國外的許信良也在起訴名單之內。因軍事審判公開舉行，媒體大幅報導審判過程中，使涉案人士的政治理想得以透過媒體對外傳達。美麗島事件的影響深遠，更促成日後陳水扁總統成為第一位在野黨出身的民選總統，完成國內首次政黨輪替。[13]

2、中壢義民中學案

本案是副總統呂秀蓮公布的臺灣戒嚴時期十大代表性政治冤案之一，也是臺灣客家鄉鎮著名的校園白色恐怖政治冤案。其主要原因，此案不僅是臺灣客家鄉鎮市中以學校師生、眷屬為主的典型案例，也是戰

---

[13] 副總統主持戒嚴時期十大代表性政治冤案發表會，中華民國總統府民國 93 年 12 月 09 日，http://www.president.gov.tw/Default.aspx?tabid=131&itemid=10080 檢索時間 20150325

後臺灣各級學校（包括師範學校、中學、小學）政治事件的典型案例，更是一個執法者以「叛亂」、「匪諜」、「讀書會」等作為藉口，胡亂入人於罪、侵害人權的不當審判典型案例。

中壢地區在光復後，地方上教育設施，首先於 1945 年（民國 34 年）11 月將原日治時期的「中壢家政女子學校」改制，並更名為「新竹縣立中壢初級中學」，以後 1948 年增設高中部，易名為「新竹縣立中壢中學」。1950 年行政區域調整，改名「桃園縣立中壢中學」，至 1952 年升格為「臺灣省立中壢中學」。此後，該校於 1970 年結束初中部，更名為「臺灣省立中壢高級中學」，至 2000 年改制，更名為「國立中壢高級中學」，隨後 2013 年（民國 102 年）改隸國立中央大學附屬中壢高級中學。

私立義民中學的創設，主要是現今新竹縣新埔鎮褒忠亭義民廟董事會所發起，當時為弘揚義民先烈的「為國家盡忠，為民族盡孝」忠義精神，乃以振興教育，為國育才，興學安邦為宗旨，設立學校。褒忠亭義民廟於 1946 年成立義民中學董事會，聘請當時新竹縣長朱盛淇為校長，籌辦創建義民中學事宜。當時建校校址選擇在中壢鎮的原日本人的小學（即現在國立中壢家商校址），初期招收初中部學生，由於朱校長時為新竹縣長，公務繁重，因此校務委由姚錦教導主任負責推動。以後，中壢鎮公所提供新校地，1950 年遷校至中壢新明里之校址（即現在國立中壢高商校址）。該校因姚錦教導主任辦學績優，獲臺灣省教育廳嘉獎，而於 1952 年核准增設高中部。以後，新竹地方人士因行政區域改制之理由，為追本溯源以符名實，乃力促遷校，遂於 1954 年遷校於新竹縣竹北市現址（新竹縣竹北市中正西路十五號），並改名為新竹縣私立義民中學。

1952 年發生的中壢義民中學案中有關的學校，除了義民中學、中壢中學外，還有當時中壢地區的小學，如內壢國民學校、宋屋國民學校，同案尚有臺北師範學校學生與中壢鎮公所人員等七個單位。此案政治受難者中職業屬於教師者：有中學教師 4 人，國民學校教師 3 人。屬於學生身份者有 3 人；屬於鎮公所職員有 1 人；屬於家庭主婦有 1 人。同案

牽連 3 個小孩（一位在獄中出生，兩位隨同父母入獄），當時中壢地區因該案被牽連波及者尚有邱慶麟、呂阿乾、詹榮春、黃龍海等人。這個案件顯現出戰後臺灣白色恐怖統治中殘酷鎮壓的威力，由於案情牽連擴大，使得其他人避之唯恐不及，根據當時認識邱興生中壢區新街國民小學退休的黃主任回憶，他遇到被逮捕的邱興生，當時邱興生叫他的名字時，唯恐被牽連不敢回應，由此可以說明白色恐怖在當時的社會效應。[14]

　　此政治案之判決，依據中華民國 41 年 2 月 27 日（41）安潔字第1059 號的《臺灣省保安司令部判決》，主要判決內容如下：

> 姚錦、黃賢忠、徐代錫、邱興生意圖以非法之方法顛覆政府而著手實行，各處死刑褫奪公權終身，全部財產除各酌留其家屬必需生活費外沒收。
>
> 徐代德、范榮枝參加叛亂之組織各處有期徒刑十年，褫奪公權七年。
>
> 劉鄂昱、麥錦裳、楊環參加叛亂之組織各處有期徒刑五年，褫奪公權三年。

判決書中所舉對於判刑者的事實為：

> 姚錦係桃園縣中壢鎮私立義民中學教導主任，於 1948 年秋經在逃匪首黎明華介紹，加入朱毛匪幫臺灣省工委會中壢支部，負發展組織教育群眾等重要工作，利用該學校校長朱盛淇忙於公務，由其代理校長之身份，連絡社會人士，先後吸收黃賢忠、徐代錫、邱興生、徐代德、范榮枝、劉鄂昱、麥錦裳、楊環、樊志育、丁潔塵、呂阿乾、詹榮春等人分別參加匪幫或外圍組織之「讀書會」……經內政部調查局查獲案解本部軍事檢察官偵查起訴。

　　當時臺灣省保安司令部軍法處審判官鄭有齡依此論結理由，即以懲治叛亂條例第 10 條、第 2 條第一項、第 5 條、第 8 條第一項、第 12 條、

---

[14] 邱榮裕，〈戰後臺灣客家典型白色恐怖政治事件之研究—以 1950 年代客家中壢事件為個案分析〉，臺灣大學社會科學院、財團法人戒嚴時期不當叛亂暨匪諜審判案件補償基金會共同主辦，「臺灣人權與政治事件學術研討會」，地點：臺北市，2005.12.08-09。

刑法第 59 條、第 37 條第一項第二項判決。文末並載明本案經軍事檢察官蕭與規莅庭執行職務。

　　判決死刑的姚錦、黃賢忠、徐代錫、邱興生等四人，隨即於 1952 年 6 月 18 日綁赴刑場（馬場町）執行槍決。再由國防部參謀總長周至柔將執行結果（含被判死刑者之生前、死後之照片）呈報總統知曉。

　　白色恐怖畢竟是威權統治者使用的一種統治術，從這個政治案件的處理過程中可以明顯清楚的看到。因為從本案一件國防部參謀總長周至柔署名的文件來看，民國 41 年 7 月 5 日（41）防陸字第 1383 號，發文事由：「為叛亂犯姚錦等四名業已執行死刑並檢附執行照片及更正判決轉請核備」。受文者：總統。可以清楚了解臺灣在戒嚴時期中最高執政者，如何利用國防部參謀總長、臺灣省保安司令部等行政體系，直接掌握消除朱毛匪幫同路人的訊息。最高執政者對軍法處審判結果不滿，可以經由行政系統要求更正復審。如本案中的樊志育、丁潔塵兩位從有期徒刑 5 年轉判有期徒刑 10 年，即是顯著的例證。最高執政者以其威權地位，濫權干涉司法以此為甚，這也就是臺灣在白色恐怖政治時期所造成的眾多政治冤獄之主因。[15]

四、國際人權與轉型正義

1、國際人權

　　中華民國自二次世界大戰結束後，即加入聯合國成為其中主要創始國之一。但因國內發生國共內戰，分裂成為中華人民共和國與中華民國兩個政權，國際間由於國際政治利害考量，於 1971 年逼退中華民國在

---

[15] 邱榮裕，〈戰後臺灣客家典型白色恐怖政治事件之研究—以 1950 年代客家中壢事件為個案分析〉，臺灣大學社會科學院、財團法人戒嚴時期不當叛亂暨匪諜審判案件補償基金會共同主辦，「臺灣人權與政治事件學術研討會」，地點：臺北市，2005.12.08-09。

聯合國創始國的地位，由中華人民共和國政權取代，此後在臺灣的中華民國政權即被排除聯合國大會組織之外，2009 年我國才以「中華臺北」（Chinese Taipei）名稱，以觀察員身份出席「世界衛生組織」（WHO）召開的「世界衛生大會」（WHA），2013 年則以「特邀貴賓」身分出席「國際民航組織」（ICAO），此種作為目的，在於爭取國際社會認同並支持我國擴大參與聯合國的世界組織的機會。[16]

聯合國基於二次世界大戰經驗教訓的結果，為保障每一個人的權利，於 1948 年 12 月 10 日通過《世界人權宣言》，承認任何人的基本權利與基本自由，國際社會應維護人的尊嚴與正義，不僅揭示了核心人權原則，也說明人權對有權利和責任的人，雙方同時產生權利和義務的觀念。隨後又於 1966 年公佈《國際公民和政治權利公約》、《國際經濟、社會和文化權利公約》，作為對各國家政府的約束力，保障個人的日常生活中的各種權利，如生命、法律平等、言論自由、社會安全、受教育等權利。上述三個文件被稱為「國際人權憲章」，簡而言之，人權是普世的和不可剝奪的，各種人權是互相依賴和不可分割的，人權是平等的和不歧視的，人權即是權利也是義務，國家應承擔國際法下的責任與義務，同時尊重、保護和兌現人權。[17]

我國 1967 年即簽署兩公約，但因 1971 年退出聯合國，因此沒有批准。然而，臺灣對於上述聯合國人權相關法案，還是成立總統府人權諮詢委員會積極推動，遲至 2009 年我國立法院審議通過《公民與政治權利國際公約》及《經濟社會與文化權利國際公約》，以及《公民與政治權利國際公約與經濟社會與文化權利國際公約施行法》。馬英九總統隨即於 2009 年 4 月 22 日公佈前述兩公約施行法，並於 2009 年 12 月 10 日正式施行，聲名在中華民國轄區內，司法判決可以立即引用國際人權法案。臺灣人權的保障措施，至此才有實際作為，可以達到國際人權的

---

[16] 外交部參與國際組織 http://www.mofa.gov.tw/igo/cp.aspx?n=5A7290C85CBCD419 檢索時間 20150325

[17] 聯合國人權 http://www.ohchr.org/ch/Issues/Pages/WhatareHumanRights.aspx 檢索時間 20150325

要求，讓臺灣大步邁向人權發展的新階段。[18]

2、轉型正義

1987 年（民國 76 年）7 月 15 日政府公佈解除戒嚴令，然至 1991
年 5 月連續廢止《動員戡亂時期臨時條款》、《懲治叛亂條例》、《戡亂時
期檢肅匪諜條例》之後，以及隔年《中華民國刑法》100 條的修正，臺
灣民眾才逐漸脫離恐怖政治的陰影，回歸憲政。此舉加速臺灣社會民主
化過程，進而影響社會政治思潮的變遷，過去戒嚴時期漫長的社會思想
的禁錮所積累的問題，也就使得臺灣民主化歷程開始轉向「轉型正義」
的追求。臺灣社會民主化思潮：一方面注重人權、自由、民主與正義等
議題焦點；另一方面開始引入國際人權觀念，將臺灣民主化過程與世界
各國的經驗，探索比較。

前者，政府先後制定了有關「二二八事件處理及賠償條例」及「戒
嚴時期不當叛亂暨匪諜審判案件補償條例」，並成立相應的兩個基金
會，推動臺灣轉型正義之落實，如內政部設置二二八國家紀念館；文化
部設置國家人權博物館籌備處，推動綠島人權文化園區、景美人權文化
園區，呈現白色恐怖時期政治受難者實際遭受的際遇，作為見證臺灣邁
向民主所經歷的殘酷過程。這些作為目的，在讓社會大眾明瞭臺灣民主
法治得來不易。

政府 1998 年公布「戒嚴時期不當叛亂暨匪諜審判案件補償條例」
後，國防部隨即依此條例設置「財團法人戒嚴時期不當叛亂暨匪諜審判
案件補償基金會」，接受戒嚴時期因白色恐怖政治案件判決有罪之政治
受難者的補償事宜，政府以金錢補償的方式，作為對政治受難者人權傷
害實質的補償。

對於前述戒嚴時期十大代表性政治冤案的補償情況，「財團法人戒
嚴時期不當叛亂及匪諜審判案件補償基金會」執行長倪子修提出報告：

---

[18] 中華民國總統府人權諮詢委員會 http://www.president.gov.tw/Default.aspx?tabid=1419 檢索時
間 20150325

「山東流亡學生案涉案 103 人，已經申請通過補償的有 88 人；中壢義
民中學案涉案 9 人，全部通過申請補償；鹿窟事件涉案 130 人，申請補
償通過的有 124 人，其中包括未成年人 3 位；原住民湯守仁案，涉案 9
人，申請補償通過 4 人，但兩位鄒族代表均尚未申請；雷震組黨案涉案
3 人，全部通過補償；蘇東啟案涉案 50 人，申請補償通過 41 人；彭明
敏案涉案 9 人，申請補償通過 8 人；陳映真案涉案 11 人，已申請補償
5 人；黃紀男與鍾謙順案涉案 16 人，申請補償 13 人；美麗島案涉案 51
人，申請補償 46 人」。另外，「在向基金會申請補償的冤案中，40 年代
約有九百件，50 年代有三千五百件，60 年代有約九百件，70 年代有八
百件，80 年代有三百件，從整體來看，40 與 50 年代間的受理比例相當
高」。[19]

　　有關戒嚴時期不當審判案件的補償，是需由當事人或直系親屬向
「財團法人戒嚴時期不當叛亂及匪諜審判案件補償基金會」提出申請，
基金會受案後，將當事人之案件轉請相關單位查核，如臺灣臺北地方法
院、國防部軍法局（軍管區司令部督察長室）、臺灣高等法院檢察署、
財團法人二二八事件紀念基金會、司法院冤獄賠償覆議委員會等覆核
後，同案需經基金會董事會審認通過，同案申請當事人才獲得撥款補
償。這些過程須經相當仔細核查手續，說明當時的審判案件被完整保留
至今，相關單位才能夠清楚結案回覆。

　　在此例舉，補償基金會董事會審認通過中壢義民中學案其中三個人
的意見：

（1）姚錦個案「本案予以補償，主要理由為原判決認定姚錦意
　　　圖以非法之方法顛覆政府而著手實行，係以姚君之自白及
　　　同案被告黃賢忠等人之供述為據，惟原判決所指姚君吸收
　　　及指使同案被告黃賢忠等參加匪幫或其外圍組織之讀書
　　　會，及收集情報等情，並無具體佐證資料，難認已達意圖
　　　以非法之方法顛覆政府而著手實行之階段，故應認本案非

---

[19] 副總統主持戒嚴時期十大代表性政治冤案發表會，中華民國總統府民國 93 年 12 月 09 日，
http://www.president.gov.tw/Default.aspx?tabid=131&itemid=10080 檢索時間 20150325

有實據。」

（2）范榮枝個案「本案予以補償，主要理由為原判決認定范君
　　參加叛亂組織，惟原判決就其於 39 年 5 月間經由同案被
　　告姚錦介紹參加匪外圍組織讀書會之目的、性質未詳述
　　明，故應認本案非有實據。」

（3）楊環個案「本案予以補償，主要理由為原判決認定楊環參
　　加叛亂之組織，係以楊君為同案被告黃賢忠之妻，且於偵
　　查中自白及同案被告姚錦、黃賢忠自白書內之供述為據，
　　惟楊君於審判中否認，原判決未詳予查證，此外並無其他
　　具體佐證，故應認本案非有實據。」[20]

中壢義民中學案涉案人姚錦、黃賢忠、徐代錫、徐代德、范榮枝、
劉鄒昱、麥錦裳、楊環、邱慶麟等，即是透過當事人或親屬方式提出申
請補償，並且獲得以中華民國總統之名，頒發之「回復名譽證書」，作
為轉型正義的落實。然而，這一切對當事人及其家屬而言，有種已經太
遲的感傷，因為消失的生命，青春歲月的摧殘，家庭的破碎，社會的歧
視，豈是金錢可以補償得了的。

目前基金會除了從事冤案審理、補償金發放及回復名譽之外，對於
這些政治受難者而言，這些是不夠的，更重要的是讓事件真相水落石
出，還原歷史的原貌。然而，時間的因素，使得這些白色恐怖時期政治
受難者慢慢凋零，因此國家人權博物館籌備處，如何保留戒嚴時期政治
事件真相與政治受難者個人所遭受的冤屈原貌，是當務之急。

五、結論

臺灣光復後，政權交替，日本殖民時期皇民化教育思想仍影響臺灣
社會大眾，由於對新政權陳儀施政措施不滿，因而在光復不到兩年的時
間內，爆發二二八事件，結果使得臺灣人民與執政國民黨政府有所隔

---

[20] 參引財團法人戒嚴時期不當叛亂及匪諜審判案件補償基金會第二屆第四次臨時董事會審認
　　通過案件一覽表。

閣。另外，更因中國大陸國共內戰，國民政府失利，退守臺灣，由臺灣
省主席兼臺灣省警備總司令陳誠於 1949 年 5 月 19 日頒布《臺灣省警備
總司令部布告戒字第壹號》戒嚴令，開啟臺灣社會長達 38 年之久的戒
嚴時期統治。

　　二次大戰結束後，我國是聯合國的成員國，1948 年 12 月 10 日通
過《世界人權宣言》，隨後又於 1966 年公佈《國際公民和政治權利公
約》、《國際經濟、社會和文化權利公約》，這三件人權法案，即是所謂
「國際人權憲章」，卻因中國內戰、臺灣宣佈戒嚴以及中華民國退出聯
合國等因素，而無法在臺灣實施。

　　民國政府直至 1987 年宣佈解除戒嚴，回歸憲政後，國際人權始為
臺灣社會所重視，2009 年我國立法院審議通過《公民與政治權利國際
公約》及《經濟社會與文化權利國際公約》，以及《公民與政治權利國
際公約與經濟社會與文化權利國際公約施行法》，馬英九總統隨即於
2009 年 4 月 22 日公佈前述兩公約施行法，並於 2009 年 12 月 10 日正
式施行，聲名在中華民國轄區內，司法判決可以立即引用國際人權法
案。臺灣政權人權的保障措施，至此才有實際作為，可以達到國際人權
的要求，讓臺灣大步邁向人權發展的新階段。

　　臺灣戒嚴時期發生的政治案件，則在政府 1987 年宣佈戒嚴解除，
並取消相關法令，回歸憲政後，社會大眾才敢於談論，並關懷如何補償
政治受難者的問題。1998 年公布「戒嚴時期不當叛亂暨匪諜審判案件
補償條例」後，國防部隨即依此條例設置「財團法人戒嚴時期不當叛亂
暨匪諜審判案件補償基金會」，接受戒嚴時期因白色恐怖政治案件判決
有罪之政治受難者的補償申請案，政府以金錢補償的方式，作為對政治
受難者人權傷害實質的補償；另外，頒發當事人及家屬「回復名譽證書」
作為政府勇於面對歷史事實與誠意負責的態度，檢討反省過去所造成的
錯誤。更設置國家人權博物館籌備處，處理戒嚴時期政治案件真相與政
治受難者個人所遭受的冤屈原貌，藉著綠島人權文化園區、景美人權文
化園區，呈現白色恐怖時期政治受難者實際遭受的際遇，作為見證臺灣

邁向民主所經歷的殘酷過程，讓臺灣社會能夠有所借鑒，不讓歷史重蹈
覆轍的做法，是值得肯定。

中華傳統文化傳衍與和合：
以臺灣現代社會中的祖先崇拜、神鬼祭祀之民俗為例[*]

摘要

　　本文試圖從古代的「敬天法祖」傳統思想，也即是《禮記郊特牲》所云：「萬物本乎天，人本乎祖」的意涵，來檢視臺灣現代社會中是否傳承中華傳統文化中的此一思想，若有如何表現於社會生活之中，又與現代人的生活有何種關係，它在現代文化價值中存有何種意涵。

　　為了達成前述的目的，本文擬藉著臺灣現代社會中的「祖先崇拜」與「神鬼祭祀」兩項現存於民間習俗的祭祀活動，來探究「敬天法祖」傳統思想對現代人的社會文化意義。

　　臺灣現代社會「祖先崇拜」盛行，從政府沿襲舊習，訂定「清明節」為國定假日為例，每年人們因掃墓祭祖活動返家，所造成臺灣各地交通大混亂的情形，可見一般。

　　另外，臺灣現代社會也盛行「神鬼祭祀」的民風，以每年農曆七月十五日的中元普渡祭祀活動為例，多數公司行號及民間百姓家庭，向例都會依照傳統民俗準備祭品，普渡所謂「好兄弟」（即是孤魂野鬼）祈求平安。

　　本文企圖透過臺灣社會民俗中的「祖先崇拜」與「神鬼祭祀」兩項活動進行解析，以明瞭傳統文化的傳衍過程以及現代化的調適情形，進而體認中華文化中和合精神的珍貴性。

關鍵字：祖先崇拜、神鬼祭祀、清明節、中元節

[*]　發表於 2005.10.5-8，「第三屆海峽兩岸中華傳統文化要現代化研討會」、中國葉聖陶研究會、中華民族文化促進會主辦(陝西咸陽)。

一、前言

　　臺灣地區因地理及歷史因素積累，而顯現出文化多元的特色。清前期康熙、雍正、乾隆三朝是漢人移民臺灣的主要時期，由於地理的方便，來臺的漢移民以閩南地區的人占多數，粵東地區的人其次。臺灣原住民的優勢，則在清前期的移民潮中，隨著漢人移墾的興盛而逐漸呈現衰頹的局面，至今則成為需要政府保護的對象。

　　現今臺灣地區的閩南後裔人數，約占全臺人口數的百分之七十三，故閩南話在臺灣是一種普遍通用的語言。先前從粵東、閩西地區來臺的移民後裔，目前以客家族群或客家人稱之，其後裔人數約占百分之十六；至於 1949 年跟隨國民黨政權至臺灣的新移民及其後裔人數，則約占總人數百分之八；另外臺灣原住民部分，由於長期受到漢化影響，目前原住民人數約占總人數百分之三左右。因此，臺灣社會是以漢人為主的社會。

　　臺灣的歷史曾經於 1895 年由清廷依中日《馬關條約》的內容，將臺灣、澎湖等地割讓給日本，至 1945 年日本敗仗投降臺灣光復，日本殖民統治 50 年之久，臺灣社會遭受日本殖民統治者的政治干涉與文化打壓，雖然呈現皇民化的結果，但是民間仍舊維持若干中華傳統文化的習俗，例如：祖先的信仰與神鬼的祭祀還是深植於生活之中。

　　光復後的臺灣，雖然經歷一段痛苦的二二八事件，然而臺灣社會卻在五、六十年代由於經濟繁榮、工業興盛，開始從傳統農業社會逐漸邁入工商業社會，在這個過程中不僅造成社會基礎結構的改變，同時也影響民眾思想的轉變，其中傳統社會價值與新社會價值的矛盾與衝突，成為臺灣民眾不得不面對的課題。這一波的時代潮流比起日本殖民統治時期，對臺灣社會文化與價值觀的衝擊更加激烈。臺灣社會則藉由這一波潮流所帶動的社會、政治、經濟、教育等等的改革與提昇，而步入到現

代化的社會當中，使得臺灣社會不僅與世界其他的現代化社會地區互通生息，也進一步受到國際化的衝擊。

　　然而，傳統文化中的「祖先崇拜」與「神鬼祭祀」的習俗，卻依舊存在現代化的臺灣社會，未因西風或國際化的影響而被揚棄，臺灣社會如何保留並延續這種文化傳統，這種過程是值得探討的課題。

二、臺灣現代社會的祖先崇拜

　　臺灣現代社會是實足的工商業社會，效率是基本要求，科學、知識、時間、金錢與個人主義等，則成為社會一般人的風尚。而年輕人喜新厭舊、追求流行的態度，則是刺激消費與帶動社會的主要動力。社會更由於資訊、消費與交通，普遍國際化的關係，因此新潮流與新觀念不時挑戰舊的思潮，使得現代化的社會充滿著新的可能，激發青年人更多的創造力。臺灣社會即在上述的情境下，迅速的對於傳統文化產生淘汰與更新的影響。

　　首當其衝的是家庭的結構與經濟，農業社會大家庭的人力，因工廠、商業需求而轉移，造成農村大量人口流動到都會地區就業，剩下是老、幼之輩看顧家園。另一方面，由於農村農業生產值大為減少，經濟來源轉而依靠外出工作的薪水階層家人，因此傳統文化價值觀念也受到巨大的衝擊，固守一方的家園觀念被打破，隨之而起的是都會地區小家庭的興起，使得傳統文化與習俗受到嚴重的挑戰與考驗。

　　中華傳統文化所強調的「敬天法祖」傳統思想，也即是《禮記郊特性》所云：「萬物本乎天，人本乎祖」的意涵，也在臺灣的傳統民俗中可以看到。來臺先民對於「天」、「祖」的敬畏，不僅帶來傳統文化的「祖先崇拜」，也帶來原鄉「神鬼祭祀」的風俗。這些民間習俗在日本殖民統治臺灣時期，雖然受到日本統治者表面的禁制，但卻無法遏阻臺灣民間社會的傳統祖先崇拜與神鬼祭祀活動。

　　然而，從 1662 年明鄭政權帶來的近 350 年的傳統文化與習俗，卻

在臺灣進入現代化社會的過程當中，一面受到法治與自由主義的挑戰；一面隨著民智的開化與官方的勸導，發生了重大的改變。如舊習於節慶日中大肆舖張浪費的祭祀與宴客行為，傳統繁瑣的婚喪禮儀，宗教寺廟的管理等，諸多不合時宜的觀念與習俗逐漸遭到揚棄。而若干敦厚、善良、樸實的民俗；如農曆新年、清明節、端午節、中元節、中秋節以及寺廟神明的慶典等活動，則被保留甚至受到官方的提倡。

臺灣的祖先崇拜不僅表現在日常生活中的廳堂祭祖儀式，也表現在歲序時節中的清明節掃墓祭祖活動。傳統習慣上，大家庭宅院或祖屋老宅的廳堂內設置有祖先及神明牌位案桌，一般小家庭則便宜行事未安置供奉。祭祖拜神之事，由居本家的家人每日進行或擇初一、十五日祭拜，至年節之時，外出工作者或小家庭才會返回本家與家人團聚，一起祭拜祖先與神明。一般祭拜祖先與神明之供奉，平常以簡單茶水、供果、清香為之；至年節，始備豐盛三牲供品，祭拜完後作為家人團圓享受的佳餚。工商業社會家人工作分散，難得團聚，因此年節的返家探親，成為臺灣社會的重要大事。

「清明節」的來源，「清明」是指傳統二十四節氣中的第五節氣的名稱，對於此節氣在《淮南子·天文訓》有「春分後十五日，斗指乙，則清明風至」的描述，而《歲時百問》則以「萬物生長此時，皆清潔而明淨，故謂之清明」，作為命名的解釋。根據《漢書·嚴延年傳》記載嚴氏在清明時節「還歸東海掃墓地」之事，顯示漢朝當時祖先崇拜與親族意識就已經相當盛行。至宋朝以後，清明時節成為歲序時節重要的民俗節日。清明當日最重要的活動即是掃墓，一般由家人至先人墓前打掃祭拜，表達對先人追思之意。這種具有悠久傳統的民俗節日，至今在臺灣現代的社會中依然可以看到，顯現臺灣社會不僅延續祖先遺留的傳統風俗，同時也珍惜民俗文化中蘊涵的慎終追遠意義。

目前臺灣地區將「清明節」定為國定假日，這一天從各地掃墓的人潮，所造成交通的擁塞現象，可以了解此節日受到臺灣社會的極度重視。因為一年一度的清明掃墓活動，不僅商場順勢推出應景的物品，在

這節日前後之間，掃墓之事也成為一般人談話的主題。然而，重要的這一天是世間人子作為對先人慎終追遠的一種孝道表現。因此在臺灣各地的墓地、祖塔（供奉家族先人骨骸之處─客家族群特有之建物）以及靈塔（供奉一般去世者的骨灰）都可以看到各個家族聚集一起，以虔誠、肅穆的心情掃墓祭祖的景像。

在掃墓祭祀活動中，傳統文化中特別的「掛紙」、「剝蛋殼」的習俗[1]及「鼠麴粿」（以鼠麴草（又稱母子草）摻合糯米漿並和乾蘿蔔絲為餡製成）的應景食品[2]，至今仍有保留。而在墓地享受祭品吃喝習俗，已經因環境衛生觀念的提昇而絕跡，掃墓活動最後則在鞭炮的煙火炮聲中完成。至於當日家人族人的團聚，有的另外約定，也有當日選擇便利合適的餐廳舉行。另外，臺灣社會客家族群也保留傳統在清明節之前提早完成掃墓的習俗，一般在清明節以後掃墓祭祖的家族甚少。

三、臺灣現代社會的神鬼祭祀

現代社會因科學知識的發達，一般人對於傳統神鬼祭祀的認知往往以迷信視之，鮮少從文化人類學的角度，去思考傳統文化中神鬼祭祀的民俗問題。

有關神鬼祭祀的紀錄，在任何古老的人類文明中均可以看到蹤跡，古老的中國文化自不例外，傳承下來的結果，使得清代早期大批漢民族自閩南、粵東地區渡船到臺灣尋求新天地時，身上所帶最為珍貴的東西，就是在家鄉祈求平安的護身神符。明顯的說明當時的人到未知的環境，面臨安危的挑戰時，最大的心理憑藉就是依靠神鬼的庇祐。如同現代的人，遇到棘手的生死問題時，脫口而出的往往是對上帝神明的祈求一般。因此臺灣各地漢民移墾的地區，所供奉的神明，往往也就原鄉的神祈。例如：粵東潮州人供奉原鄉神三山國王；閩南漳州人供奉原鄉神

---

[1]　廖漢臣 1973《臺灣的年節》臺中市：臺灣省文獻委員會，頁 85。

[2]　何聯奎、衛惠林 1983《臺灣風土志》臺北市：臺灣中華書局，頁 109。

開漳聖王；閩南泉州人供奉原鄉神保生大帝等。

　　在臺灣旅遊，若具備移民與原鄉神祈的歷史知識，到各地主要廟宇，憑著辨認神祈的名稱能力，一個外地人就可以依據廟宇主殿的神祈，了解此地最早開墾居民的原籍來自大陸那個地方。這些大概是一般人難以想到臺灣的「神鬼祭祀」，居然擁有那麼有趣的歷史文化傳承。

　　有關臺灣現代社會中還存在的「神鬼祭祀」民俗，依據臺灣省文獻委員會的 1959 年的調查報告，全臺各寺廟所奉祀的主神（含儒釋道三教）約有 250 種之多，還不包含天主、耶蘇、回教之神，可見臺灣民間傳統神鬼的龐雜與繁多[3]。這些神鬼，概括可以分為天神、地祈、人鬼三層次。神鬼之所源，還是源於傳統文化中的敬天思想。日人鈴木認為臺灣漢人對神明的觀念，也包括神明以外的死靈（祖先及孤鬼）、鬼（地獄沉淪的鬼）以及妖怪[4]。

　　臺灣神鬼祭祀也可以依據相同屬性，分成自然崇拜、人鬼崇拜以及器物崇拜。由於神鬼祭祀是民間傳統風俗的信仰，雖然可以作為祈求者精神安定的力量，但也是容易使人著魔其中，沈迷神秘虛幻而不自覺。因此官方倡導有益社會的神鬼祭祀善良風俗，例如客家族群的新埔褒忠亭義民爺的祭祀。反之也會遏阻取締禁制不良的祭祀神鬼行為，例如以祭祀神鬼騙錢騙色的神棍神壇。

　　一般民眾的神鬼祭祀都會到寺廟裡進行個人祈求的儀式，或者將神鬼供奉在私人處所，作為個人的守護神。傳統中的神鬼信仰就在個人的需求下，成為民間習俗的一部分。至於，目前臺灣社會對於神鬼的信仰，或許受到社會現代化、國際化的影響，有些廟宇竟然以保存良好的傳統建築與祭祀禮儀，成為臺灣文化資產法保護的對象，被官方指定為古蹟而聲名大噪，不僅觀光客趨前參觀，而朝拜者也更為熱絡，使得香火鼎盛，如臺北市萬華的龍山寺、大龍峒的保安宮。

　　臺灣社會神鬼祭祀風俗，保有傳統文化最明顯的例子，即是「中元

---

[3]　鍾華操 1987《臺灣地區神明的由來》臺中市：臺灣省文獻委員會，頁 16。

[4]　同前書，頁 18。

節」的習俗。官方雖然沒有將中元節明訂為國定假日，但民間盛大的祭祀活動，卻讓政府觀光單位視為可以作為吸引外國人到臺灣觀光的一個民俗文化項目，例如基隆市的中元普渡祭典，每年熱鬧的場面總是吸引許多的觀光客。

「中元」的稱呼來自道教，《五雜俎》內記：「道經以正月十五是上元，為天官賜福日；七月十五是中元，為地官赦罪日；十月十五是下元，為水官解厄日」。說明中元指的是農曆的七月十五日。另外，對於中元日的行事、從《修行記》所記載：「七月中元日，地官降下，定人間善惡，道士於是夜誦經，餓節囚徒亦得解脫。」的說明，可以明瞭在中元日的道教作法的目的[5]。

臺俗，農曆七月初一為開地獄之日，亦稱開鬼門。三十日為閉地獄之日，亦謂關鬼門。因此，農曆七月亦稱鬼月[6]。由於傳統文化的鬼月說法，居然使得目前臺灣社會一般大眾，有著在此月不宜作房地產銷售、汽車交易、結婚、遷居等禁忌事。民俗影響社會交易與生活事務，以此為甚。

中元節在臺灣又稱「鬼節」或「盂蘭盆會」。「鬼節」因祭拜的對象是「孤魂野鬼」而稱之，臺灣民間對「孤魂野鬼」亦稱「好兄弟」，因此民間亦稱中元節的祭祀為「拜好兄弟」。至於「盂蘭盆會」則是佛教的一種超度法會，其時間與中元節不謀而合，以誦經及布施食物給孤魂野鬼方式來舉行超度法會。另外，一般臺灣廟宇舉行中元節的祭祀，除循例在廟前廣場樹立燈篙外，更在祭祀的最後舉行放水燈的儀式，充分保留傳統中元祭祀的習俗。

臺灣社會中元節祭祀的民俗是經過長時間的演變，其中佛教、道教法會的舉行，成為民間仿傚的對象。目前在農曆的七月十五日「中元節」這一天，公司行號與住家都會在自家門前舉行「普渡」儀式，傳統祭祀時間在傍晚時分進行，一般準備飲料、食物、水果及三牲等作為祭品，

同時依照傳統習俗準備新的毛巾與洗臉盆盛水,如同接待賓客入席前淨手之禮,擺置於供桌前下方。祭拜三回,每回香枝插在每樣的供品上,並燃燒一次民俗紙錢,最後以燃放鞭炮作為結束。祭祀時間長達一個小時以上,這樣不厭其煩的進行祭拜儀式,主要藉著虔誠祭拜「孤魂野鬼」的心理,祈求保祐平安與順利。

現代社會對於中元節祭拜的民俗,社會民眾主要的認同是博愛精神的發揚,以為中元普渡無子嗣的孤魂野鬼,讓它們也能夠享受到人世間的關愛。這種推己及人的人道關懷,也就是中元節能夠在臺灣民間社會持續傳衍的理由,因此中元節的神鬼祭祀活動,可以說是一種善良的臺灣民俗。

四、結論

中華傳統文化在臺灣歷經約 350 年之久的傳衍,其中雖然離開中國文化母體有 110 年的時間,如今還是根深蒂固的表現在現代化的臺灣社會文化之中。臺灣從歷史與文化傳承的發展,絕對與中華傳統文化有密不可分的關係。

從現代臺灣社清明節的高度重視掃墓活動,可以得知「祖先崇拜」在臺灣社會仍舊是維持不墜。一年一度「拜好兄弟」的中元節民俗活動,也在臺灣的社會普遍的受到重視,祭祀的過程仍是遵守傳統的習慣,顯現臺灣民眾仍舊沒有背棄祖先的習俗。廟宇在中元節前後廣場樹立的燈篙,如同海邊的燈塔,表達了對「孤魂野鬼」的關懷,這也就是社會能夠接納的原因吧。

因此,藉著目前臺灣社會的「清明節」、「中元節」的例證,可以說明臺灣社會的習俗傳承於中華傳統文化,保留至今。孔夫子曾有「禮失求諸野」的說法,臺灣與中國大陸的文化關係,何常不是具有這樣的條件。

開漳聖王民間信仰在臺灣的發展
——以碧山巖、景福宮為例[*]

摘要

　　臺灣漢民社會民間信仰研究在清代臺灣開發史中是重要的議題。清代臺灣移墾社會初期，漢民從原鄉帶來的民間信仰，日後為臺灣社會民間傳統廟宇祭祀活動增添了豐富的年節慶典文化。神明的信仰祭祀活動，成為探索當地開發歷史的重要線索，可以追溯當地與原鄉文化母體的臍帶關係。

　　本論文以歷史學及文化人類學作為主要研究方法，運用相關歷史文獻、臺灣日據時期調查資料，並輔以田野調查方式，探討「開漳聖王」民間信仰在臺灣社會發展的情形，同時選擇臺北市碧山巖、桃園市景福宮兩處，作為探討漳州人在臺灣移墾過程，開漳聖王信仰發展的不同事例。

關鍵詞：臺灣寺廟調查、開漳聖王、臺北市碧山巖、桃園市景福宮

[*]　發表於 2010.10.2，「52010 年固始與閩臺淵源關係研討會」」、中國社會科學院臺灣史研究中心、河南省社會科學院等主辦；信陽師範學院歷史文化學院承辦。

一、前言

　　臺灣漢民社會民間信仰研究在清代臺灣開發史中是重要的議題。清代臺灣移墾社會初期，漢民從原鄉帶來的民間信仰，日後為臺灣社會民間傳統廟宇祭祀活動增添了豐富的年節慶典文化。而對於原鄉神明的信仰祭祀活動，也就成為探索當地開發歷史的重要線索，依循查證可以發掘許多被流失或蒙塵的歷史事跡，甚而可以追溯當地與原鄉文化母體的臍帶關係。

　　一般而言，從臺灣社會民間信仰中的主祀神明的名稱，可以明確分辨出當地人之原籍來源。這些神明與原籍的關係，分別為：保生大帝信仰為泉州府同安縣人；清水祖師信仰為泉州府安溪縣人；龍山寺觀音菩薩信仰為泉州府三邑人（晉江、惠安、南安）；定光古佛信仰為閩西汀州人；慚愧祖師信仰為嘉應州人；三山國王信仰為潮州、惠州人；開漳聖王信仰為漳州人。

　　因此，要了解臺灣各地區的早期移墾者原籍為何，觀察當地主要傳統廟宇所供奉主祀神明是何者，就可以清楚明白，並感受民間信仰文化對於當地社會的影響。本論文以歷史學及文化人類學作為主要研究方法，運用相關歷史文獻、臺灣日據時期調查資料，並輔以田野調查方式，探討「開漳聖王」民間信仰在臺灣社會發展的情形，同時選擇臺北市碧山巖、桃園市景福宮兩處，作為探討漳州人在臺灣移墾過程，開漳聖王信仰發展的不同事例。

二、臺灣民間信仰的調查與發展

　　臺灣民間信仰的發展大致可以分為三個階段：清代、日本據臺、臺灣光復後等三個階段。清代臺灣的民間信仰著重原鄉群聚移墾的原鄉民間信仰；日本據臺的 50 年期間，初期臺灣傳統廟宇數量有增加現象，中後期則因日本侵華及發動太平洋戰爭之故，臺灣總督加強殖民政策的推展，如日本神道信信仰的推展，使得臺灣傳統廟宇受到約束甚至破

壞，代之而起的是日本本土的佛教寺院與神社的興起與設立；臺灣光復後，社會民間信仰有充分成長的自由空間，各地民間信仰活動逐漸恢復，寺廟重修與新建的風氣紛起，寺廟主祀神明種類不僅增多，各種配祀神明也因信徒的需求，如同百貨店商品般被設立。

　　有關臺灣寺廟的調查從日據時期開始，開始於 1915 年（大正 4 年）10 月進行臺灣的宗教調查，主要透過各廳行政區域所屬的公學校教員及警察官吏等的協助，依照宗教調查表項之內容填報，到 1918 年（大正 7 年）完成。日人從這次臺灣地區的普遍性宗教調查，不只了解臺灣民間信仰的內容，也清楚臺灣社會寺廟管理、組織、財產等情形[1]，其調查結果有利於日後殖民政策擬訂的參考。臺灣光復後政府單位及民間人士亦分別進行寺廟調查，但因寺廟調查工作艱巨，且調查規模、經費等不及日據時期官方周全的調查規劃，所得成果難免有些許出入。但整體而言，從寺廟數量及分類的統計，可以讓研究者明瞭臺灣寺廟在不同時間當中，民間發展的趨勢，以及當時社會民間文化中表現的意涵。

　　1919 年出版的臺灣日據時期寺廟調查報告，前 15 名主祀神明分別是：福德正神（669 座）、王爺（447 座）、媽祖（320 座）、觀音（304 座）、玄天上帝（172 座）、有應公（143 座）、關帝（132 座）、三山國王（119 座）、保生大帝（109 座）、三官大帝（70 座）、太子爺（66 座）、五谷爺（60 座）、釋迦（56 座）、開漳聖王（53 座）、玉皇上帝（51 座）[2]。

　　1930 年臺灣日據時期寺廟調查，前 15 名主祀神明分別是：福德正神（674 座）王爺（534 座）、天上聖母（335 座）、關聖帝君（157 座）、三山國王（121 座）、保生大帝（117 座）、玄天上帝（107 座）、釋迦牟尼（103 座）、有應公（86 座）、清水祖師（83 座）、三官大帝（82 座）、太子爺（73 座）、神農大帝（66 座）、鄭國姓（57 座）、開漳盛王（50 座）。

　　臺灣光復後，在廟宇主祀神明總數前十五名的統計研究中，以蔡萬

[1]　丸井圭治郎〈辨言〉《臺灣的宗教》上，臺灣總督府發行，大正 8 年 3 月，頁 1－2。
[2]　丸井圭治郎《臺灣的宗教》下，臺灣總督府發行，大正 8 年 3 月，頁 17－18。

枝 1960 年（民國 49 年）〈臺灣省寺廟教堂名稱、主神地址調查表〉為基準，寺廟總數 3,834 座中前 15 名主祀神明分別是：王爺（677 座）、觀音佛祖（441 座）、天上聖母（383 座）、福德正神（327 座）、釋迦牟尼（306 座）、玄天上帝（266 座）、關聖帝君（192 座）、保生大帝（140 座）、三山國王（124 座）、中壇元帥（94 座）、神農大帝（80 座）、清水祖師（63 座）、三官大帝（60 座）、開漳盛王（53 座）、元帥爺（47 座）。前 15 主祀神明寺廟共計有 3,206 座，所占百分比率為，寺廟總數 3,834 座的 83.6%。

1971 年（民國 60 年）王世慶《臺灣省通志》卷二〈人民志〉宗教篇中調查，寺廟總數為 4,786 座，前 15 名主祀神明分別是：王爺（556 座）、福德正神（449 座）、觀音佛祖（428 座）、天上聖母（381 座）、釋迦牟尼（308 座）、玄天上帝（270 座）、關聖帝君（192 座）、保生大帝（139 座）、三山國王（129 座）、中壇元帥（94 座）、神農大帝（81 座）、清水祖師（68 座）、三官大帝（67 座）、有應公（62 座）、開漳聖王（55 座）。前 15 主祀神明寺廟共計有 3,224 座，所占百分比率為，寺廟總數 4,786 座的 67.4%。

1978 年（民國 67 年）林衡道《臺灣寺廟概覽》一書調查，寺廟總數為 5,539 座，前 15 名主祀神明分別是：王爺（753 座）、觀音佛祖（578 座）、天上聖母（510 座）、釋迦牟尼（499 座）、玄天上帝（397 座）、福德正神（392 座）、關聖帝君（356 座）、保生大帝（162 座）、三山國王（135 座）、中壇元帥（115 座）、神農大帝（112 座）、清水祖師（99 座）、玉皇上帝（81 座）、三官大帝（77 座）、開臺盛王（70 座）。前 15 主祀神明寺廟共計有 4,266 座，所占百分比率為，寺廟總數 5,539 座的 77%。

1983 年（民國 72 年）仇德哉《臺灣之寺廟與神明（四）》所載調查，寺廟總數為 5,612 座，前 15 名主祀神明分別是：王爺（758 座）、觀音佛祖（593 座）、天上聖母（515 座）、釋迦牟尼（514 座）、福德正神（426 座）、玄天上帝（413 座）、關聖帝君（366 座）、保生大帝（165

座）、三山國王（135 座）、中壇元帥（121 座）、神農大帝（113 座）、清水祖師（99 座）、玉皇上帝（82 座）、三官大帝（79 座）、開臺盛王（73 座）。前 15 主祀神明寺廟共計有 4,379 座，所占百分比率為，寺廟總數 5,612 座的 78%[3]。

有關這些主祀神明所代表的社會意義：「王爺」信仰是臺灣社會閩南族群的普遍信仰，從福建閩南區域流傳到臺灣；「福德正神」、「神農大帝」信仰是中華傳統文化中，崇祀地祇與農業之神的表徵；「媽祖（天上聖母）」是宋代以來盛行在福建沿海，庇祐航行平安的海神，臺灣社會漢移民因越海來臺，平安上岸，故信仰興盛；「觀音佛祖」、「釋迦牟尼」是中國佛教信仰之流傳；「玄天上帝」、「玉皇上帝」、「三官大帝」、「中壇元帥」、「關聖帝君」等則為泛道教中在臺灣社會盛行的神明；「保生大帝」為泉州府同安人的原鄉信仰神祇；「三山國王」為廣東省潮州府、惠州府等移民的原鄉信仰神祇；「清水祖師」為泉州府安溪人的原鄉信仰神祇；「開漳聖王」為漳州府人的原鄉信仰神祇。

從上述 1919 年到 1983 年的臺灣寺廟調查統計，可以清楚臺灣社會民間信仰崇祀前十五類的主祀神明順序。其中「開漳聖王」順位及數量的變化：1919 年寺廟調查排列第 14，有 53 座；1930 年寺廟調查排列第 15，有 50 座；1960 年寺廟調查排列第 14，有 53 座；1971 年寺廟調查排列第 15，有 55 座。以後，1978 年寺廟調查排列第 15 者，為開臺聖王，有 70 座；1983 年寺廟調查排列第 15 者，仍為開臺聖王，有 73 座。

1978 年、1983 年兩次寺廟調查統計，「開臺聖王」取代「開漳聖王」順位變化，顯示臺灣社會民間對於「開臺聖王鄭成功」的崇拜，越來越多。「開臺聖王」寺廟興起的現象，是否可以解釋為臺灣社會民眾對本土認同有增加的趨勢，這是值得再深入探討的議題。

---

[3]　參考田金昌《臺灣三官大帝信仰—以桃園地區為中心（1683－1945）》國立中央大學歷史研究所碩士論文，2005 年 6 月，頁 67－69。

三、臺北市碧山巖開漳聖王的傳播

　　荷蘭據臺時期曾經對於臺灣社會原住民部落進行人口統計，1655年臺北市內湖區當時居住在此之原住民，里族社人口有 25 戶 71 人，塔塔攸社人口有 43 戶 171 人。這兩社屬於凱達格蘭平埔族，以母系社會為家庭重心，過漁撈、狩獵及粗耕農作的生活[4]。

　　漢人移墾此區，最早於 1688 年（康熙 27 年）當時有漳州府南靖人黃純善隻身來臺，落腳於內湖，以後，漳州府平和人許居帶二子來臺，亦墾荒內湖。雍正年間有南靖人郭崇飽，前來內湖租園墾荒。1741 年（乾隆 2 年），有詔安業戶何士蘭落籍港墘向官方請墾「內湖庄」，1756年（乾隆 21 年）有泉州府同安縣人王傳圓一家五口輾轉到內湖五份洋定居。乾隆中葉，另有詔安縣人游子蹄、游子彪兄弟二人到內湖頂灣仔拓墾，當時臺北盆地擺接地區業戶林秀俊（漳州府漳浦人）亦轉到內湖灣仔、粉寮、石壁潭、上塔悠等地拓墾。清代本地區漢民移墾，漳州籍最多分佈其間，泉州籍其次分佈北勢湖、洲仔尾、葫蘆洲、五份等靠近基隆河之地方，潮惠籍最少[5]。

　　臺灣人口統計，能夠詳實且具有精確度高的成果，始於臺灣日據時期 1926 年（昭和元年）的「臺灣在籍漢民族鄉貫別調查」，當時統計在籍漢人口有 3,751,600 人，其中臺北州行政區人口鄉貫別調查：泉州府安溪人有 202,200 人，泉州府同安人有 111,200 人，泉州府三邑（同安、惠安、晉江）人有 85,600 人，漳州府有 284,600 人，汀州府有 17,400人，龍岩州有 2,600 人，福州府有 6,700 人，興化府有 500 人，永春州有 5,300 人，潮州府有 1,800 人，嘉應州有 1,900 人，惠州府有 600 人，其他 5,600 人。從前之分類統計中，可以看出臺北州人口原籍屬於漳州府是最多[6]，但是在臺北地區的歷史發展中，泉州府三邑人聚集艋舺（今

---

[4]　陳金讚編纂《臺北市內湖區志》2006 年，頁 34。

[5]　同上。

[6]　臺灣總督官房調查課編纂《臺灣在籍漢民族鄉貫別調查》臺灣時報發行所，昭和 3 年 3 月，頁 4－5。

萬華）的龍山寺，安溪人的清水祖師廟，大龍峒同安人的保安宮以及大稻埕的霞海城隍廟等，則是當地著名的廟宇，這些廟宇節慶祭祀的活動，常帶動臺北地區及外來人潮的擁入，使得街上人群簇擁熱鬧異常。漳州府人信仰的開漳聖王廟，相照之下難以匹敵。

臺北市碧山巖開漳盛王廟，位於臺北市內湖區的碧山路 24 號。主要供奉開漳盛王陳元光將軍。有關此廟設立的歷史，民間傳說康熙年間有漳州府人黃氏來臺移墾，隨身帶有家鄉開漳聖王之香火袋作為護佑之用，一日行於內胡碧山之尖頂處時，忽聞嗡嗡之響聲，乃停步尋查，發現自身前塊石小洞傳出，認為這是蜂穴吉地，遂將佩帶香火袋懸掛於石洞中，膜拜後離去，成為最早供奉之處。1751 年（清乾隆 16 年）碧山尖頂山下（今內湖區）一帶，土匪結黨成群，聚眾劫舍，某日黃昏，計議行劫，忽見尖頂山頭金光萬道，斯時懸掛聖王香火袋之石塊，巨響一聲分裂為三，週圍散石宛如萬馬奔騰，一直滾落山下匪徒聚集處，使得匪眾喪膽，鼠竄而逃。事後附近居民聞訊，乃紛至石室膜拜，自此香火日盛。

開基祖廟的設立，始於 1751 年的建築。內有石室供奉三塊神石，代表開漳聖王及李伯瑤、馬仁兩位隨從之化身。1801 年（嘉慶 6 年）因朝拜者日增，石室祖廟無法容納，於小廟前另建本殿，並塑造開漳聖王及李、馬將軍金身神像。以後續有修建，至 1958 年（民國 47 年）廟宇建築因大雨山崩毀壞而重建，至 1976 年（民國 65 年）含前殿、鐘鼓樓、崇聖臺、八角樓等建築完成，呈現今日美輪美奐的廟宇模樣。此廟不僅是內胡地區居民的民間信仰聖地，亦是臺北市民休憩的場所，廟埕可以眺望大臺北盆地的市區景致[7]。

臺北市碧山巖目前是臺灣最大的開漳聖王廟，屬於臺灣地區開漳聖王廟團聯誼會的成員之一。其聯誼會廟宇 88 座成員分佈地區：在基隆市、臺北市、臺北縣、桃園縣、新竹市、臺中市、臺中縣、彰化市、南投縣、雲林縣、嘉義縣、臺南縣、高雄市、高雄縣、屏東縣、臺東縣、

---

[7]　陳金讚編纂《臺北市內湖區志》2006 年，頁 41。

花蓮縣、花蓮市、宜蘭縣、宜蘭市等。

　　碧山巖日據時期的管理人為內湖庄長，臺灣光復後改制為內湖鄉，仍由鄉公所組成管理委員會管理該廟，由鄉長兼任主任委員，各村村長兼任常務委員、委員等職，鄉民代表會主席則兼任常務監事，鄉民代表兼任監事，共同推展廟務及節慶祭祀等活動。1968 年（民國 57 年）改制為臺北市內湖區，管理委員會之組織，改由信徒選舉代表，再由信徒代表選舉委員、監事，成立委員會及監事會，並聘請地方耆老、專家為顧問。主任委員下設總幹事並分設總務、工務、祀神、會計、公共關係、禪房、餐廳、祀神用品、建設執行小組、誦經團等業務單位，以分工方式，推展廟務。

　　年節重要祭祀活動，分別如下：正月初一開始祭祀，祈求國泰平安、風調雨順；二月十五、六日屬開漳聖王祭典；六月七日為開天門延壽活動；七月十四日舉辦中元普度；八月十五日中秋節祭祀活動；十月初一祈安法會活動，十一月五日開漳聖王升天紀念日祭祀活動，十二月底則有歲暮答謝聖王神恩祭祀活動。

　　此外，碧山巖開漳聖王廟管理委員會亦積極推展社會公益活動，將信眾的捐獻款項，致力於宗教、文化、教育、醫療、急難及災害救助、慈善以及有關公益宣導等方面的活動，就 2009 年而言，經費支出總計約新臺幣六百三十萬元，其中公益慈善方面支出四百一十多萬元，社會教化方面支出二百一十多萬元[8]。這種取之於公，用之於公，並注重社會弱勢者的經濟支援，實是發揚開漳聖王仁愛精神，福澤人群的最好方式。

四、桃園市景福宮開漳聖王的傳播

　　桃園地區位於臺灣北部，1697 年（康熙 36 年）郁永河由福州到臺灣採購硫磺，將沿途所見記錄完成《裨海記遊》一書，其中有「自竹塹

8　參考碧山巖開漳聖王網站 http://www.pkcswt.com/1.htm 2010、9、6。

迨南崁八、九十里不見一人一屋，求一樹就蔭不得」之描述，可以想見當時住民相當稀少。此區平原丘陵地原住民屬平埔族有南崁四社，即龜崙社、南崁社、坑仔社、霄裡社；山地區域則有高山族原住民泰雅族，族群強悍。1655 年當時此地區之人口調查資料只有兩社，霄裡社人口 20 戶 78 人，南崁社人口 46 戶 157 人，這兩社屬於凱達格蘭平埔族[9]。

　　1713 年（康熙 52 年）有大雞龍（今基隆市）通事賴科帶領鄭珍、朱焜侯、王承謨等漢人最早到此地區合墾，於南崁坑仔口社之荒埔地（今蘆竹鄉坑子、坑口、海湖等一帶）[10]。

　　1725 年（雍正 3 年）漳州人郭光天來臺，三年後開拓大坵園，後續開發芝芭里社、中壢等一帶地區。1737 年（乾隆 2 年）粵籍墾首薛啟隆（又名奇龍、家昌）渡臺，先入墾斗六門（今雲林縣斗六市），隨後率領數百名民丁北上，由南崁港登岸，開墾桃園北部，設立虎茅莊（今龜山、桃園市）。再東拓至龜崙嶺，西拓至崙仔腳（今中壢市中原、內壢、內定三里），其北達南崁，南抵霄裡[11]。

　　開墾之初因地廣人稀，不同原籍間並無嚴重的利害衝突，但自乾隆年間漢人大量由南北地區輾轉入墾，但隨著人口的增加，不同原籍及不同語言群彼此之間，利害衝突越來越多。1824 年至 1830 年（道光 14－20 年間），臺北新莊平原地區發生長達 6 年間的械鬥，當地大部份粵籍居民變賣田園，遷移到今桃、竹、苗等地區[12]。桃園地區由於族群械鬥肇因，使得粵籍人士逐漸集中於南桃園的中壢、平鎮、楊梅、龍潭、觀音、新屋等鄉鎮；閩南人（漳州人多數）則分佈在北桃園的桃園、大溪、蘆竹、大園、龜山、八德等平原盆地，形成「南粵（客）北閩」族群明顯分別的群居現象。

---

[9]　中華綜合發展研究院應用史學研究所總編撰《桃園市志》桃園市：桃園市公所，民國 94 年，頁 221。

[10]　盛清沂〈新竹、桃園、苗栗三縣地區開闢史（上）〉《臺灣文獻》31－1，臺北：臺灣省文獻會，1980 年，頁 161。

[11]　臨時臺灣土地調查局編印《清代臺灣大租調查書》臺灣文獻叢刊第 152 種，臺北：臺灣銀行經濟研究室，1963 年，頁 72－3、537－8、544－5、817。

[12]　尹章義《臺灣客家史研究》臺北市：臺北市客委會，民國 92 年，頁 4。

　　桃園市景福宮建廟歷史，始於虎茅莊開墾之初，相傳當時瘟疫盛行，人心惶惶，居民風聞埔頂粟仔園仁和宮的「三王公」制煞靈驗，紛紛遠道前往，誠懇供奉。隨後，墾首薛啟隆於 1745 年（乾隆 10 年）率先捐獻田產 20 餘甲，並合各街庄民眾之力，草創廟宇供奉分靈神明。1806 年（嘉慶 11 年）發生龜崙口及南崁的漳、泉械鬥，漳州人桃仔園街店屋泰半被泉人所毀，事後乃改建爲瓦房店舖，並在街區的外圍則築土垣，以防禦泉州人之再襲。1813 年（嘉慶 18 年）修建廟宇完成，名為「景福宮」，主祀「開漳聖王」並兼祀由南崁五福宮分靈的「玄壇元帥」。日後，景福宮遂成為北桃園地區漳州人信仰中心及集會的重要場所，當地人另稱為「桃園大廟」[13]。

　　日據時期 1926 年（昭和元年）的「臺灣在籍漢民族鄉貫別調查」，桃園郡行政區人口鄉貫別調查：泉州府安溪人有 1,100 人，泉州府同安人有 2,900 人，泉州府三邑（同安、惠安、晉江）人有 2,300 人，漳州府有 59,500 人，汀州府有 1,700 人，龍岩州有 1,900 人，潮州府有 600 人，嘉應州有 2,900 人，惠州府有 200 人，其他 100 人。從前之分類統計中，可以看出桃園郡人口原籍屬於漳州府是最多[14]，人口數佔絕對多數的優勢，因此主祀「開漳聖王」的景福宮，也就成為當地漳州人代代相傳原鄉信仰崇祀的中心。

　　景福宮自清嘉慶年間廟宇重修建之後，傳統的年節慶典祭祀活動還被遵循，如每逢丑年（牛年）、未年（羊年） 舉辦的平安醮（五朝清醮）活動 ，即是藉此作為還願酬神、鎮災祈福之用。又每年農曆元月十七日舉行進香（參香）、謁祖活動，奇數年前往大溪埔頂仁和宮進香（參香）活動（開漳聖王），隔年則前往南崁五福宮謁祖進香活動（玄壇元帥），活動中亦有遶境遊行，民間信仰帶動地方社會的熱鬧氣氛。農曆二月十五日是開漳聖王的聖誕，以及七月中元普度的慶讚活動，因有「桃

---

[13]　中華綜合研究院應用史學研究所總編纂《桃園市志》桃園市：桃園市公所，民國 94 年，頁 714－15。

[14]　臺灣總督官房調查課編纂《臺灣在籍漢民族鄉貫別調查》臺灣時報發行所，昭和 3 年 3 月，頁 6－7。

園十五街庄」（分別是：桃園街、中路庄、埔仔庄、北門埔仔庄、小檜溪庄、大樹林庄、茄苳溪庄、新中福庄、新庄子庄、大竹圍庄、水汴頭庄、大檜溪庄、山仔頂庄、小大湳庄、大湳仔庄等）民眾暨諸姓社團參與，使得聖誕、中元慶讚等節慶民俗活動，成為桃園街肆居民年度主要節慶日，信眾紛紛擁入也帶動人潮看熱鬧，同時使得店家獲得大量的商機。

另外，景福宮除定期舉辦民間信仰宗教活動外，也成立「財團法人景福宮社會福利慈善事業基金會」推行社會慈善事業，如同前述之臺北市碧山巖的推展社會公益活動，回饋鄉里。這些作為不僅傳承、發揚原鄉「開漳聖王」陳元光福澤人群的意義，同時達到推展「開漳聖王」民間信仰的目的。

五、結論

臺灣社會民間信仰傳統廟宇的調查，始於日據時期 1915 年（大正 4 年）10 月的宗教調查，透過當時行政區域內公學校教員及警察官吏等的協助，依照宗教調查表項之內容填報，到 1918 年（大正 7 年）完成。日人從這次臺灣地區的普遍性宗教調查，不只了解臺灣民間信仰的內容，也清楚寺廟管理、組織、財產等情形，並成為日後政務的參考。

臺灣光復後，政府單位、學者專家個人亦對臺灣社會傳統廟宇的發展進行調查，然因財力與人力的投入不及日據時期總督府官方強力的支持，故調查結果有所侷限，但這些不同時期的廟宇調查統計，仍舊可以提供有關臺灣社會民間傳統廟宇數量、主祀神明順位發展研究的參考。

臺灣社會「開漳聖王」信仰，屬於民間信仰中原鄉信仰的傳衍，日據時期調查「開漳聖王」順位及數量的變化：1919 年寺廟調查排列第 14，有 53 座；1930 年寺廟調查排列第 15，有 50 座。臺灣光復後的調查：1960 年寺廟調查排列第 14，有 53 座；1971 年寺廟調查排列第 15，有 55 座。然而，1978 年寺廟調查排列第 15 者，為開臺聖王，有 70 座；

1983 年寺廟調查排列第 15 者，仍為開臺聖王，有 73 座。明顯的看到
1978 年、1983 年兩次寺廟調查統計，「開臺聖王」取代「開漳聖王」順
位變化，顯示臺灣社會民間對於臺灣歷史第一位建立漢人政權鄭成功的
崇拜越來越多，主祀「開臺聖王（鄭成功）」的廟宇超過了「開漳聖王」
的廟宇數量。

　　臺北市碧山巖、桃園市景福宮兩座廟宇，均主祀「開漳聖王」，前
者發展經歷了臺北盆地的開發，雖不及其他三邑人的龍山寺，安溪人的
清水祖師廟，同安人的保安宮以及大稻埕的霞海城隍廟等著名，但終究
成為目前臺灣社會最大的主祀「開漳聖王」廟宇。後者的發展，呈現桃
園地區歷史上械斗過程中，漳州人因有原鄉信仰「開漳聖王」的凝聚力
防禦外侮，才能夠保衛家園，並發展成為目前北桃園地區民眾視為「桃
園大廟」的地位。兩座廟宇，除傳承、發揚「開漳聖王」信仰，同時也
成立財團法人基金會，實質推展公益、慈善事業活動，達到推展「開漳
聖王」陳元光福澤人群的意義。

貳、臺灣客家研究篇

臺灣客家興起與發展*

摘要

　　有關〈臺灣客家興起與發展〉這個議題的時間主要從 1987 年（民國 76 年）迄今；討論內容則是有關二十一年間的臺灣客家發展與客家研究的牽連情形。由於客家人意識的興起與客家社會運動具有密切的關係，而後，客家社會運動的持續，又促進政黨對客家政策的實施，其中客家學院的設立亦帶動臺灣客家的研究，基於上述這種發展情況，本議題擬從臺灣客家社會運動的興起、客家政策的落實以及學界客家研究的發展等三方面做扼要的論述，讓大家了解臺灣近二十一年間的客家事務相關發展，與二十世紀初期羅香林教授獨立倡導客家研究的情況，有著很大的不同與進展。二十世紀晚期臺灣從中央到地方政府，不僅落實了客家政策，也建立了處理客家事務的專責行政機構與客家學院，這些均是臺灣客家人共同努力的成果。

關鍵字：客家研究、客家風雲雜誌、客家社會運動、客家政策、客家學

---

* 發表於 2009.3.20-22，「2009 第三屆海峽兩岸客家高峰論壇」、中華海峽兩岸客家文經交流協會主辦(臺灣臺北市圓山飯店)。

一、前言

　　二十世紀初期羅香林先生所著的《客家研究導論》對「客家研究」奠定了基礎與方向，同時也讓「客家人」這個族群名稱，呈現豐富歷史文化積累的意義。其結果，不僅促使世人關注客家人，也讓客家人自覺本身歷史與文化的特殊性，對於日後客家研究的發展起了很大的影響。

　　臺灣客家興起與研究的發展，在二十世紀的八十年代以後，主要的因素在於 1987 年 7 月政府公告解除戒嚴令（1949.5.20－1987.7.14）回歸憲政所致，人民的集會與言論自由獲得憲法保障，臺灣社會開始呈現百花齊放的自由風氣，其中少數客家菁英，開始籌議開辦為臺灣客家族群發聲的刊物，《客家風雲雜誌》社遂於當年 10 月成立，更於當月發行《客家風雲雜誌》創刊號。此客家刊物的發行，對於臺灣客家族群權益與客家研究的發展，明顯的有著帶頭的領導作用。

　　臺灣客家的興起與客家研究的發展，固然受到羅香林先生的客家研究學術論著的影響，但是在臺灣讓政府落實客家政策、設置客家事務專責機構與成立客家學院推動客家研究的情形，則是羅香林先生在推展客家研究時無法想像的發展；臺灣客家事務的落實也是值得目前世界各地客家人矚目稱道的事。基於上述理由，本論文擬將臺灣客家社會運動的興起、客家政策的落實以及學界客家研究的發展等三方面做扼要的論述，讓大家了解臺灣近二十一年間的客家事務相關發展。

二、臺灣客家社會運動的興起

　　目前一般臺灣客家研究學者，均肯定源於 1987 年（民國 76 年）10 月 17 日一批臺灣客家菁英，在臺北市臺灣大學校友會館成立《客家風雲雜誌》社，其所發行的《客家風雲雜誌》對於臺灣客家社會運動的興起與發展，有著關鍵性的推動作用。

　　從當年 10 月 25 日《客家風雲雜誌》創刊號的發刊詞，可以看出創辦雜誌的自我期許，其內容介紹如下：

客家人從中原輾轉遷徙來臺，先祖篳路藍縷，而今子孫繁衍，人才輩出，對國家鄉土屢有貢獻，對促進臺灣多元性的現代化發展，亦將扮演更重要角色。目前臺灣客家人口約四百萬，無疑是臺灣邁向多元化、開放民主社會及重要的一環，然而未充分獲得政治、經濟、社會或文化上應有的地位和尊嚴。原因何在？或許是我們客家人本性善良，容忍成習，總是苦水往肚子裡吞，所以別人也就忽略了我們；或許是因為我們客家人歷來以農立家，刻苦耐勞成性，不爭不求，所以未積極去追求應有的權益；或許是因為我們客家人祇會顧自己，不重視公益，不太團結，所以不能形成集體性力量。提昇客家人的地位和尊嚴，並在臺灣多元組合、多元融合發展過程中做出更多的貢獻，實有必要團結客家，主動發揮客家尊重少數，包容多數的固有精神，全力推動社會共同的福祉。因此，身上流著客家人血液，滿懷奉獻精神的客家後生，聚集在一起，決定創辦這本《客家風雲雜誌》。[1]

是故，發行《客家風雲》雜誌宗旨，在於使它成為臺灣客家人的輿論公器，為客家人講話，為客家人服務，並擴大客家人的對外接觸和視野，做為客家人和其他語族融和共通的橋樑。同時也開啟了以學術研究的問卷調查法來進行客家議題的先河，如創刊號內容就有戴興明的「臺灣客家問卷調查」報告，清楚的將各項客家問題以圖表的方式呈現其結果[2]。

爾後各期刊內容，亦開始探討客家語言發展與面臨的危機議題，如羅肇錦的〈客家語要不要保存呢〉；也有討論客家與政治的議題，如吳雲的〈由客家人領導的臺灣首次農民運動〉；更有解析當代局勢與客家

[1] 胡鴻仁〈創刊詞——確立客家人的新價值〉《客家風雲》雜誌，創刊號，臺北市：客家風雲雜誌社，民國 76 年 10 月，頁 1。

[2] 問卷調查內容：1、您最常自稱是何種人？2、您家裡使用的主要語言 3、您的子女說客家話的能力 4、您客家朋友交談的主要語言 5、您認為電視應否增設客語節目 6、您認為客語地區中小學應否有客語教學 7、您認為客家人對臺灣發展的貢獻程度如何 8、您認為客家人的政治參與程度如何 9、您認為客家人在臺灣政治上所處之地位如何 10、您認為政府對客家地區的基層建設如何 11、您認為國民黨對客家人重視之程度如何 12、您認為民進黨對客家人重視之程度如何。

人的議題，如徐正光的〈客家人對變局應有的認識〉等。《客家風雲》雜誌內容這些劃時代的作為，引領了許多的客家鄉親的熱情反應，更藉著專題或筆者投書的言論，把客家人積累許久的心中話表達出來，有效的促進客家族群意識的覺醒，以後臺灣大學邱榮舉教授為總領隊的客家「還我母語運動」即是在上述的社會背景下引發臺灣各地客家社團紛紛響應，而共同走上臺北街頭。臺灣客家鄉親首次為客家語言的發展與危機，向政府當局提出應重視客家政策與改善現況的要求，並獲得當時國民黨政府執政官員的回應。

客家「還我母語運動」被視為臺灣客家社會運動發展的開端，也是重要的里程碑。以後，客家族群權益、客家社會文化發展，客家研究等事項，成為客家社會運動中主要的議題，不僅要求執政政黨落實其客家政策，也游說在野政黨應重視客家族群的權益。至今，行政院客家委員會亦在一批客家社會精英的鼓吹下，於去年（2007 年）開始推動客家基本法的制定，以確保未來客家社會、文化的合理發展。

另一方面，1988 年（民國 77 年）正逢臺灣北部新竹縣新埔鎮褒忠亭義民廟創建兩百周年之慶典，在「臺北市客家中原崇正會」等旅北同鄉會積極推動與聯繫下，藉著義民廟兩百週年盛事理由，當年 8 月 19日於臺北市新生南路的大安森林公園預定地，舉辦了第一次臺北地區義民祭的活動，受到旅居臺北地區客家鄉親們的熱烈響應。這股臺灣客家在地社會的義民爺信仰，隨著《客家風雲》雜誌刊物的提倡，使得義民祭不僅成為凝聚旅北客家鄉親的主要力量，也成為臺灣客家社會與文化的表徵。「臺北客家義民祭」從這一年開始至今已經連續舉辦了 20 次，主辦單位亦從初期的民間團體轉換成為政府單位（臺北市客家事務委員會）負責推動，這個過程不僅僅是臺灣客家族群意識興起的發展過程，也是客家事務受到政府重視與接受的最好例證。

三、客家政策的落實

　　臺灣客家社會運動興起後,許多客家社團與客家縣市鄉鎮地方領導人,往往藉著地方(縣市長)和中央(總統、立法委員)等公職人員選舉的機會,對主要政黨候選人要求其對客家政策施政理念的表態,促使政黨候選人在選舉期間,開始有客家政策白皮書的宣言,大選過後,當選者之客家政策白皮書,就成為客家人士要求落實的理由。2001 年(民國 90 年)總統選舉中,臺灣民主進步黨(簡稱民進黨)贏得選舉,陳水扁總統為落實選舉期間的客家政策白皮書,乃於 2001 年 6 月 14 日在行政院成立客家委員會,統籌臺灣客家事務的發展。影響所及,屬於中國國民黨的臺北市馬英九市長,亦於翌年 6 月,在臺北市政府設立客家事務委員會,推動臺北市客家事務。因此,二十一世紀初,臺灣從中央到地方政府,不僅紛紛對客家族群權益表示積極的態度,也展開落實的政策。

　　以後,執政的民進黨政府,分別於 2003 年(民國 92 年)8 月設立國立中央大學客家學院,同年 7 月 1 日設立客家電視頻道(初期委託臺灣電視公司經營),同年 10 月 1 日創立客家廣播聯播網,2004 年(民國 93 年)8 月設立交通大學客家文化學院,2006 年(民國 95 年)8 月設立聯合大學客家研究學院等。

　　上述這些有關客家事務機構、學院、廣播等的設置,一般均視為受到 1987 年客家社會運動興起的影響,使得臺灣執政的政黨在施政中,因選舉的因素,不得不制定具體客家政策,並落實其政黨在競選期間的客家政策白皮書。

四、臺灣學界客家研究的發展

　　臺灣學界客家研究的發展,多數學者認為受到 1987 年所發行的《客家風雲雜誌》的影響;也即是客家研究的興起與發展與客家社會運動有著密切的關聯。

　　與此之時，民間客家研究知識分子，也是不容忽視，他們以自身之力，執著探究地方客家源流、開發人物、風土人情等事物的報導與出版，同時也帶動地方文史工作的發展，對於地方文獻資料以及口述歷史的留存，做了很多重要的保存工作，讓日後客家學院的研究生，有著許多客家地方實地的素材，可以進行地方性深度歷史研究。這些人如陳運棟、黃卓權、黃鼎松、黃榮洛、楊鏡汀等，後來也陸續與客家學院的客家研究的發展有著密切的關係。

　　客家研究的發展與客家學院、研究所、研究中心的成員有著絕對的關係。臺灣目前客家學院、客家研究所以及客家研究中心的設置情形如下：

1、北部大專院校

中央大學客家學院：客家社會文化研究所、客家語文研究所、客家
　　　　　　　　　　政治經濟研究所、客家政治經濟與政策研究所
　　　　　　　　　　碩士在職專班、客家研究中心。
交通大學客家文化學院：客家社會與文化碩士在職專班、人文社會
　　　　　　　　　　　　學系暨族群與文化研究所、傳播與科技學系、
　　　　　　　　　　　　國際客家研究中心。
聯合大學客家研究學院：客家語言與傳播研究所、經濟與社會研究
　　　　　　　　　　　　所、資訊與社會研究所、全球客家研究中心。

臺灣大學　客家研究中心。
臺灣師範大學　全球客家文化研究中心。
臺北海洋技術大學　客家經貿文化研究中心。
玄奘大學　客家研究中心。
明新科技大學　客家文化研究中心。
開南大學　客家研究中心。

2、中部大專院校

雲林科技大學　客家研究中心。
育達技術學院　客家研究中心。
大仁技術學院　客家研究中心。

3、南部大專院校

高雄師範大學　客家文化研究所。
屏東教育大學　客家文化研究所。
屏東科技大學　客家文化產業研究所、客家產業研究中心。
美和技術學院　客家社區研究中心。
成功大學　　　客家研究中心　。
輔英科技大學　客家健康研究中心。
高美醫護管理專科學校　客家研究中心。

　　行政院客家委員會與上述客家學院、客家研究所、客家研究中心的客家研究發展有著實質的影響，最為重要的是研究經費的支持。任何研究都需要經費，才能夠推動，客家研究自然也不例外，尤其需要經費的支援。換言之，由於行政院客委會、臺北市客家事物委員會、客家學院等的設置，均是執政的政黨落實客家政策的施政成績，因此客家研究的成果，也就成為客家行政機構在顯現其施政業績中重要的表現。

　　是故，行政院客委會一方面鼓勵大專院校設立相關的客家研究單位，由單位提出客家研究計畫或專案，向行政院客委會申請經費；另一方面，行政院客委會則設立「客家學術發展委員會」，以審議、評鑒方式作為推動客家知識體系的形成。這種做法，使得臺灣客家研究，近幾年來成為臺灣學界中熱門的研究議題；另外，也促使關心客家研究發展的學者、專家等，在 2004 年 2 月 14 日於臺灣大學社會科學院國際廳成立「臺灣客家研究學會」，宗旨在於結合相關學者，學生與社會人士共

同深入研究客家族群相關議題，以開拓客家知識體系。由於「臺灣客家研究學會」的組成，除關懷客家族群議題的研究外，也重視客家知識體系的建構，使得「客家研究」與「客家學」成為討論的議題。

　　有關客家研究的成員，近些年來的研究專家、學者都是從其他學術專業轉向客家議題的研究。這些專家、學者有：歷史學者、地理學者、社會學者、人類學者、政治學者、語言學者、音樂學者、建築學者以及民間人文社會研究者等。然而，目前實際以客家研究為主的學者人數還是不多。

　　近些年來客家研究成果，在客家學院、研究所、研究中心等學術單位策劃下，舉辦了許多不同場次議題的國際客家學術研討會，邀請了諸如：日本、美國、法國、韓國、新加坡等國以及海峽兩岸、港澳等地的學者參與。研究成果豐碩，這些學術盛會為臺灣客家研究帶來不同的研究視野與有趣議題，起了學術交流的作用，有利於臺灣客家研究的發展。

　　至於有關客家學院的客家研究方向與主題，在此簡明扼要地介紹中央大學客家學院與交通大學客家文化學院的研究發展情形。

　　中央大學客家學院，首先以培植新生代的客家研究潛力為主軸，因此，連續舉辦了四屆全國客家研究研究生論文研討會，冀望藉著討論機會，能夠聚集全國客家研究的研究生論文，企圖結合學者、專家與民間人士，在會中激盪新的客家思維。其次，該學院注重田野實地的考察與研究，因此不僅舉辦客家地方文史研討會，如「北埔姜阿新故宅」學術研討會；也與大陸廣東嘉應大學客家學院聯合舉辦 2007 年「走進客家社會：廣東梅州海外田野調查實作研習營」。此外，也重視客家研究的傳承與討論，舉辦《當代客家學術文化講座》，積極邀請當代客家研究學者專題報告，作為提昇與擴大師生客家研究的視野。

　　交通大學客家文化學院的客家研究，在莊英章院長的精心規劃下，首先將該院教師以個人專長結合成不同主題研究群，計有：桃竹苗地區客家文史研究群、客家語言研究群、客家傳播與多元文化研究群、東南亞客家社會研究群、數位傳播下的客家文化典藏研究群以及傳統、變遷

與交流：客家社會文化研究群、客家社群與媒體再現研究群等。其中每一研究群至少有兩位以上教師參與專題研究，而客家文化社會研究是該學院主要的客家研究方向，海外的東南亞客家社會研究則屬於新的研究方向，然而參與的學者極為少數。

　　另外，該學院也運用客家研究工作坊的方式，舉辦不同議題的研討會，如客家地方社會比較研究工作坊研討會、義民信仰工作坊等。主要目的在於與地方教育工作者及文史工作室合作，推動「當地知識與學院理論的對話」推廣課程，加強與地方的互動，為客家文化紮根。

　　從上述兩個學院的客家研究內容，可以歸納出目前臺灣主要客家學院的客家研究重點：（一）重視臺灣客家社會、文化的研究，加強研究生的培育與地方文化工作者的研究能力。（二）注重客家學術研究的交流，透過國際學術研討會或海內外客家的實地田野調查，以提昇並落實客家研究。（三）對於客家與其他議題研究也進行研究，如資料數位典藏、媒體關係、多元文化等議題。（四）客家語言的推展與落實亦是主要的研究議題。

　　總之，臺灣客家研究的發展，從客家學院、研究所、研究中心等的設立，似乎有利於奠定「客家學」這門學術領域的基礎。莊英章教授曾經提出客家學在學術上的重要意義，分別為：（一）對華人研究的一種嚴肅反思；客家族群與原住民關係密切，但客家堅持漢族中原血統，因此客家研究可以視為少數民族社會文化對漢族的影響，也可視為漢民族以及中國境內區域的多元性。（二）屬於一門關於移民社會的研究；客家族群的遷移，從中原至贛、閩、粵三省交界區域的客家原鄉，再遷移至四川、廣西、臺灣、海外東南亞等地。（三）凸顯傳統人文與社會學科分野的武斷，而提出對科際整合的重要性；客家研究是一種跨學科的研究，也是科際整合的研究，對於社會科學有典範與反思的意義。因此，臺灣客家研究未來發展的趨勢，主要目標是邁向「客家學」的建立。

五、結論

　　臺灣客家社會運動的興起，在於《客家風雲雜誌》刊物發行的帶動，而這股客家社會運動，卻因臺灣民主政治的中央與地方首長與民意代表的定期選舉而持續發展，不僅促使客家有力人士要求參選的政黨與民意代表等，對客家政策表示看法，成為支持選舉的政治要件；更在這些被支持者當選後，客家群體敦促當選當選者落實其客家政策。臺灣客家政策獲得落實，實在是緣於此種民主政治的選舉制度，然而，客家族群意識的興起則是有賴於《客家風雲雜誌》刊物的帶動。

　　臺灣客家研究的推動，主要以中央大學客家學院（桃園縣），交通大學客家文化學院（新竹縣），聯合大學客家研究學院（苗栗縣）等三所客家學院之師生，進行客家研究。然而，臺灣各大學中所設立的客家研究所、客家中心等的研究者，亦是臺灣客家研究不可忽視的研究力量。

臺灣客家的歷史與文化[*]

一、前言

　　客家人是漢民族諸多民系當中的一支，由於歷史的因素及客家人特殊文化內涵，經過歷史長時間的積累，而有別於漢民族中的其他民系。在中國近代的歷史人物中，客家後裔的特殊表現備受國內外學者的矚目；同時客家民系的文化內涵，能兼具漢民族的共通性與客家文化特殊性，且能并行不悖，在客家人的一般生活上表現出來，使得客家民系在中國諸多民系當中凸顯出與眾不同的特質文化。因此，近代以來受到許多學者的青睞，並將客家民系作為學術的研究對象，甚至以為可以視為「客家學」作為一門學科來研究[1]。

　　臺灣的客家人源自中國大陸，荷蘭人據有臺灣之時，就已與福建閩南地區的人們共同來到臺灣墾殖，然而在臺灣的歷史時期的發展上，臺灣客家人的發展始終不若閩南人來的騰達與順利；此外，在臺灣移墾的客家人的後裔的繁衍人口數，也與到臺灣移墾的閩南人後裔的人口數，有著很懸殊的差距。臺灣歷史究竟是如何發展，才造成上述臺灣客家人與閩南人懸殊差異的結果，本文試圖解析此一問題，同時探究客家的歷史與文化。

二、臺灣客家人的原鄉

　　臺灣客家人的原鄉在那裏呢？這個問題簡單的回答：臺灣客家人的原鄉在閩西、粵東、贛南這三個省分交界的地區。這一地區是客家人住得最集中的地區，其中純客家市縣，有梅州市、焦嶺、平遠、興寧、五華、大埔、豐順、紫金、新豐、惠州市、始興、翁源、和平、連平、龍

---

[*] 擔任課程講義 2002.8，《臺灣史蹟研習會講義彙編》，頁 339-352，臺北市：臺北市文獻委員會編印。
[1] 饒任坤、盧斯飛主編，《客家歷史文化縱橫談》，廣西教育出版社，1993 年 12 月，頁序 6。

川、河源、長汀、連城、清流、寧化、明溪、上杭、武平、永定、寧都、石城、瑞金、于都、興國、會昌、安遠、尋烏、定南、全南、上猶、南康、大余、崇義等 38 個純客家縣[2]。除此之外，在這三省交界地區的其他縣市，則是客家人與其他民系如閩南人、廣府人、畬族等相互混雜居住。

　　目前客家人在中國境內，主要分布在福建、廣東、廣西、江西、湖南、四川、臺灣等地區約 200 多個縣市。歷史上粵、閩、贛三省毗連之區是客家人主要的開拓地區，其中福建汀州寧化石壁村是客家人在宋以前南遷的中轉站，梅州市、寧興、大浦等地則是明末清初客家人的中轉站。至於以後向海外發展的客家人，則以粵東、粵南、閩西、閩南地區的為多[3]。

　　客家先民原為中國北方人，也就是中古以來所稱的中原人。中原的範圍，大概包括目前的河南省、河北省西南部、山西省南部、山東省東部、陝西省東南部等地區。由於西晉時期五胡亂華，造成永嘉之禍（307－312 年），迫使晉元帝不得不南下渡江，在建康（即今南京）建立都城，從而開始中國歷史上所謂的東晉（317－420 年）及南、北朝（420－589 年）的歷史時代，同時也開啟中原地區漢民族從北方向南方大量移民的歷史時代。

　　從《晉書王導傳》中記載「洛京傾覆，中州仕女，避亂江左者，十六七」的資料，可以顯現當時南遷仕民之眾多的情形。在追隨政府遷徙的眾民行列中，其中有當時所謂的「衣冠仕女」，這批人到江南後，自然以新京畿——建康的所在地，做為其新的居所；至於另外的一般士民，到達江南後，則五家十室的各自星散，流亡各地沒有定處，他們則被稱為流民，或被稱為流人。

　　從中原遷徙到江南的流亡人民，有一部分的人受安土重遷的思想影響，特別思念故土，還想返回老家，政府因此就依其所居之地，錫以故

---

[2]　黃順炘、黃馬金、鄒子彬等主編，《客家風情》，北京中國社會科學出版社，1993 年 6 月，頁 151。

[3]　同上，頁 10。

土之名。因此，在東晉及南朝之時，有僑州、郡、縣制度的產生。另外一部分的人，則明白返回故土無期，只好另尋出路，以求家族的生存；他們大都成群的組合，集體遷徙。這些流民至南方後，多數不得不以客的方式附蔭在大姓之下。這個現象，使得晉元帝在太興元年（321 年）以「流民失籍，使條名上有司」，定訂「給客制度」，也因此遂有「客民」的稱呼。芮逸夫先生疑為這是形成日後「客家」稱呼的主要淵源[4]。

對於「客家」的稱謂及民系的形成，向來許多學者有不同的看法，歸納約計有六種，各種看法分別說明於后：

（1）「客家」一詞作為民系的稱謂，主要在於以自己的特徵，有別於其他民系的不同，而不是作為與當地原來居住土著的相對稱呼。理由是，如果「客家」是一種與當地的土著相對稱呼產生的名詞，那麼歷史上因天災人禍而流落他鄉的流民，在其新地定居之後，也都可以稱為「客家」，然而，事實並不是如此。

（2）東晉以來的「給客制度」的「客戶」，指的是在封建制度下土地兼并情況中，那些不堪戰亂、壓迫而流離失所的農民，也是被稱為流民、流人、佃客的那批人。唐代更依人對土地的擁有情形，在戶籍上課以「主戶」、「客戶」的區別；主戶失去土地即成「客戶」，客戶擁有土地也可以成為「主戶」。因此認為「客家」稱謂，不可能來自「給戶制度」的「客戶」一詞。

（3）如果「給戶制度」的「客戶」指的是中原遷徙來的移民，那麼同上由中原遷徙南方的漢族中；定居閩南漳、泉一帶的人，為何稱「河洛人」，其方言為「河洛話」。定居閩東的通稱為「福佬人」，其方言為「福佬話」。定居廣州及珠江三角洲一帶的稱「廣府人」，其方言為「粵語」。他們這些人並不稱為「客家人」，因此「客戶」作為「客家」形成的理由，頗為牽強。

（4）認為衣冠南渡的漢族是編戶齊民，乃是主戶。土著不屬編戶，免納貢賦，應是客戶。所以「給戶制度」的客戶不是指南遷的漢人。

（5）認為在唐宋以前遷來的漢人是主戶，唐宋時遷來的是客戶[5]。

4　謝劍，《香港的惠州社團》，香港中文大學出版社，1981 年，芮序頁一。
5　黃順炘、黃馬金、鄒子彬等主編，《客家風情》，北京中國社會科學出版社，1993 年 6 月，

（6）認為「客家」一詞是閩南人或廣府人對客家民系的一種稱謂。其中應該是閩南人首先用「客家」、「客人」「客民」等來稱呼客家人。根據中國傳統用語習慣，客家的「客」是一種屬於他律性的稱呼，而不應該是客家人自律性的自稱。換言之，客家之所以被稱為「客家」，應該是由其周邊的其他民系或民族首先提出來的，而不是客家人自己首先對自己的一種稱謂[6]。

另外，以田野調查為基礎，站在邊陲的立場來審視漢文化的人類學研究者，對於傳統中國學術界研究有關南方漢人的文化形成，向來持北方漢人南遷為主流的傳播觀點，以為此種傳統的觀點有許多值得商榷的問題。其中有關「客家人」、「客家語」的研究，主張用「非線性理論」來解釋，重視族群互動、地域文化傳統或文化底層的重要作用。如鄧曉華以為客家話的音韵系統屬於宋代北方中原音韵，而詞彙系統則是北方漢語和南方土著民族語言混合而成，其中土著的比率甚至更大[7]。

王東則更在其所著《客家學導論》一書中，以為客家民系的形成過程，從人類地理學的角度來說，也就是漢族同化今天客家地區土著居民的過程。以為生活在今天大本營區域（粵、閩、贛三省交界地區）的土著民族，都曾受到過南遷中原漢人的同化，並部分地融和到後來的客家民系之中。王東進一步的認為，客家各姓氏家族中，其家族譜系中如果沒有自北而南遷的遷移史，則其先人就有可能是土著居民[8]。

如何界定「客家」、「客家人」。李逢蕊認為應該以科學概括的方式來說明。在其〈客家人界定初論〉的文章中，將「客家人」的定義概括為：由於歷史原因形成的漢民族的獨特穩定的客家民系，他們具有共同的經濟區域和利益，具有獨特穩定的客家語言、文化、民俗和感情心態（即客家精神）。凡符合上述穩定特徵的人，就叫客家人，否則就不能

頁 6－7。

[6]　王東，《客家學導論》，臺北南天書局，1998 年 8 月，頁 156－161。

[7]　鄧曉華，〈試論南中國漢人及漢語的來源〉，《中國における民族文化の動態と國家をめぐる人類學的研究》，日本大阪國立民族學博物館調查報告 20，平成 13 年 3 月 30 日，頁 410。

[8]　王東，《客家學導論》，臺北南天書局，1998 年 8 月，頁 82。

稱之為客家人[9]。

三、客家人到臺灣的移墾

　　一般學者認為，明末以後客家民系自閩、粵、贛三省交界的大本營地區向外播遷，不是受到天災兵禍的影響，主要原因是其自身人口繁衍的結果所導致而成。此種看法與羅香林的主張是相同的。羅香林在〈客家的源流〉文章中，說明客家民系的第四次遷移的原因，亦認為客家地區內部人口的澎漲為主要因素。他以為：「蓋客家的大部分於宋末至明初，徙至廣東內部以後，經過朱明至清初的生息，系裔日繁，資力日充；而所佔地域，山多田少，耕植所獲，不足供用，以是，乃思向外移動」[10]。當時四川地區遭受兵禍，在經歷張獻忠的殺戮之後，整個地區人口凋零，田園荒蕪，也就成為客家農民遷徙並移民的地方。

　　另外，明末的臺灣島，雖與大陸有一水之隔，但在荷蘭人召納漢人到臺灣墾殖的需求下，一批批的閩南地帶的漢人，其中應該包括客家人在內，也就隨著船隻渡海到臺灣島，以佃農的身分在臺灣從事農業墾殖的工作，如同候鳥一般往來大陸與臺灣間。這些因荷蘭人僱用而來臺灣的漢人，可以視為漢人在臺灣島開拓的先鋒。

　　明末時期，客家人的遷徙不再是如同以前，那種為求生存的移民性質；而是受現在所居住環境中，人口飽合的壓力所致，為求人口的出路與前途發展而移民。這顯示客家人遷徙史當中，另一階段的新意義。換言之，明末時期所形成的客家人區域的大本營——閩、粵、贛三省交界地區，成為明、清以後客家人向外發展的中心，也是現在各地及海外地區客家人的主要原鄉。

　　1661 年鄭成功到臺灣，趕走占據臺灣的荷蘭人，臺灣成為鄭氏王國所有。由於鄭氏為福建閩南泉州安平人，自然鄭氏在臺灣的拓殖當

---

[9]　李逢蕊，《李逢蕊集》第一卷，中國內蒙古教育出版社，2000 年 10 月，專論頁 4。
[10]　羅香林，《客家研究導論》，臺北南天書局，1992 年（民 81 年）7 月，頁 59。

中，福建閩南泉、漳之人是其移墾臺灣的主要力量。由於漳州與潮、惠相近，因此其中也應不乏客家人才是，其人數應當是為少數者，而難在拓墾當中留下客家人村落的遺跡。鄭氏三代，在臺灣共計 22 年（1661－1683 年），皆致力於開墾。其範圍：「拓殖區域，始之以承天府、安平鎮，而以南北附近的文賢、仁和、永寧、新昌、仁德、依仁、崇德、長治、維新、嘉祥、仁壽、武定、廣儲、保大、新豐、歸仁、長興、永康、永豐、新化、永定、善化、感化、開化等二四里為中心，漸次向外開展，南至鳳山、恆春，北迄嘉義、雲林、彰化、埔里社、苗栗、新竹、淡水、基隆各地。（北路基隆南路恆春的若干地方，常被用作流竄罪人之處。）」[11]。就此範圍而言，明鄭的開發區域大體與荷蘭開發臺灣時期的範圍相當。這些開墾地的墾民，不論是否屬於鄭氏部將與兵卒，多數是福建閩南地區的泉州、漳州之人[12]。可以說，漢人在臺灣的分布，在鄭氏時代開墾的基礎上，就已經讓從大陸移民來的閩南人，占據了移墾臺灣優勢的基礎。

1683 年（康熙 22 年）8 月施琅抵達臺灣接受鄭氏的投降，停留臺灣的百日期間，在劉國軒的陪同下，勘察了臺灣南北兩路的情形。返回福建後，在清廷特派大臣蘇拜所主持的臺灣善後會議中，施琅以臺灣沒有捨棄之理，堅持保留臺灣立場。以後他更上奏清廷，翔實陳明臺灣棄留之利害，及攸關東南沿海各省海防之重要。康熙皇帝採納施琅的主張，保留臺灣，但對臺灣的治理，採取消極政策，只求安定以維持現狀。以後清廷開放海禁，准許臺灣招徠內地人民墾田報賦，但施琅則請嚴禁粵之潮、惠兩州之民入臺。其藉口；「潮惠之地，素為海盜淵藪，而積習未忘」。直至 1696 年（康熙 35 年）施琅死後，始漸弛其禁，潮、惠之民始得入臺。清廷對臺灣的政策，一方面雖然開放入臺禁令。但另一方面，卻規定：（1）入臺人民需由官府發給証明，及檢查所帶貨物。（2）不准帶家攜眷，祇許單身入臺。清廷想以較嚴苛的方式減少入臺者，但

---

[11] 伊能嘉矩，《臺灣文化志》下卷，日本東京刀江書店，昭和 40 年 10 月 25 日，頁 274。

[12] 曹永和，〈鄭氏時代之臺灣墾殖〉，《臺灣鄭成功研究論文》，福建人民出版社，1982 年 6 月，頁 65－70。又參閱《臺灣早期歷史研究》，臺北聯經出版公司，1979 年。

由於執行困難，且賄賂難免，因此在此期間渡臺人民反倒很多[13]。

　　1688 年清軍派遣到臺灣的部隊中，有一部分士兵是從廣東焦嶺及梅縣地區招募的客家人，他們由安平登陸，不久屯田於臺南的東門，以後轉到阿公店（岡山）。1692 年解除兵役後，被政府安置在屏東縣萬丹鄉濫濫庄從事墾荒，這批人數不多的客家人，成為最早到臺灣南部開墾的客家移民[14]。

　　1696 年施琅死後，渡臺禁令鬆弛，客家人始得有東渡臺灣移墾的機會。因此，濫濫庄的墾民乃返回大陸原鄉，邀集親友到臺灣墾荒。這批來臺的客家人以濫濫庄為起點，沿著東港溪與隘寮溪擇地而居，逐步拓墾，形成朱一貴事件前「十三大庄，六十四小庄」的客家聚落區，以後再發展成為目前臺灣南部所謂六堆客家地區。六堆的區域：為屏東縣的竹田鄉、內埔鄉、萬巒鄉、麟洛鄉、長治鄉、高樹鄉、新埤鄉、佳冬鄉及高雄縣的美濃鎮、杉林鄉、六龜鄉等之一部分或大部分[15]。又據陳文達的《鳳山縣志》記載：「鳳山自縣治北抵安平鎮等處，俗略於郡治同，由縣治南至金荊譚一帶，稍近喬野，自淡水溪以南，則漢番雜居，而客人尤多」。亦有助於了解當時客家人在屏東地區的發展情形。

　　客家族群在彰化地區的開墾，最早可以 1715 年（康熙 54 年）的廣東客家人黃利英到彰化的拓墾為開始。黃利英在彰化獲得政府執照的拓墾成功的例子，促使客家人逐漸遷移到這個地區，當時彰化、鹿港、員林等地的開發，均與客家人有關。現在這些地區存在的三山國王廟就是最好的例證。然而受到週遭多數閩南人勢力的影響，日後這批客家人的後裔則被同化成所謂的「福佬客」[16]。

　　清雍正元年時期，採納御史吳達理的奏請，在諸羅縣北路添設彰化縣、淡水廳。1728 年（雍正 6 年）將臺、廈道改為臺灣分巡道，專駐

[13] 臺灣文獻委員會編，《臺灣省通誌》14 卷三政事志，眾文圖書公司，1972 年（民國 61 年）12 月，頁 24。
[14] 鍾壬壽編，《六堆客家鄉土誌》，屏東常青出版社，1973 年（民 62 年）9 月 28 日，頁 70。
[15] 同上，頁 68。
[16] 江運貴著、徐漢斌譯，《客家與臺灣》，臺北常民文化出版，1996 年 9 月，頁 247。

臺灣。清廷對臺灣墾民的政策，則進一步採納大學士鄂爾泰的奏言，准許臺灣居民搬眷來臺，使臺灣居民能各遂家室，而無輕棄走險之想。這個政策的實施，對臺灣的加速開發，發生重大的影響[17]。

客家人在新竹地區的開發，最早是 1725 年（雍正 3 年）廣東陸豐縣人徐立鵬，到竹塹埔的紅毛港新莊仔開墾。以後陸續有同鄉人徐理壽、黃君泰開墾附近的員山頂、崁頭厝一帶。海豐縣人郭清山開墾員山仔福興莊。至乾隆年間，客家籍移民村遂在新竹、竹北、新豐、香山、關西、竹東、芎林、新埔、湖口等地形成。

以後，道光 14 年淡水同知李嗣鄴為防止北埔地區的原住民危害移民，同時為安置新移民及無業移民，遂與客家人姜秀鑾，閩南人周邦正等人組合「**金廣福**」墾號，以「**金廣福**」作為武力拓墾北埔地區的主要組織。姜秀鑾從而招募墾民，向原住民所據的北埔地區，進行武裝移民。其結果使得原住民盤據的北埔、峨眉、寶山等地，因漢族的武裝開墾而完成移民。由於這批武裝移民以惠州移民為主，因此北埔地區成為客家人的拓墾區。新竹地區閩、客間人口的差異，即是在上述的開拓過程當中，所造成的結果[18]。

苗栗地區的開發，在 1726 年（雍正 4 年）已有漢人陳仁愿與平埔族訂約，開墾中港地區。以後乾隆 4 年泉州人林耳順，邀集閩粵之人三十餘人，與平埔族訂約承佃拓墾，建番婆、菁埔等 13 莊。乾隆 16 年廣東鎮平人林洪、吳永忠、溫殿玉、黃日新、羅德達等人，共同出資開墾竹南、頭份一帶。以後乃陸續有從廣東鎮平原鄉到此地開拓的鄉民，同時也將原鄉三山國王的祭祀，帶到這個區域[19]。

嘉慶 10 年，又有客家人黃祈英（斗乃）獨自到三灣斗換坪與原住民進行商業交易，以後娶原住民女為妻，生二子。而後黃邀集原鄉人張

[17] 臺灣文獻委員會編，《臺灣省通誌》14 卷三政事志，眾文圖書公司，1972 年（民國 61 年）12 月，頁 25。

[18] 黃旺成主修、郭輝等編，《新竹縣志》三，臺北成文出版社，1983 年（民 72 年）3 月，頁 32－35。

[19] 陳運棟編，《頭份鎮志》，頭份鎮公所，1980 年（民 69 年）11 月，頁 6－8。

大滿、張細滿等人入山，約為兄弟，他們亦各娶原住民女為妻，與原住民往來交易。以後開墾三灣荒野，再沿中港溪，進入南庄拓墾。期間客家墾民藉黃祈英的保護，得以越過土牛界限，進入原住民保護區開墾荒地。三灣、內灣、小北埔等地區，以後漢人移住乃逐漸眾多[20]。

花東地區，在 1693 年（康熙 32 年）陳文、林侃兩人因舟破漂流到崇艾（花蓮市西郊），始有漢人定居。雍正、乾隆年間，花東地區屬後山部分，當時清政府畫分的民番之界未解禁，但漢民偷渡墾荒者卻日漸眾多。咸豐三年，有客家人沈私省、陳唐、羅江利等 20 餘人，越山到璞石閣（玉里）墾荒，築土城以禦敵，其地則被稱作客人城。到光緒元年，清政府解除漢番禁令，獎勵入墾，漢人乃大量到此區移墾。

日本領有臺灣以後，賀田金三郎以花東地區開發人手不足，首先招募臺南、屏東等地的漢人來花蓮採煉樟腦，以補其本土移民（日本人）的不足。以後，壽豐、光復兩地又相繼設立糖廠，亟須蔗農，再次招募宜蘭、新竹等地的民眾[21]。

花東地區從清末光緒年間，到日本領臺之時，數次的開墾招募，使得在臺灣南部及北部地區的部分客家人把握契機，再度移民到臺灣花東地區從事農業的移墾。這段時期的移墾，可視為臺灣客家人在島內的移民活動，也是最後的移墾活動。

清代前期的皇帝，對臺灣民眾採取緊弛不同的渡臺政策。清乾隆初期，政府重申禁止大陸內地人民偷渡之令。乾隆 5 年，以臺灣留寓民眷，均已自內地搬取，乃停止給照，不准搬移。以後，因偷渡者依舊不少，致冤死於波濤之中，或枉遭處分者甚多，當時巡臺給事中六十七及閩省督撫等，乃奏請朝廷改善，始將渡臺政策修改。即是增加「嗣後臺民如有祖父母及妻子欲赴臺侍奉就養，仍准給照搬養」的條文[22]。然而，到

[20] 同上，頁 12－14。

[21] 駱香林主修，《花蓮縣志稿》卷三上，花蓮縣文獻委員會，1959 年（民 48 年）12 月，頁 4－7。

[22] 臺灣文獻委員會編，《臺灣省通誌》14 卷三政事志，眾文圖書公司，1972 年（民國 61 年）12 月，頁 26。

乾隆 13 年起，又禁止大陸人民攜眷赴臺，同時對所有渡臺人民，禁絕
往來。直到乾隆 25 年，福建巡撫吳士功上奏《准臺民搬眷過臺疏》後，
臺民才得以再度搬眷來臺。至此之後，清政府對臺移民政策，未再有積
極干涉的措施，也未倡導，一切以民眾所造成的事實，再來決定政策的
方針與措施[23]。

　　綜合上述，清乾隆時期是大陸移民來臺最盛的時期；也是客家人入
臺墾殖規模最大，移民人數最為集中的時期。以後嘉慶時期，大陸移民
的風潮稍弱，客家人往臺灣的遷徙移民的規模也就越來越小。客家人在
臺灣的拓墾，開始在臺灣南部，而後在臺灣北部與閩南人、原住民爭地
移墾，最後才到所謂臺灣後山地區的花蓮、臺東移墾。

四、臺灣客家文化

　　有關「文化」的議題，長久以來在學術的討論，還是各說各話。
應當如何清楚的界定文化的定義，與釐清文化的內容，沒有一致的看
法。1980 年版的《蘇聯百科辭典》，卻對「文化」的解釋，有著詳細的
闡釋。其文化的定義；文化是社會發展，人類的創造力和才智在歷史上
達到的一定水準，體現在人類組織生活和活動的各種形態和形式中，也
體現在人類創造的物質財富和精神財富中。至於「文化」的內容應該是：
（1）能表徵一定的歷史年代。（2）能說明人們活動或生活的獨特範圍
的特徵。（3）能用來說明具體社會、部族和民族。（4）一種人們活動所
創造的具體成果。（5）亦是一種人們在活動中體現的創造力才智的成
果。（6）文化狹義的理解，指的是人們的精神生活[24]。本文將在上述的
文化概念下探討臺灣客家的文化。

---

[23] 同上。

[24] 于沛主編，《現代史學分支學科概論》，北京中國社會科學出版社，1998 年 12 月，頁 40－
41。

1、客家精神

羅香林在其《客家研究導論》一書中，以為客家的特性有 7 項：（1）客家的家庭成員能兼顧各種行業，使家庭得以維持穩固的發展。（2）客家婦女的能力與地位，受到尊重與肯定，同時是家庭的核心。（3）客家人喜歡勞動與潔淨。（4）客家男性好動亦具野心。（5）客家人具冒險與進取精神。（6）客家人崇儉樸，性質直。（7）客家人具剛愎自用的性情[25]。對於羅香林的這些論述，當時著名學者朱希祖以為羅香林不是有意自傲客家的特質，以藐視他族。主要是藉此論述，策勵客家族群子弟，保持自己客家族性的特長，在當前的社會國家變動時代，不可妄自菲薄，應以積極心態，平等立場，來捍衛種族應有的歷史地位[26]。

此後，一般學者論述客家精神的特徵內容，也就脫離不開羅香林所歸納的範圍。如張奮前的《客家民系之演化》，以為客家民性特徵：（1）純樸保守。（2）堅忍刻苦。（3）崇尚忠義。（4）冒險進取精神。（5）婦女自食其力。（6）注重武術。（7）講究清潔。又如李關仁的《客家人》，以為客家人具備的民風為：（1）純樸保守。（2）堅忍刻苦。（3）崇尚忠義。（4）尊文重教。（5）尊重婦女。（6）重視武術。（7）偏愛清潔。（8）勤勞節儉。這些均是明顯的例子[27]。

上述的客家精神到底是如何產生的。這個問題以為需從客家人所居住的環境進行討論。閩、粵、贛三省交界地區是客家人的大本營，其所處的自然環境是屬東南丘陵地形，其地理位置是在距海洋遙遠且崎嶇的山區，由於山多平地少，又僻處內陸，因而與外界聯絡不易，加上多雨潮濕的氣候，因此山地較平地生活的不方便，是可以想像到的。

另外，山區土地資源相對於平地而言，其資源對人口養殖的供給，是明顯不足的。因此當地客家人為解決生存的問題，男子多紛紛利用農閒行賈，到外地謀生；女子從而養成耕田採樵，兼具男功女功的能力。

---

[25] 羅香林，《客家研究導論》，臺北南天書局，1992 年（民 81 年）7 月，頁 240－246。
[26] 同上，朱序頁 2。
[27] 李逢蕊，《李逢蕊集》，第一卷，中國內蒙古教育出版社，2000 年 10 月，專論頁 15。

當地再為求自保，除聚族而居、互助團結外，也習武自衛。又由於山區
資源有限，因此生活養成勤儉樸素和知足常樂的心態[28]。換言之，客家
人為適應山區的生存，而形成的奮鬥、知命的特質，是足以作為客家精
神的主要內涵。

　　臺灣客家人從大陸原鄉而來，自然原鄉的特質還是呈現在生活的文
化中，然而，臺灣的自然環境，是四面海水環繞的島嶼，客家人在這塊
島嶼上的生活，除了依據原有山居特質的文化從事農業生產外，在近代
的歷史發展中，也以堅韌、開放的精神，學習海島貿易的生活技能，朝
向廣大的世界發展。

2、客家人的信仰

　　在臺灣有關客家人的信仰中，最具代表性的莫過於「三山國王廟」、
「義民廟」及「龍神」的信仰。除上述三種較特別的信仰之外，客家人
對神祇的祭拜，實際是屬於多神的信仰，與其他漢族民系的信仰，沒有
多大的區別。

　　三山國王廟是清代早期移民，粵東客家鄉親到臺灣拓墾時，從原鄉
攜來的家鄉神祇的信仰。因此，在臺灣各個地區，只要有三山國王廟的
地方，就表示這地方有客家族群存在。

　　三山國王的信仰，依據元代劉希孟《明貺廟記》：「世傳當隋時，失
其甲子，以二月下旬五日，有神三人，出巾山之石穴，自稱昆季，受命
於天，鎮三山（明山、獨山、巾山）托靈於玉峰之界石，因廟食焉。」[29]，
則可知這種信仰最早起源於隋代。然而，大陸學者譚其驤以為漢人移民到
粵東的年代，主要在唐、宋之時，唐以前粵東地區的主人為俚族的土著。
因此，大陸學者謝重光也就認為三山神祇，最初是俚族為主的粵東土著的
信仰。土著把三山神祇視為山神，且認為托靈於玉峰的界石，也就將界石

---

[28] 施添福，《清代在臺漢人的祖籍分布和原鄉生活方式》，臺灣師範大學地理學系印行，1987
　　年（民76年），頁174－175。

[29] 謝重光，《客家源流新探》，臺北武陵出版公司，1999年4月，頁192。

作為三山神祇的象徵。唐元和年間，韓愈任潮州刺史，還派人祭拜此界石之神。宋以後，三山神祇的信仰，亦為遷移粵東的客家人所接受，並附加漢人的觀念，以後三山神祇不僅能庇佑人，也成為能助王師征討有功於國家的英雄，因而受賜「國王」的封號和「明貺」廟額。三山神祇遂由單純的自然崇拜，演化與英雄崇拜相結合的三山國王神祇[30]。

新竹地區的義民廟，從早期的區域性祭祀，演化成日後北部地區客家人一般普遍性的信仰，在臺灣是一個很獨特的例子。實際上，新竹義民廟的存在與臺灣的歷史事件有密切的關係。

1786 年林爽文在大里杙（臺中市大里區）起事，攻陷竹塹城之時，林先坤等人立即組織義民軍，捍衛鄉土。傳聞戰役結束，以牛車載運所撿拾戰死的義民，計有二百多人，準備將這些戰死的義民，歸葬在大窩口（新竹縣湖口鄉）。然而，牛車過了鳳山溪，即停蹄不再前進，當事者於是就地卜筶，得到「雄牛睏地穴」吉地的指示，乃將義民的遺體全數歸葬。即現在的義民塚的位置。以後，獲得清乾隆皇帝褒揚義民，忠勇保鄉，衛民事蹟的「褒忠」敕旨。林先坤等人乃再議建廟祭祀，於1790 年建廟完成。

1862 年（同治元年）彰化戴潮春起事，義軍再組織保衛家園。此次戰役，亦有百餘義民戰死，葬在原義塚旁邊，是為「附塚」。原廟於1895 年因抗日損毀，而後，1904 年在經理徐景雲等人的倡議下，新廟落成。

義民廟的祭拜，開始並無承辦的固定組織，僅由林先坤、錢子白、劉朝珍、姜秀鑾等人號召業戶輪流經理，管理廟產及春秋祭祀。以後由新埔街、九芎林、石岡子、大湖口等四庄輪流管理、祭祀。戴潮春事件以後，四大庄先增為十三大庄，後再加大隘，成為十四大庄輪流經理，並將春秋兩祭，改為與民間中元祭典同時祭祀。無形之間，本是地區性祭祀義民爺的活動，演變成與民俗相合的中元祭典活動，義民廟的祭祀

---

[30] 同上，頁 192－194。

遂成為普渡眾生的祭拜活動[31]，以後再成為臺灣北部地區客家人一個重要且普遍性的節慶活動。

客家人「龍神」的祭拜，是一種屬於客家人在住宅風水方面的信仰，有別於其他漢人族群。「龍神」安置的位置，往往設置在客家住屋的「正宸廳」祖先桌或神明桌下。就風水的意義來說，客家人將「龍神」的功能，定位在自然界的風水與人造三合院風水環境的接觸點上，認為藉著「龍神」的供奉可保家族平安、人財旺盛。

傳統上，客家人是請道士或覡公到住屋來「安龍」，「安龍」的過程，據香港學者謝劍在梅州畬坑羅村的考察，其紀錄的內容如下：

> 道士或覡公帶領全村人聚於祖祠後面的山岡，即龍脈之所在，唸咒語、耍法術，用刀取土少許，然後引帶族人從山頂順勢而下，把土捧回到祠堂，倒在祖宗神龕下面的土地伯公神位前之香爐內。人們說「安」了「龍」，全村人就平安無恙，丁財兩旺[32]。

簡而言之，傳統客家圍龍屋或三合院老宅的「龍神」風水觀念，是一種「地脈龍神」的崇拜，屬於土地神系的一個分系，專門主管居宅的地理之神。換言之，客家人所謂的「龍神」伯公、叔公，就是客家人的居住之神、風水之神[33]。

3、客家語言與山歌

客家人所使用的語言，是一種長期受歷史播遷因素積累而成的語言。近些年來大陸、臺灣、香港等地的學者，在這方面累積了許多的論文成果。其中，大陸學者鄧曉華、陳支平兩人的觀點，頗引人矚目。鄧曉華對研究客家語言方式的看法，則認為傳統學界認為的客家是中原的

[31] 羅烈師，〈客家族群與客家社會：臺灣竹塹地區客家社會之形成〉，徐正光主編，《聚落、宗族與族群關係》，中研院民族學研究所，2000 年（民 89 年）12 月，頁 129。

[32] 黃蘭翔，〈以「風水」觀點論客家人的住家環境〉，徐正光主編，《聚落、宗族與族群關係》，中研院民族學研究所，2000 年（民 89 年）12 月，頁 179。

[33] 黃蘭翔，〈以「風水」觀點論客家人的住家環境〉，徐正光主編，《聚落、宗族與族群關係》，中研院民族學研究所，2000 年（民 89 年）12 月，頁 181。

正統，客家話完全是中原漢語南遷後的延續，這種觀點恐與事實相悖。客家話應是多源的，客家話既有代表儒家大傳統的漢文化的中原雅音，也有大量苗瑤語族、北侗語族的語言成分，客家話是多層面長期的語言互動後形成的，使用傳統進化理論來解釋客家話及客家的形成是不恰當[34]。

另外，陳支平對的客家話的研究方式，以為應該根據不同的研究對象和研究內容，深入社會進行田野調查，多方開闢資料來源，切實細緻的進行客家民系與非客家民系，以及不同區域間客家民系的比較研究，才能歸納出屬於客家的真正特質[35]。

鄧、陳兩位的上述看法，我以為是恰當的。文化若是在一種單純的環境下發展，它的內涵必然極為貧乏。事實上，文化的實際發展有主流與非主流的因素，在人群、族群的互動關係中，藉著相異的文化彼此產生融合的現象，成為「你中有我，我中有你」的結果。換言之，客家文化中的語言、民俗是一種綜合許多族群的結果，雖然這個新結果有別於給予營養的母體，但始終還保留母體的若干特質。因此，可以認為客家文化是多源的結果。

依據上述多源的看法，那麼客家語言當中，自然也就存在許多中原與南方部族文化的語詞、字彙以及音韻。譬如：有關百越民族文化的語彙遺跡。客家話的「女尾」（mei）作為母的意思，乃有阿 mei（母親）舅 mei（舅媽）叔 mei（叔母）等的稱呼，然而這是借用古代百越民族關於「母」字一詞讀音的結果[36]。

山歌是語言藝術化的結果。向來臺灣客家人以山歌作為客家獨特文化的表徵。中原地區的漢人不時興山歌，是大家所理解的。客家人喜歡山歌與居住環境有關，由於畬族是一個酷愛山歌的民族，且其居處與客家地區重疊。因此，大陸音樂理論家王耀華研究，認為客家地區以商音（re）為中心的山歌，應當視為畬族山歌影響客家山歌的例證，此類旋

[34] 陳支平，〈推展客家民系與其他民系的比較研究〉，徐正光主編，《歷史與社會經濟》，中研院民族學研究所，2000 年（民 89 年）12 月，頁 108。

[35] 同上，頁 116。

[36] 王東，《客家學導論》，臺北南天書局，1998 年 8 月，頁 266。

律亦應當看作是客家人吸收畬族山歌的一個例子[37]。

　　總之，從上述的例證，可以理解客家的文化是經過漫長的歷史積累而成的，亦是一種多源且複合的文化。

五、結論

　　人類社會的文化是多元的，隨著歷史的發展，人類多元的文化在交替過程當中逐漸融匯在一起，其結果是興起新的文化。異文化的發展、融合、再生新文化；由小變大，由單純變複雜，由貧乏變豐富，這些應該是文化演變的定律。客家文化的形成，可以說是依循著這個定律發展而成的。

　　在臺灣目前開放的社會與尊重族群理念的時代裡，傳統、狹隘的客家意識應該被拋棄，想要發揚新的臺灣客家文化，只有把客家的歷史文化放到整個中國的華南地區，乃至整個中國的大歷史中去考察，進行不同民系之間的比較研究，才有可能比較客觀地審視客家歷史文化的發展軌跡及其特有風貌，也才能進一步的將客家歷史文化帶入學術性的研究中。由此，客家人也才能從基礎的中原文化，橫越過如母體般滋潤的南方山地文化，再邁向現代世界海洋文化的發展。

---

[37] 蔣炳釗，〈客家文化是畬、漢兩族文化互動的產物〉，徐正光主編，《聚落、宗族與族群關係》，中研院民族學研究所，2000 年（民 89 年）12 月，頁 356。

參考書目

駱香林主修，吳玉階等纂，《花蓮縣志稿》，花蓮縣文獻委員會，1959年。

沈茂蔭，《苗栗縣志》，臺灣文獻叢刊第 159 種，臺灣銀行經濟研究室，1962 年。

鍾壬壽主編，《六堆客家鄉土誌》，屏東內埔常青出版社，1973 年。

陳運棟主編，《頭份鎮志》，頭份鎮公所，1980 年。

黃旺成主修，郭輝等纂，《新竹縣志》，臺灣成文出版社，1983 年。

施添福，《清代在臺灣漢人的祖籍分布和原鄉生活方式》，臺灣師範大學地理學系，1987 年。

劉佐泉，《客家歷史與傳統文化》，河南大學出版社，1991 年。

丘權政，《客家民系研究》，中國工人出版社，1992 年。

羅香林，《客家研究導論》，臺北南天書局，1992 年。

饒任坤、盧斯飛主編，《客家歷史文化縱橫談》，廣西教育出版社， 1993年。

黃順炘、黃馬金、鄒子彬主編，《客家風情》，北京中國社會科學出版社，1993 年。

王明珂，〈歷史、集體記憶與族群認同：臺灣的族群經驗〉，《認同與國家：近代中西歷史的比較》，中研院近史所研討會，1994 年。

劉錦雲，《客家民俗文化漫談》，臺北武陵出版公司，1995 年。

房學嘉，《客家源流探奧》，臺北武陵出版公司，1996 年。

江運貴著，徐漢斌譯，《客家與臺灣》，臺北常民文化出版，1996 年。

王東，《客家學導論》，臺北南天書局，1998 年。

黃恒秋，《臺灣客家文學史概論》，新莊客家文史工作室，1998 年。

謝重光，《客家源流新探》，臺北武陵出版公司，1999 年。

丘權政主編，《客家與近代中國》，中國華僑出版社，1999 年。

李逢蕊，《李逢蕊集》，中國內蒙古教育出版社，2000 年。

徐正光主編，《聚落、宗族與族群關係》，《宗教、語言與音樂》，《歷史
　　　與社會經濟》中研院民族學研究所第四屆客家學術討論會論文
　　　集，2000 年。

伊能嘉矩，《臺灣文化志》，東京刀江書院，昭和 40 年。

伊能嘉矩，《臺灣志》，東京以文館，明治 44 年。

賴澤涵主編，《客家文化研究通訊》，中央大學客家文化研究中心籌備
　　　處。

陳石山，《客家》，臺北客家雜誌社。

從臺灣歷史看客家民間信仰發展[*]

摘要

　　本文從民間信仰及歷史學觀點，企圖將臺灣客家族群的民間信仰發展與臺灣歷史發展，兩者之間作一相關探究，試藉著客家族群民間信仰的傳播與實際發展之例證，進一步說明民間信仰對於客家族群在移墾臺灣各地之時，對於移墾者的心裡影響，及所造成日後地方文化的特色。這些均與臺灣歷史的發展息息相關。

　　明末清初移民臺灣的漢人，主要的族群是閩南及客家兩者，其中閩南族群又較客家族群占有地利人和之勢，不僅移墾臺灣在商業貿易佔有優勢外，在土地的墾殖方面也較得利。客家族群開發臺灣之時，在清初施琅的偏見政策以及客家原鄉社會與經濟等因素的影響下，多數為墾佃，且墾佃環境多為臨近臺灣高山族群的活動區域，因此生命較易受到高山族原住民的威脅。但在遭受此種險境中，卻因憑借宗教的信仰而堅持下去，客家原鄉的民間宗教也就得以傳播到臺灣，然後隨著臺灣社會的發展成為現今的模樣。

　　此外，清代早期臺灣歷史上有名官逼民反的事例，是康熙末年的朱一貴事件，以及乾隆年間的林爽文事件。這兩個事件發生之時，也引發閩、粵族群的械鬥，使得臺灣南北客家族群聚落之鄉紳，由於懼怕兵害荼毒鄉里，乃籌組義勇軍與政府官兵合作，為保衛鄉里家園的安全而戰。以後因平息亂事有功，獲得清朝廷的嘉許並表彰義舉，並將犧牲者稱為「義民爺」，此即是臺灣客家義民爺的由來。

　　是故，本文擬就以「義民爺」與「三山國王」兩種客家民間信仰來探究客家族群在臺灣歷史發展的關係。

關鍵字：義民箚付、褒忠、義民爺、三山國王

---

* 發表於 2007.9.28-29，「第二屆海峽兩岸客家高峰論壇」、北京聯合大學臺灣研究院、臺灣中華海峽兩岸客家文經交流協會、廈門市客家經濟文化促進會等主辦(福建廈門市)。

一、前言

　　臺灣自 17 世紀外人入侵之前，臺灣地區住有許多的原住民，這些原住民 20 世紀初的日本人類學者將他們分成兩大類；一為平埔族，另一為高山族。平埔族分居於臺灣西部丘陵及平原地區，高山族則分居於中央山脈分支之山地或東部之峽谷等地。

　　17 世紀之前，歐洲葡萄牙、荷蘭、西班牙等國為了向東方貿易，不停地向東方亞洲航線探險，並挾其船艦及武力，在東南亞佔領了若干重要航道的據點，不僅作為其船艦的補給站，同時也作為其殖民地的總部及重要貿易的港口。臺灣即在這波歐洲國家海洋貿易洪流中被襲捲，荷蘭先佔領了臺灣南部，西班牙則隨後佔領了臺灣北部。1661 年明朝鄭成功為反清復明大業以臺灣為基地，乃率艦隊襲擊臺灣南部荷蘭人的大窩灣（Tayouan 即安平）港，取代統治臺灣的荷蘭人成為新的統治者，以後 1683 年（清康熙 22 年）施琅率領清朝艦隊於澎湖外海打敗臺灣鄭克塽的艦隊，鄭克塽投降後，清廷於臺灣設置府縣併入福建省行政區，臺灣始成為中國的領土。在清領時期的 212 年間（1683 年至 1895 年）漢人開始大量的從福建、廣東等地移墾臺灣，而臺灣漢文化的建立與傳衍，使得臺灣成為海上鄒魯也是在此時期。

　　施琅主持臺灣政務初期，由於其個人對於潮州、惠州人的偏見，以及地理條件的便利性，臺灣社會移墾初期閩南人數即占據著多數的人口，相對的客家族群則是少數的人口，因此在移墾的發展上，客家族群長期受到了相當的壓力與限制，而這些壓力與限制又與臺灣歷史的發展莫不息息相關，為使能夠清楚地認識客家族群在臺灣歷史發展上所遭遇到的實際狀況，本文中特舉臺灣歷史所發生的民變朱一貴、林爽文等事件，以及清代統領中再次開發建制噶瑪蘭廳之例，將客家族群如何藉著族群團結以及原鄉三山國王民間信仰的力量渡過難關，並開拓荒地建立家園之事蹟，予以說明。同時又舉臺灣民變事件發展出臺灣客家開創性的本土宗教信仰義民爺，以此說明客家族群在臺灣清代時期發展的艱

辛，以及民間宗教中三山國王、義民爺對於臺灣客家人的巨大影響。

二、臺灣歷史發展與移民關係

清代初定臺灣，設置一府三縣（臺灣府、臺灣縣、諸羅縣、鳳山縣）實施郡縣統治，但臺灣社會由於清朝廷發令內遷原來明鄭入臺的官民，使得當時府縣所轄之地漢人稀少井里蕭條，也促使諸羅、鳳山等縣初任之知縣均寄居於府城裡。清廷海禁開放以後，臺灣官府開始大量招徠大陸內地人民入臺墾田報賦，但施琅以「惠潮之地，數為海盜淵藪，而積習未忘」為理由，乃發佈「嚴禁粵中惠潮之民，不許渡臺」的禁令，直至 1696 年（清康熙 35 年）施琅卒後，禁令漸弛，惠、潮之人始得越渡海峽到臺灣移墾[1]。

另一方面，臺灣初期史治有利於移墾政策的推動，如首任知府蔣毓英採「安撫土番招集流亡」、「相土定賦以興稼穡」、「振興文教創立義學」等政策，而諸羅縣知縣張玕之招墾曠土的人潮，居然有「流民歸者如市」的描述。另外先任臺灣知縣後任臺廈道的陳璸，則採獎勵讀書、紡績與賑恤窮黎的政策，作為振興地方開墾工作。以後接任的沈朝聘（臺灣知縣）季麟光（諸羅知縣）孫元衡（臺灣府同知）靳治揚（臺灣知府）王毓政（臺灣道）等人均有政聲，對於臺灣招徠墾民有莫大的功勞。

然而，康熙晚期承平日久，官場史治漸壞，貪污成風，臺灣處於邊疆地位自然深受時代潮流影響，使得野心者有可乘之機。臺灣地區在康熙年間晚期，接連發生幾次暴動，其中以 1721 年（康熙 60 年）朱一貴事件影響最大，南路舉事群眾不僅連破官府所派清兵，奪取鳳山縣治，更進攻臺灣府城，逼迫臺灣分巡道及知府以下文武官員爭先登舟遁走，總兵歐陽凱戰死後，始佔領府城，同時諸羅縣城亦為起事北路軍攻下。

朱一貴乃於臺灣府城稱「中興王」建號「永和」，置百官，據有臺

---

[1] 郭廷以《臺灣史事概說》臺北市：正中書局，民國 77 年 8 月，頁 96。

灣[2]。隨後，由於內部爭權內訌，外因清廷調度適宜軍隊動作快速，朱
一貴王朝僅僅 50 天就瓦解。朱一貴起事群眾中南路內部閩、粵相爭愈
烈，使得鳳山縣閩南永定、武平、上杭等縣之「客仔」，亦加入南路（即
清代六堆）客莊，與漳泉之人拼鬥，互鬥中各有勝負。最後客莊則齊豎
「大清」旗幟與清官兵共同截殺漳泉黨人。

　　清官兵在六堆客莊的協力下，讓朱一貴起事群眾節節敗退，潰散中
朱一貴、翁飛虎等人則遭諸羅縣義民王仁和、楊石等人夜裡盡縛之，交
帶兵官林秀獻俘軍門，另杜君英、陳福壽等亦就撫，均俱械送京。隔年
朱一貴、翁飛虎等遭凌遲處死，杜君英、陳福壽等人則處斬，結束這場
亂事。

　　在獎賞上，清廷對於南路豎「大清」旗幟的李直三、侯觀德等人，
則從優議敘。並對起義民眾發給「臺地守土義民箚付」115 張，「引兵
殺賊義民箚付」36 張，「擒賊義民箚付」23 張[3]。更在南路客莊（今六
堆地區）「旌其里曰『懷忠里』，諭建亭曰『忠義亭』」[4]。此即是目前
臺灣南部高屏兩縣六堆客家居民，信仰六堆忠義祠忠勇公（屏東縣竹田
鄉西勢村）的由來。

　　臺灣北部客家地區的義民爺信仰，則是發生於 1786 年（乾隆 51 年）
至 1788 年（乾隆 53 年），前後歷經一年多的林爽文事件，此事件在臺
灣史上是規模與影響最大的一次民變。

　　竹塹地區的鄉紳林先坤、劉朝珍、陳資雲等人為確保家園免遭受兵
禍之災，乃號召鄉壯組成義民軍，協助官兵保衛鄉土。竹塹一役中，義
民屍骸四散田野，隨後鄉紳王廷昌、林先坤、黃宗旺、吳立貴等人不忍，
遂發動在枋寮義民廟現址，闔資興建義塚之事。同時義民軍在竹塹一役
犧牲事蹟，亦獲得清乾隆皇帝特別頒授「褒忠」額匾，以資表揚，並作

2　同前註，頁 126。
3　王必昌《重修臺灣縣志》臺灣文獻叢刊 113 種，臺北市：臺灣銀行經濟研究室，中華民國
　　50 年 11 月，頁 558-560。
4　盧德嘉《鳳山縣採訪冊》臺灣文獻叢刊七三種臺北市：臺灣銀行經濟研究室，中華民國 49
　　年 11 月，頁 270。

爲社會教化的風範。因此，當地鄉紳乃決議興建廟宇供奉義民爺。

　　新埔褒忠亭義民廟遂於 1788 年（乾隆 53 年）鳩工興建，而於 1790（乾隆 55 年）竣工。以後同治元年，彰化戴潮春事件起，再度引發義民軍再舉，鄉人將義民軍犧牲者，附葬於義民廟原墓所之側，此次義民軍的犧牲，亦受到臺灣地方大吏賜區褒揚。新埔褒忠亭義民爺的信仰，由於祭祀公會組織淵遠流傳，促使祭祀圈組織龐大，逐漸成爲臺灣北部客家族群信仰的標誌。

　　是故，臺灣南部六堆客家族群所祭祀信仰的忠勇公，以及北部客家族群所亦信仰奉祀的義民爺，均是臺灣客家文化民間信仰特色的表徵。也是客家族群在臺灣移墾中與臺灣歷史發展密切相關的顯著例證。

三、客家族群在臺灣的開拓痕跡

　　臺灣各地散播著漢人的廟宇，一個受過專業訓練的田野調查文化工作者，往往可以從觀察地方廟宇所供奉的主神，得知這個地方當初最主要的開拓者是由那一籍貫與地區來的移民，這種判斷能力所依據的是漢人原鄉信仰文化的移植模式，譬如閩南漳州人的開漳聖王與泉州人的保生大帝等原鄉民間信仰有所不同，客家族群的潮惠三山國王信仰及閩西客家的定光古佛信仰均有差異，因此，從地方廟宇的民間信仰，來觀察不同族群的開拓痕跡，是一種有趣的臺灣歷史探究方式。

　　臺灣北部宜蘭縣的原住民早期強烈排斥漢人，使得漢人到此地開發極為困難，因此至清嘉慶年間才有漳州人吳沙率領鄉人及少數泉州、客家等人前往開墾。然而，漢人在蘭陽平原的開發，並不是那麼的齊心合力且和平共處。臺灣的開發在利益矛盾的衝擊下，漢人將原鄉械鬥的風氣帶到臺灣，山前的漳、泉械鬥也波及後山的噶瑪蘭地區。起因有山前泉人避難至蘭陽平原，由當地的泉人同鄉收容，但卻興起蘭陽平原的械鬥之風，從 1804 年（嘉慶 9 年）到 1809 年（嘉慶 14 年）當中，蘭陽平原發生 3 次的分籍械鬥，結果由於漳籍人數占多數，溪北盡為漳人所

有；泉人以僅存的溪洲為據點，向沿海開墾到大湖；粵人則前往靠近山麓的冬瓜山一帶開墾；原住民阿里史諸社則轉往羅東一帶開墾。械鬥也使得新墾地的三籍之人與原住民的關係發生變化，除漢番的矛盾也有漢番的利益結合。

有關蘭陽平原早期未入官籍墾地的態勢，姚瑩在《東槎紀略》一書當中這麼記載著：

> （嘉慶）十一年，山前漳、泉械鬥，有泉人走入蛤仔難者，泉人納之，亦與漳人鬥。阿里史諸番及粵人、本地土番皆附之，合攻漳人，不勝。泉所分地，盡為漳有，僅存溪洲。鬥幾一年始息。阿里史諸社乃自開羅東居之，潘賢文為之長。十四年，漳、泉又鬥，漳人林標、黃添、李觀興各領壯丁百人，吳全、李佑前導之，夜由叭哩沙喃潛出羅東後，逕攻之。阿里史眾驚潰，走入土番社內，漳人遂有羅東，已復和，泉人乃自溪洲沿海開地至大湖，粵人乃至東勢開冬瓜山一帶。此皆十五年前事也。[5]

其次，1810 年（嘉慶 15 年）總督方維甸到臺灣，行至艋舺時，有噶瑪蘭番土目包阿里率噶里阿完等社番迎見，呈送戶口清冊，遵制薙髮，請入版圖並請設立通事，以免熟番侵凌。又有民人何績等呈請已墾田地，照則陞科，設官彈壓，分定地界。噶瑪蘭入籍之事乃定。總兵武隆阿、知府楊廷理勘查，當時人口漳人四萬二千五百餘丁，泉人二百五十餘丁，粵人一百餘丁，熟番五社九百九十餘丁，歸化生番三十三社四千五百餘丁。噶瑪蘭濁水大溪故道之北盡為漳人開墾十之七八，故道之南係泉人、粵人開墾。又有岸裏社、阿里史社、阿束社、東螺社、牛罵頭社熟番遷居其中，荒埔尚未全墾。[6] 上述粵人即是客家族群，以下亦同。

是故，蘭陽平原的開發較臺灣西部各地為晚，開始之時墾民即以漳、泉、粵三籍人合作為之。漳人為多數，泉粵之人為少數；若泉粵人

5　姚瑩《東槎紀略》臺灣文獻叢刊第 7 種，臺灣銀行經濟研究室編印，民國 46 年 11 月出版，頁 71－72。

6　同前註，頁 75－76。

數相較，粵人又為人少。因此，歷史文化的發展上，理當漳泉兩籍的閩南文化，全面的具有優勢的領導地位才是。然而，目前在民間信仰方面，蘭陽地區的三山國王信仰，確實又為臺灣地區的翹首，冬山鄉大興振安宮不僅是「臺灣三山國王宮廟聯誼會」中 133 間宮廟的中心，也是擁有分香眾多廟宇的主廟。

在蘭陽地區計有 28 座三山國王廟宇，分別是；礁溪鄉 2 座、頭城鎮 1 座、蘇澳鎮 5 座、員山鄉 7 座、宜蘭市 3 座、羅東鎮 2 座、冬山鄉 8 座。[7]這些宮廟當中為清代所建有 8 座，分別是；員山鄉同樂村鎮安廟於清咸豐年間創建、員山鄉永和村碧仙宮於清光緒 8 年遷建、員山鄉永和村永廣廟於清同治年間創建、冬山鄉廣興村廣安宮於清同治 11 年創建、冬山鄉東城村鎮安廟於清咸豐 11 年創建、冬山鄉鹿埔村鎮安宮於清同治元年創建、冬山鄉得安村得安振安宮相傳清代創建、冬山鄉大興振安宮於清道光初創建。[8]其餘的三山國王廟則是清代以後才興建成立的宮廟。

從上述蘭陽地區的調查，可以了解三山國王廟，在清代時期創建的廟宇，員山鄉有 3 處，冬山鄉有 5 處。這 8 處三山國王廟的分佈，符合前面提到的三籍人在蘭陽平原地區的開發歷史，在靠山設隘的區域以及溪南冬山鄉的開發，均是清代之時，粵籍人主要的移墾區域。因此，粵籍潮、惠、梅州等地的原鄉地方守護神—三山國王，自然也就隨著鄉民被帶到蘭陽平原新墾區，作為庇佑的神靈，而被供奉。

粵籍信仰原鄉守護神，本來就是理所當然的事情，以粵籍少數人口的比例，三山國王廟在蘭陽地區的發展，應該為少數的廟宇才是。然而，

7　礁溪鄉 2 座：林美村的三山國王廟、龍潭村的永興廟。頭城鎮 1 座為武營路的武功廟。蘇澳鎮 5 座：聖湖里箕山宮、港邊里永安廟、南強里震安宮、隘丁路的保安廟、新城里慶安廟。員山鄉 7 座：深溝村保安宮、頭分村讚化宮、同樂村鎮安廟、惠好村福興廟、永和村永廣廟、永和村碧仙宮、枕山村慶安廟。宜蘭市 3 座：進士里鎮興宮、慶和里振安壇、七張里開興廟。羅東鎮 2 座：北成里興安宮、東安里震三宮。冬山鄉 8 座：大興村振安宮、東城村內城鎮安宮、鹿埔村松樹門鎮安宮、順安村永安宮、太和村永福宮、太和村開山宮、廣安村廣安宮、得安村得安振安宮。

8　參考仇德哉《臺灣廟神傳》著者自行出版，斗六：信通書局，民國 74 年 10 月頁 474－476。

從清代到目前 28 座三山國王廟的數目，不但沒有短少，反而增加，廟宇尤其多設在蘭陽地區沿山的鄉鎮。此舉顯現出三山國王從潮惠梅三州原鄉人的信仰，已經轉變成為蘭陽地區當地民眾普遍信仰的神祈，這種民間信仰的變化是值得進一步探討的。

四、結論

　　客家族群清代從原鄉移墾到臺灣的路程，本來就是一條艱苦的道路，客家族群能夠在臺灣落地生根，也是歷經了臺灣歷史發展的許多事件與考驗，避過災難，再以自己血汗的奮鬥建立家園，這些從上述的舉例，可以明確地獲得印證。

　　試就客家原鄉（潮惠嘉等地）三山國王的民間信仰來說，其與臺灣北部客家的褒忠亭義民爺的信仰，是兩個完全不同的客家人的民間信仰。三山國王信仰源於自然崇拜，褒忠亭義民爺信仰則源於歷史事件。雖是來源不同，但是在新埔褒忠亭義民廟主殿的左側殿，則供奉著三山國王神牌位，顯示出客家文化不忘本的精神。因此，可以說三山國王信仰是臺灣客家族群的原鄉信仰，但是由於移墾臺灣後的歷史事件，促使當地移墾居民的本土化需求，使得新埔褒忠亭義民爺的信仰，成為日後臺灣北部地區的客家人作為新故鄉的認同標誌。

　　臺灣客家族群的民間信仰，歷經三百多年的發展，不僅帶來原鄉的信仰神祈，也在臺灣歷史事件的因素下，發展了臺灣當地的客家族群本土化的義民爺信仰的神祈，這些民間信仰的變化，亦表徵了臺灣客家文化的傳統與創新能夠相互包容的特質意義。

　　另外，從宜蘭地區的三山國王廟創建與數量資訊，除了可以作為追蹤客家族群在宜蘭地區開闊的蹤跡外，也可以從冬山鄉大興振安宮不僅是全臺 133 間三山國王宮廟的中心地位，亦是擁有分香眾多廟宇的主廟之實際例證，顯現三山國王的信仰已經具有本地化的趨勢。故而，這些客家民間信仰的變化，與臺灣歷史的發展呈現不可分割的關係。

客家民間信仰研究的傳統與創新
——以臺灣新埔褒忠亭義民爺信仰為例[*]

一、前言

　　臺灣客家文化是臺灣文化當中的一支，與臺灣閩南文化均是從中國大陸的原鄉傳衍而成，也是漢族早期在臺灣移墾開發的主體。多數的臺灣客家人爲了慎終追遠不忘本源，以姓氏堂號作爲先祖源流的表徵，這些不同的堂號在臺灣各地客家聚落的家宅門楣上均可以看到，再不然在各家祭祀的祖先牌位與墓碑上亦可以觀察到，這種現象顯現客家人慎終追遠的文化傳承，早已牢牢地與生活密切的結合。

　　文化的發展與家庭、族群、社會等有著密切的關係。一般而言，在臺灣要簡單瞭解一個地方的文化來源與特色，可從當地居民信仰的寺廟著手，從其中特殊的民間信仰，就可以知道當地早期居民的原鄉地。例如廟宇所奉祀的主神若是開漳聖王，則當地多數早期居民原籍爲漳州；主神若是保生大帝，則爲泉州同安縣；主神若是廣澤尊王，則爲泉州南安縣；主神若是保儀大夫或清水祖師，則爲泉州安溪縣；主神若是三山國王，則爲粵之潮惠嘉等州。

　　然而，臺灣從早期移墾社會到今日現代化的社會，各方面有著很大的變化。各地居民的早期原鄉信仰由於社會變遷的因素所致，使得有些漳州人也祭祀廣澤尊王，有些閩南人也奉祀三山國王，甚至外來的天主教、基督教等也受到閩、粵族群的崇信，若加上臺灣原住民的本身信仰，臺灣文化因爲這些多元文化的彙集而豐富，因此民間信仰的研究，可說是一件有趣且有意義的事情。

　　近些年來臺灣受到民主政治的衝擊以及強調族群平等的社會思潮影響下，客家文化議題頗受重視，不僅社會運動有客家族群的參與，學

---

[*]　發表於 2003.12.19-21，「客家文化與全球化國際學術研討會」，廣東梅州市嘉應學院主辦。

術研討會上亦有以客家文化作爲研討的主軸，讓客家文化的討論成爲社會與學術界注目的焦點，其中客家的民間信仰，亦成爲討論的議題。

臺灣義民廟的祭祀活動，早在清初平定朱一貴事件以後。其中唯獨新竹地區的新埔褒忠亭義民廟獨樹一幟，受到臺灣北部地區客家人長久的祭拜而不中挫，成爲北部客家民間信仰表徵。此舉與潮惠嘉客家原鄉的三山國王廟的信仰有著很大的不同，顯示臺灣客家文化中創新的意義。本文試以歷史研究的方法，依據民俗學、文化人類學的立場，探討新埔鎮褒忠亭義民廟在客家民間信仰的社會文化意義。

二、民間信仰的定義

民間信仰（customary belief 或 folk-belief）是民俗學、文化人類學裏重要的研究領域，不同族群的文化差異表現在生活中，以民間信仰的不同最爲顯著。臺灣地區族群衆多，文化差異頗大，研究客家族群的民間信仰，除了有助於瞭解客家文化的形成，也可以凸顯客家文化的特色。

日人櫻井德太郎與堀一郎兩位學者，均一生致力於日本民間信仰的研究，成就受到學界的肯定。[1]他們認爲「民間信仰」一詞與「民俗信仰」，或與「民俗宗教」，均是同義的範疇。對於民間信仰與宗教的界定，以爲民間信仰的存在與宗教的不同，在於形式上沒有必要的教祖、教理以及教團等嚴格的條件；但是民間信仰內涵，包括古老傳統的儀禮、咒術、祭典方式以及定期行事，在民間社會當中作爲信仰儀禮代代傳承。[2]同時認爲任何民間信仰的緣起與發展，均與地域社會的人有著密不可分的關係。

民間信仰的界定，基本要件有五項：（一）、具有萬物有靈的特質。

---

[1] 參考，堀一郎《民間信仰》東京：岩波書店，1977 年 9 月改版第 1 刷。櫻井德太郎《日本民間信仰論》東京：雄山閣，昭和 33 年 5 月發行。

[2] 參考，小口偉一、堀一郎監修《宗教學辭典》東京，東京大學出版會，1973 年 10 月出版，頁 707。又參考石川榮吉、梅棹忠夫等編著《文化人類學事典》東京，弘文堂，平成 6 年 6 月初版，頁 748。

（二）、有祖靈、氏神信仰要素。（三）、有各種不同神靈信仰的産生。（四）、民間發展出很多同類小廟供奉。（五）、信仰內容受到佛、道及其它外來宗教的影響。[3]本文借著上述清晰的民間信仰要項，檢視新埔褒忠亭義民爺的信仰是否符合，並進一步探討桃竹苗等地義民爺信仰，在臺灣社會移墾開發的變遷過程中，所蘊藏內在與外在的問題。

　　首先，義民爺信仰基本上是靈魂崇拜，[4]是可以定論的事。其次探索在現實的民間社會當中義民爺信仰的傳播情形；義民爺的牌位除了在原廟及其分香廟宇接受供奉之外，一般信眾也可以將象徵義民爺的黑色令旗，安置在宅中、公廳宗祠或者當地公廟內，接受信仰者的奉祀，祭拜的效果與原廟等同。由於供奉義民爺成為一般信眾生活上崇拜的物件，因此義民爺信仰不僅只是推崇犧牲奉獻的精神，同時也包含信眾將義民爺比同其他神祈的靈驗，作有目的乞求與庇佑的物件。

　　從新埔褒忠亭義民廟於乾隆 55 年（1790 年）建廟落成竣工開始以來，在義民爺的信仰的祭拜中，除了中元祭典以道教科儀進行，並藉由釋教法師執行法事外，其平常供奉的祭拜中則有「奉飯」的習俗，「奉飯」它是一項源於中國傳統喪禮中最基本且是日常性對於死者的祭禮，這種將民間喪禮的儀規落實在義民爺的祭拜當中，可以說是臺灣北部客家民間信仰禮俗當中，一種特殊的祭祀文化。這些事例的舉證，應該可以說明新埔褒忠亭的義民爺信仰是符合上述民間信仰學理的檢驗。

　　然而，就客家原鄉（潮惠嘉等地）三山國王的民間信仰來說，臺灣北部客家的褒忠亭義民爺的信仰是兩個完全不同的客家人的民間信仰；三山國王信仰源於自然崇拜，褒忠亭義民爺信仰則源於歷史事件。雖是來源不同，但是在新埔褒忠亭義民廟中主殿的左側殿，則供奉著三山國王神牌位，顯示出客家文化不忘本的精神。因此，可以說三山國王信仰是臺灣客家族群的原鄉信仰，但是由於移墾臺灣後的歷史事件，促使當地移墾居民的本土化需求，使得新埔褒忠亭義民爺的信仰，成為日

3　石川榮吉、梅棹忠夫等編著《文化人類學事典》東京弘文堂，平成 6 年 6 月初版，頁 748-749。

4　參考莊英章《新竹枋寮義民廟的建立及其社會文化意義》第二屆國際漢學會議論文集，民俗與文化組，臺北：中央研究院，民國 78 年 6 月，頁 236。

後臺灣北部地區的客家人作為新故鄉的認同標誌。

　　義民爺信仰雖然有別於原鄉三山國王守護神的信仰，但是義民爺信仰中「忠義」與「慈悲」概念，可以視為受到中華傳統儒教與佛教文化浸潤的影響，而成為當地客家族群延續義民爺信仰的主要推動因素。另外，清廷頒授的「褒忠」的額匾，則因為尊貴而獲得世俗民眾的認同。若從這些文化內涵來看，義民爺信仰中儒家倫理是無法被剝離的信念，這種濃厚的中華文化認同，可以是「內地化」的最好印證。儘管義民爺的形式信仰，有別於原鄉的三山國王守護神信仰，但是義民爺信仰的文化內涵卻與中華傳統文化密切，而獲得鄉親的認同，遂能夠發展成為臺灣北部客家族群的民間信仰中心。新埔褒忠亭義民爺的民間信仰，因此形成臺灣客家文化新的精神與內涵的表徵。

三、臺灣義民的由來

　　臺灣地區義民廟，估計約有 30 座，各有其成立的歷史淵源。[5]臺灣有義民興起之事，當開始於朱一貴作亂之時。清藍鼎元《平臺紀略》中記「方朱一貴作亂之時，有下淡水客莊民人侯觀德、李直三等建大清義民旗，奉皇帝萬歲牌，聯絡鄉壯拒賊」。[6]又於〈粵中風聞臺灣事論〉中，也提到受朝廷賞賜之事，云：「辛丑朱一貴作亂，南路客子團結鄉社，奉大清皇帝萬歲牌與賊拒戰，蒙賜義民、銀兩，功加職銜」。[7]由於有清一代，臺灣地區民變四起，因此各地鄉壯為保護家園，組織義民團體抗拒，也就時有所聞。

　　清代臺灣在北、中、南部均有義民廟的設置，如屏東縣竹田鄉的忠義祠於康熙 61 年創建，彰化市富貴里的懷忠祠於雍正年間創建，彰化縣永靖鄉恩列祠於道光 10 年創建，新竹縣新埔鎮褒忠亭於乾隆 53 年創

---

[5]　仇德哉《臺灣廟神傳》，著者自行出版，1985 年 10 月四版，頁 587-589。

[6]　藍鼎元《平臺紀略》臺灣文獻叢刊第 14 種，臺灣銀行經濟研究室編印，中華民國 47 年 4 月出版，頁 20。

[7]　同上註，頁 63。

建。各地所祭祀義民爺的產生，開始于朱一貴事件中協助官方戰死的粵籍民眾，隨後也將臺灣相繼發生林爽文事件、吳福生事件、地方械鬥等事的犧牲者，以及移墾漢民與原住民衝突中死亡的民眾，甚至以後抗日起義捐軀的勇士，亦含括在內。一般將義民爺又稱作義民公、忠勇公、將軍、大將軍。[8]

臺灣各地的義民廟，隨著社會的發展與變遷，義民爺的祭祀活動有著明顯的差距；有的地方的義民廟祭祀活動越來越趨簡單，有的則確越來越盛大甚且擴大祭祀圈，其中新竹縣的新埔褒忠亭義民廟就是後者顯著的例子。今天新埔鎮褒忠亭義民爺的信仰，已經成為臺灣北部客家族群共同的民間信仰，甚至擴大到臺北都會區，最近幾年臺北市客家鄉親結合政府客委會的行政資源，每年定期舉行祭祀活動。

四、新埔褒忠亭義民爺祭祀圈的形成

新竹地區的自然地形，是由東南向西北傾斜；東南為山地，有鳳山、頭前、客雅三條溪流，分別由東向西流入海。在中游，切割出飛鳳、湖口、竹東等臺地，在下游，則沖積成新竹平原。

本區在清代，是屬於竹塹社番活動的區域。早期居民是道卡斯族（Taokas）（屬平埔族），在今日的新竹市與香山一帶活動。[9]漢人到此開墾，約在康熙 22 年（1683 年）清領臺十年以後的事。[10]

清雍正年間，閩、粵移民即以竹塹為中心，向南北移墾；越過頭前溪，開闢竹北貓兒碇、拔子窟等地；越過鳳山溪，開闢新豐；往西南，則辟墾到鹽水港等地。乾隆之時，新竹地區的沿海平原部分，如今日之新竹市、竹北、新豐、香山等地，已經有了相當規模的拓墾。

新埔之地，則先有竹塹社番的移入居住，以後粵籍移民向社番暯地

8　仇德哉《臺灣廟神傳》著者自行出版，1985 年 10 月，頁 586-589。
9　安倍明義《臺灣地名研究》臺北：番語研究社，1938 年出版，頁 139-140。
10　莊英章〈新竹枋寮義民廟的建立及其社會文化意義〉《第二屆國際漢學會議論文集》民俗與文化組，頁 224。

而耕，至乾隆 60 年後，才漸開闢成庄。平埔族衛阿貴爲墾首，曾率粵民自新埔進入關西，但因番害（泰雅族的抵抗）而受挫。道光初年，鳳山溪牛欄河之間的河谷地區，已經有一街十四庄的規模。

湖口臺地，則在乾隆 59 年有粵民徐翼鵬、陳幹興、彭朝達、葉韶任等人，受竹塹社墾批，在南勢、和興、王爺壟、崩坡缺等地建立了客家人的聚落。

頭前溪河谷的開闢，在乾隆初已有泉籍人到竹北一帶開墾。乾隆 17 年粵民林先坤與其族人至六張犁（今六家），向潘王春墾號承墾土地，數年有成。林先坤又透過宗族組織，集資買地，在乾隆 55 年左右，林家墾地及於六張犁、鹿場、枋寮等地。[11]

竹東地區的開發，始於乾隆 30 年代，至嘉慶年間更有閩、粵合股的「金惠成」墾號，以募丁設隘方式，招民開墾。九芎林之地，亦在嘉慶年間已經有大量粵民聚落。頭前溪上游的橫山，粵民亦在嘉慶之時，沿油羅溪開闢，至光緒年間大致闢成。[12]

道光 14 年「金廣福」大隘設立後，以北埔爲據點，沿中港溪往下開拓峨眉、中興等庄。咸、同年間，往上游開闢至五指山一帶。[13]

總之，竹塹地區的開發過程，在嘉慶以前、今之新竹市、竹北、香山、湖口、新埔、關西、竹東、芎林等地大致已經開發完成。道光中葉，漢人開發深入山區，至道光末年，新竹地區已經爲漢人所闢。漢人闢墾中，以泉人先來，粵人後至。粵人中以惠州、嘉應州之人爲最多。當時土地的開闢，以向社番承墾爲主，也有如林家透過宗族集資或閩、粵合股經營的方式。

新竹地區的閩、粵人口分佈；閩籍主要分佈於新竹市、香山鄉、新

---

[11] 莊英章、周靈芝〈唐山到臺灣：一個客家宗族移民的研究〉《中國海洋發展史論文集》臺北：中研院三民主義研究所，1984 年，頁 305-306。又參考莊英章〈新竹枋寮義民廟的建立及其社會文化意義〉第 2 屆國際漢學會議論文集民俗與文化組，臺北：中央研究院，民國 78 年 6 月出版，頁 225。

[12] 《新竹文獻會通訊》第 11 號，1954 年，頁 11。

[13] 吳學明《金廣福墾隘與新竹東南山區的開發》臺灣師範大學歷史研究所碩士論文，1984 年，頁 269。

豐鄉、竹北鄉等地，然而粵籍也有群居其間。粵籍主要分佈於竹東鎮、
芎林鄉、橫山鄉、關西鎮、新埔鎮、湖口鄉、北埔鄉、峨眉鄉、寶山鄉
等地區。

　　新埔義民爺的祭祀，每年以農曆為據，除舉行春、秋二祭之外，更
於中元之時，盛大舉行盂蘭普渡。從道光 15 年（1835 年）起，從原先
的四大莊（新埔街、九芎林、大湖口、石岡子）而十三莊，由十三莊成
十四莊，發展至今的十五個聯莊規模。

　　目前新埔枋寮義民廟的十五聯莊祭祀圈，分別是；1、六家聯莊：
竹北市（十興里部分、中興里、隘口里部分、鬥崙里、鹿場里、東平里）、
新竹市（金山里、千甲里）、竹東鎮（二重里、員山里、頭重里、柯湖
里）。2、下山聯莊：竹東鎮（陸豐里、三重里）、芎林鄉（上山村、下
山村、文林村部分）、竹北市（東海里、隘口里部分、十興里部分）。3、
九芎林聯莊：芎林鄉（芎林村、文林村部分、水坑村、中坑村、新鳳村、
石潭村、秀湖村、五龍村、華龍村、永興村）。竹東鎮（上坪里、瑞峰
里、軟橋里、員崠里、上館里、大鄉里、中正里、東甯里、南華里、商
華里、東華里、中山里、竹東里、忠孝里、榮華里、榮樂里、五豐里、
雞林里、仁愛里）、橫山鄉（全鄉 11 村）、尖石鄉全部（原住民除外）、
五峰鄉全部（原住民除外）。4、大隘聯莊：北埔鄉（全鄉 9 村）、寶山
鄉（全鄉 9 村）、峨眉鄉（全鄉 6 村）。5、枋寮聯莊：新埔鎮（上寮里、
下寮里、北平里、南平里、文山里）、竹北市（竹北里、竹仁里、竹義
里、泰和里、新社里、新興里、聯興里、新莊里、麻園里、溪洲里、十
興里部分）、新竹市前溪里。6、新埔聯莊：新埔鎮（新埔里、新生里、
新民里、田新里、四座里、旱坑里、寶石里、內立里部分）。7、五分埔
聯莊：新埔鎮（五埔里、內立里部分）、關西鎮東平里。8、石光聯莊：
關西鎮（石光里、大同里、上林里、新力里、南和里）、新埔鎮內立里
部分。9、關西聯莊：關西鎮（東興里、西安里、南雄里、北斗里、仁
安里、南山里、北山里、東安里、東山里、東光里、南新里、新富里、
玉山里、金山里、錦山里部分）。10、大茅埔聯莊：新埔鎮（巨埔里、

鹿鳴里、新北里、照門里、清水里)、龍潭鄉(三水村、三合村)。11、
湖口聯莊:湖口鄉(中勢村、孝勢村、仁勢村、愛勢村、信勢村、波羅
村、中興村部分、湖南村、湖鏡村、湖口村、長安村、長嶺村、鳳凰村
部分)、新豐鄉(中崙村部分)、楊梅鎮(三湖里、上湖里)。12、楊梅
聯莊:楊梅鎮(楊梅里、楊江里、紅梅里、梅新里、永寧里、水美里、
大平里、東流里、秀才里、大同里、中山里、梅溪里、金溪里、裕成里、
楊明里、瑞塘里、永平里、瑞坪里、四維里、埔心里、光華里、仁美里、
金龍里)。13、新屋聯莊:新屋鄉(新屋村、新生村、後湖村、東明村、
石磊村、清華村、九斗村、埔頂村、頭洲村、下埔村、永興村、下田村、
赤欄村、永安村、石牌村)、楊梅鎮(上田里)、觀音鄉(富源村)。14、
觀音聯莊:觀音鄉(觀音村、白玉村、廣興村、武威村、大潭村、保生
村、三和村、新興村、坑尾村、金湖村、大堀村、大同村、上大村、藍
埔村、崙坪村)、中壢市(過嶺里、山東里、內厝里、月眉里)。15、溪
南聯莊:新豐鄉(員山村、重興村、松林村、鳳坑村部分、上坑村部分、
中崙村部分、瑞興村、福興村、後湖村部分、青埔村、新豐村部分、埔
和村部分、坡頭村部分)、湖口鄉(鳳山村、鳳凰村部分、和興村、德
盛村)、新屋鄉(笨港村、後莊村、社子村、望間村、楝榔村、大坡村、
深圳村部分)、楊梅鎮(富岡里、豐野里、員本里、瑞源里)。[14]

　　各莊輪值參加新埔義民廟的中元慶贊公祭,其中神豬、神羊的供奉
方式具有比賽性質,成為當年輪莊祭祀的注目焦點,亦形成新埔義民廟
特殊的祭祀禮俗。在臺灣客家民間信仰中,新埔褒忠亭義民爺的信仰,
由於祭祀公會組織淵遠流傳,促使祭祀圈組織龐大,逐漸成為臺灣北部
客家族群信仰的標誌,亦是臺灣客家文化民間信仰特色的表徵。

五、臺灣北部客家義民爺的祭祀

---

[14] 參引財團法人臺灣省新竹縣褒忠亭編印《新竹縣枋寮褒忠亭(義民廟)簡史》以及邱彥貴〈從
　　典禮儀式看北臺灣義民信仰〉《宗教、語言與音樂》第四屆國際客家學研討會論文集,臺
　　北:中研院民族所,民國 89 年 12 月,頁 12。

　　新埔鎮枋寮褒忠亭義民廟的創建，緣於乾隆 51 年的林爽文事件，竹塹地區的鄉紳為確保家園免遭受兵禍之災，乃號召鄉壯組成義民軍，協助官兵保衛鄉土。竹塹一役中，義民屍骸四散田野，鄉紳王廷昌、林先坤、黃宗望、吳立貴等人不忍，遂發動在枋寮義民廟現址，闓資興建義塚之事。同時、義民軍在竹塹一役犧牲事蹟，獲得清乾隆皇帝特別頒授「褒忠」額匾，以資表揚，並作為社會教化的風範。因此，當地鄉紳乃決議興建廟宇供奉義民爺。新埔褒忠亭義民廟遂於乾隆 53 年鳩工興建，而於乾隆 55 年竣工。以後同治元年，彰化戴潮春事件起，再度引發義民軍再舉，鄉人將義民軍犧牲者，附葬於義民廟原墓所之側，此次義民軍的犧牲，亦受到臺灣地方大吏賜匾褒揚。

　　新埔褒忠亭義民廟的祭祀，依據農曆每年舉行春、秋二祭，以後更於中元之時，作盂蘭普渡。輪值祭祀，各莊紳民莫不盡心盡力籌辦，並群集於義民廟祭拜祈福。更由於中元普渡之祭，有獎勵神豬、神羊等牲禮的競賽，使得祭祀圈中輪值的各莊紳民引為大事，紛紛以獲得牲禮神豬、神羊的獎項為榮，炫耀於鄉裏。因此，新埔義民爺的中元祭典神豬、神羊牲禮的供奉，遂成為臺灣北部客家民間信仰中，祭祀義民爺的特殊禮俗。

　　新埔義民爺的祭祀，每年以輪值的方式為之，祭祀圈相當的廣大，每個聯莊一年輪值一次，亦即十五年一輪。各值年的聯莊均設立祭典委員會，主要事務即是排定當年褒忠亭義民節祭典行事，通知區內鄉民知曉。祭典行事曆中布告的事務有十項；一、領調（當年祭典經費分配）。二、恭迎義民爺。三、神豬、神羊申報（牲禮競賽註冊登記）。四、環境道路清理。五、祭典行事順序。六、放水燈行程。七、公祭義民先烈典禮。八、等豬、羊頒獎事項（牲禮評比結果）。九、鬥燈米事項。十、恭送義民爺返宮事宜。

　　義民爺的信仰中，「奉飯」祭拜的習俗，是一項最基本且是日常性的祭禮，也可以說是臺灣北部客家民間信仰禮俗當中，一種特殊的祭祀文化。奉飯內容原先以一般飯菜為之，以後乃有以三牲奉祀之例。奉飯

時間則無定規，全依供奉者的權宜安排。在義民節慶贊中元祭典中，奉飯也是主要的祭祀活動。除了奉飯的祭禮之外，中元祭典的儀式則雜有道教科儀，由釋教法師逐一完成法事。在濃厚的宗教性儀式過程中，也加入世俗的典禮，讓義民廟董事會與輪值祭典委員會等主要成員，進行三獻禮、宣讀祭文、首長致辭、交接祭典主辦權等儀式，作為圓滿的結束此次慶贊中元祭典活動，同時交棒給下屆輪值祭典委員會，也由於這種優良的制度，使得新埔義民爺的信仰與祭典，能夠不斷傳承盛大且熱鬧的祭祀活動。

六、結論

　　新埔褒忠亭義民爺的信仰，從新竹地區開墾的探討中，清楚的說明瞭它的形成，不是因緣於客家原鄉的神祈。因此臺灣北部客家義民爺信仰，就信仰形式而言，是無法採用「內地化」的理論解釋。簡言之，臺灣北部客家義民爺的信仰，是由客家人在當地移墾社會發展過程中，因歷史事件而形成的一種信仰。

　　義民爺信仰雖然有別於原鄉三山國王守護神的信仰，但是義民爺信仰中「忠義」與「慈悲」概念，可以視為受到中華傳統儒教與佛教文化浸潤的影響，而成為主要推動因素。另外，清廷頒授的「褒忠」的額匾，則因為尊貴而獲得世俗民眾的認同。這種濃厚的中華文化認同，可以是「內地化」的最好印證。儘管義民爺的形式信仰，有別於原鄉的守護神信仰，但是義民爺信仰的文化內涵卻與中華傳統文化密切，而獲得鄉親的認同，遂能夠發展成為臺灣北部客家族群的民間信仰中心。

　　換言之，新埔褒忠亭義民爺的信仰，是臺灣客家族群在臺灣本土中創新的民間信仰。新埔褒忠亭義民廟從乾隆 53 年開始，由於有健全的組織以及能夠適時因革，因此義民爺信仰奉祀活動在長時間的積累下，逐漸形成了一套特殊的祭祀儀禮與盛大的活動。從文化發展的觀點而言，這正是臺灣客家文化有別于原鄉的創新性文化的表現，也是臺灣文化在「內地化」過程中有

「本土化」創新的實際例證。也可說新埔褒忠亭義民爺的信仰，是臺灣客家族群在臺灣本土中，因歷史事件而創建出來新的客家民間信仰的例證。

論述客家「三山國王」民間信仰之變遷
——以臺灣宜蘭地區為例[*]

　　演化現象是一般人常見到的生物學專有名詞，指的是物種為適應環境，謀求生存的目的，而改變自己原有形像的一種變化過程。其中著名的達爾文主張「物競天擇、強者適存」的定論，為大家所認同。若用生物學的演化現象來檢視文化上的事物，將是一件有趣的研究。因此，在有關客家文化研究的議題上，本文將借助演化現象的觀念，探討客家人在清代時期移民臺灣宜蘭地區，入墾、隘寮與信仰以及三山國王信仰的變化情形。

一、漢民入墾臺灣宜蘭地區

　　臺灣宜蘭地區位於臺灣本島的東北部，古稱噶瑪蘭為臺灣原住民泰雅族、噶瑪蘭族居住活動之地，漢民至此移墾較臺灣西部地區為晚，至清嘉慶元年（1796）時，始有福建漳籍漳浦人吳沙與番割許天送、朱合、洪掌謀等人，招三籍（漳泉粵）流民入墾，初率鄉勇二百餘人、善番語者二十三人，入墾蘭陽平原。

　　宜蘭平原的自然環境，自北、西、南三面向東的空間變化順序是：山地與山間河谷帶、沖積扇帶、湧泉帶、低濕帶、沼澤帶、沙丘帶和海岸帶。其中介於湧泉帶和低濕帶之間的是一片排水良好，土地肥沃，適合水稻耕種的地帶。這種自然環境，對於清代蘭陽平原的族群分布和發展具有深刻的影響。[1]

　　當時吳沙等人拓展路線主要沿著近山的湧泉帶和適耕帶南進。開始之時，並未受到噶瑪蘭族強烈的抵抗，乃築土圍墾之，即是今日頭圍之處。另一方面，吳沙為保護墾民免受泰雅族的威脅，一開始即在沿山出

---

[*]　發表於 2007.11.23-27「客家民間信仰與地域社會國際學術研討會」，江西贛南師範學院主辦（江西贛州）。
[1]　施添福《蘭陽平原的傳統聚落》宜蘭縣立文化中心，民國 86 年 5 月修定版，頁 12－14。

入口設隘。當時移墾所召之人，多數為漳籍，泉人漸乃稍入，粵人則不
過數十鄉勇而已。[2]

姚瑩的《東槎紀略》一書中紀錄當時的情形。

> 清嘉慶 7 年（1802 年）之時，三籍人漸眾，漳人吳表、楊牛、
> 林（石盾）、簡東來、林膽、陳一理、陳孟蘭，泉人劉鐘，粵人
> 李先，乃率一千八百十六人，進攻得五圍地，謂之九旗首。每人
> 分地五分六釐。漳得金包裹股、員山仔、大三鬮深溝地。泉得四
> 鬮一、四鬮二、四鬮三渡船頭地，又自開溪洲一帶。粵得一結至
> 九結地[3]

因此，清代漢人在蘭陽平原開發的情況，是漳、泉、粵等三籍人，
大家戮力合作開墾，同時與當地原住民爭地，才使得墾地逐漸擴大，然
後再以分地方式，由各籍人士自己墾耕。

然而，漢人在蘭陽平原的開發，並不是那麼的齊心合力且和平共
處。臺灣的開發在利益矛盾的衝擊下，漢人將原鄉械鬥的風氣帶到臺
灣，山前的漳、泉械鬥也波及後山的噶瑪蘭。起因有山前泉人避難至蘭
陽平原，由當地的泉人同鄉收容，但卻興起蘭陽平原的械鬥之風，從嘉
慶 9 年（1804 年）到嘉慶 14 年（1809 年）當中，蘭陽平原發生 3 次的
分籍械鬥，結果由於漳籍人數多數，溪北盡為漳人所有。泉人以僅存的
溪洲為據點，向沿海開墾到大湖。粵人則前往靠近山麓的冬瓜山一帶開
墾。原住民阿里史諸社則轉往羅東一帶開墾。械鬥也使得新墾地的三籍
之人與原住民的關係發生變化，除漢番的矛盾，也有漢番的利益結合。

對於蘭陽平原早期未入官籍墾地的社會態勢，姚瑩在同書當中也這
麼記載著：

> （嘉慶）十一年，山前漳、泉械鬥，有泉人走入蛤仔難者，泉人
> 納之，亦與漳人鬥。阿里史諸番及粵人、本地土番皆附之，合攻

---

[2]　姚瑩《東槎紀略》臺灣文獻叢刊第 7 種，臺灣銀行經濟研究室編印，民國 46 年 11 月出版，
　　頁 70。

[3]　同前註，頁 71。

漳人，不勝。泉所分地，盡為漳有，僅存溪洲。鬥幾一年始息。
阿里史諸社乃自開羅東居之，潘賢文為之長。十四年，漳、泉又
鬥，漳人林標、黃添、李觀興各領壯丁百人，吳全、李佑前導之，
夜由叭哩沙喃潛出羅東後，逕攻之。阿里史眾驚潰，走入土番社
內，漳人遂有羅東，已復和，泉人乃自溪洲沿海開地至大湖，粵
人乃至東勢開冬瓜山一帶。此皆十五年前事也。[4]

　　清嘉慶 15 年（1810 年），總督方維甸到臺灣，行至艋舺時，有噶
瑪蘭番土目包阿里率噶里阿完等社番迎見，呈送戶口清冊，遵制薙髮，
請入版圖並請設立通事，以免熟番侵凌。又有民人何績等呈請已墾田
地，照則陞科，設官彈壓，分定地界，噶瑪蘭入籍之事乃定。總兵武隆
阿、知府楊廷理勘查，當時人口漳人四萬二千五百餘丁，泉人二百五十
餘丁，粵人一百餘丁，熟番五社九百九十餘丁，歸化生番三十三社四千
五百餘丁。噶瑪蘭濁水大溪故道之北盡為漳人開墾十之七八，故道之南
係泉人、粵人開墾。又有岸裏社、阿里史社、阿束社、東螺社、牛罵頭
社熟番遷居其中，荒埔尚未全墾。[5]

　　另一方面，官方對於東勢之荒埔 2538 甲地，作 5 股分給三籍之人；
漳人得其三，泉、粵各得其一。以埤笏等處中心之地 698 甲給漳籍；以
溪洲 306 甲、葫蘆堵地 136 甲、埤笏尾大港地 100 甲，歸泉籍；廣人則
願擇依山之鹿埔 489 甲及柯仔林地 110 甲，歸其耕管。[6]從這些描述可
以了解噶瑪蘭成為官治之前人口、居地的狀況。

二、隘寮設立與三山國王廟的關係

　　嘉慶之時，從山前進入噶瑪蘭有三條通路。第一條由淡水過崙崙嶺
抵頭圍，為入山正道，為被視為往來大路，係在漳人分得地界之內。第

---

[4]　姚瑩《東槎紀略》臺灣文獻叢刊第 7 種，臺灣銀行經濟研究室編印，民國 46 年 11 月出版，
　　頁 71－72。

[5]　同前註，頁 75－76。

[6]　陳淑均《噶瑪蘭廳志》臺灣文獻叢刊第 160 種，臺灣銀行經濟研究室編印，民國 52 年 3 月
　　出版，頁 71。

二條由艋舺之大坪林進山，從內山行走，經大湖隘，可抵東勢之溪洲，係在泉人分得地界之內。第三條由竹塹之九芎林進山，經鹽菜甕，翻玉山腳，由內鹿埔可出東勢之叭哩沙喃口，係在粵人分得地界之內。三條通路均有設隘募丁防守。[7]

葛瑪蘭沿山隘口，原設隘寮有 11 處，各處募丁一、二十名至五、六十名不等。以後裁撤礐礐嶺、梗枋二隘，再添設叭哩沙喃及清水溝、鹿埔嶺（即頂溪洲）三隘，分別以泉、粵籍募丁守之，凡有 12 隘。[8]以後北自梗枋，南至施八坑，再添增為 19 處。[9]至道咸之時，蘭陽平原沿山各隘有 20 處，隘地與前期略有不同。[10]

當時隘丁待遇，未設官以前，由民人自設，主要護送出入行人安全，因此每位行人送隘丁辛勞錢 40 文。[11]設隘之處隘丁的口糧，則由附近田甲內勻給。葛瑪蘭地方設官以後，自大里簡以南沿山設隘，每隘寮各有田園數十甲，以為口糧，免其陞科，此種措施的理由，是隘丁貪利，盡力守之，可使蘭民無番患之慮。[12]

道光三年（1823 年），通判呂志恆在〈籌議葛瑪蘭定制〉中，議請將每隘分管界外附近山麓瘠地，或一、二十甲或二、三十甲不等，給隘丁自行耕牧，以充口糧。此議經由臺灣知府方傳穟覆核上奏，獲准採行。從此蘭陽平原沿山一帶，才有以隘寮為據點的墾區出現。由於每隘的隘丁有限，所給墾地僅足口糧之需，且嚴定界址，禁止越墾。因此，宜蘭

---

[7] 柯培元《噶瑪蘭志略》臺灣文獻叢刊第 92 種，臺灣銀行經濟研究室編印，民國 51 年 1 月出版，頁 146。

[8] 同前註，頁 120。

[9] 隘地 19 處，分別為：梗枋、烏石港、金面山、白石，湯圍、柴圍、三圍、四圍一結、四圍二結、四圍三結、旱溪（又名枕頭山）、大湖、叭哩沙喃、鹿埔、清水溝、崩山、員山莊、馬賽、施八坑。參引姚瑩《東槎紀略》臺灣文獻叢刊第 7 種，臺灣銀行經濟研究室編印，民國 46 年 11 月出版，頁 83。

[10] 道咸之時 20 處隘地，分別為：金面山、白石山腳、湯圍、三圍、柴圍、四圍、三鬮仔、大埤、枕頭山、穎廣莊、大湖、內湖、葫蘆堵、泉大湖、叭哩沙喃、擺燕山、鹿埔鎮、員山、馬賽、施八坑。參引施添福《蘭陽平原的傳統聚落》宜蘭縣立文化中心，民國 86 年 5 月修訂版，頁 46－47。

[11] 柯培元《噶瑪蘭志略》臺灣文獻叢刊第 92 種，臺灣銀行經濟研究室編印，民國 51 年 1 月出版，頁 121。

[12] 同前註，頁 83。

地區沿山隘寮設置之處，少有以隘寮為中心而建立一個獨立自治的社會空間單位，只能依附臨近的村落而成庄，隘防與隘墾對於蘭陽平原社會基層自治空間領域的形成，並未造成明顯的影響。[13]但在日後人文的發展上，呈現出漳、泉、粵三籍後裔在蘭陽平原的民間信仰特色。

　　蘭陽平原的開發較臺灣西部各地為晚，開始之時墾民即以漳、泉、粵三籍人合作為之。漳人為多數，泉粵之人為少數；若泉粵人數相較，粵人又為人少。因此，歷史文化的發展上，理當漳泉兩籍的閩南文化，全面的具有優勢的領導地位才是。然而，現時中在民間信仰方面，蘭陽地區的三山國王信仰，確實又為臺灣地區的翹首，冬山鄉大興振安宮不僅是「臺灣三山國王宮廟聯誼會」中 133 間宮廟的中心，也是分香眾多的廟宇。

　　在蘭陽地區計有 28 座三山國王廟宇，分別是；礁溪鄉 2 座、頭城鎮 1 座、蘇澳鎮 5 座、員山鄉 7 座、宜蘭市 3 座、羅東鎮 2 座、冬山鄉 8 座。[14]這些宮廟當中為清代所建，有 8 座，分別是；員山鄉同樂村鎮安廟於清咸豐年間創建、員山鄉永和村碧仙宮於清光緒 8 年遷建、員山鄉永和村永廣廟於清同治年間創建、冬山鄉廣興村廣安宮於清同治 11 年創建、冬山鄉東城村鎮安廟於清咸豐 11 年創建、冬山鄉鹿埔村鎮安宮於清同治元年、冬山鄉得安村得安振安宮相傳清代創建、冬山鄉大興振安宮於清道光初創建。[15]其餘的三山國王廟則是清代以後才興建成立的宮廟。

　　在上述蘭陽地區三山國王宮廟的調查，可以了解三山國王廟，在清代時期創建的廟宇，員山鄉有 3 處，冬山鄉有 5 處。這 8 處三山國王宮

---

[13] 施添福《蘭陽平原的傳統聚落》宜蘭縣立文化中心，民國 86 年 5 月修訂版，頁 46－47。

[14] 礁溪鄉 2 座：林美村的三山國王廟、龍潭村的永興廟。頭城鎮 1 座為武營路的武功廟。蘇澳鎮 5 座：聖湖里箕山宮、港邊里永安廟、南強里震安宮、隘丁路的保安廟、新城里慶安廟。員山鄉 7 座：深溝村保安宮、頭分村讚化宮、同樂村鎮安廟、惠好村福興廟、永和村永廣廟、永和村碧仙宮、枕山村慶安宮。宜蘭市 3 座：進士里鎮興宮、慶和里振安壇、七張里開興廟。羅東鎮 2 座：北成里興安宮、東安里震三宮。冬山鄉 8 座：大興村振安宮、東城村內城鎮安宮、鹿埔村松樹門鎮安宮、順安村永安宮、太和村永福宮、太和村開山宮、廣安村廣安宮、得安村得安振安宮。

[15] 參考仇德哉《臺灣廟神傳》著者自行出版，頁 474－476。

廟的分佈，符合前面提到的三籍人在蘭陽平原地區的開發歷史，在靠山設隘的區域以及溪南冬山鄉的開發，均是清代之時，粵籍人主要的移墾區域。因此，粵籍潮、惠、嘉應州等地的原鄉地方守護神——三山國王，自然也就隨著鄉民被帶到蘭陽平原新墾區，作為庇佑的神靈，而被供奉。

三、三山國王信仰的演化現象

三山國王信仰中，三山指的是巾山、明山、獨山，在粵東潮、惠、嘉應三州交界處，即潮州揭西縣河婆縣城郊外。目前臺灣民間對三山國王的稱呼，除用原稱外，也俗稱為「王爺公」；大王為巾山國王，二王為明山國王，三王為獨山國王。從原來的山川自然崇拜，經歷以後歷代人文的神話傳說積累，成為日後的英靈神明崇拜。

廣東潮州河婆三山國王祖廟（亦稱霖田祖廟），在當地是最大的廟宇，俗稱「大廟」，因此三山國王亦被稱為「大廟爺」。自唐、宋建廟之後，不斷有官吏、文人前往祭祀，方志史乘多有記載，民間則流傳許多關於三山國王顯靈護國救駕，保土安民的傳說故事，使得三山國王各個神蹟，以忠義、神勇的角色在民間傳誦。目前在臺灣，三山國王則從地方鄉土神祈，轉化成王爺公的角色，以具有多方面靈驗的神蹟，而受到一般篤信民眾的奉祀。

臺灣一般民間對於三山國王在世俗社會所具有神靈功能的看法是；以為大王巾山國王擅長醫理及日理，二王明山國王擅長地理、風水以及民宅，三王獨山國王擅長驅邪及押煞。每年農曆二月二五日為明山國王祭典，七月二五日為獨山國王的祭典，八月二八日為巾山國王的祭典。另外，三山國王的立聖千秋日期為二月二五日。因此，每年舉行三次祭典，並舉行踩踏火盆活動。

宜蘭地區粵籍墾民信仰原鄉守護神——三山國王，本來就是理所當然的事情。因此，占少數人口比例的粵籍所屬三山國王廟，在蘭陽地區的發展，在漳、泉二籍眾多人口中，應該為少數的廟宇才是。然而，宜蘭

地區三山國王廟從清代的 8 座到目前 28 座的數目，不但沒有短少，反而增加，其廟宇多設在蘭陽平原沿山的鄉鎮。此舉顯現出三山國王從潮、惠、嘉應三州原鄉人的信仰，已經轉變成為蘭陽平原當地民眾普遍信仰的神祈，這種民間信仰的變化是值得進一步探討的。

以往學者將臺灣民間宗教信仰的建立，分三個時期來說明。這三個時期分別是；（一）、草創時期：墾民供奉自原籍帶來的守護神或香火。（二）、聚落構成時期：新地開拓、遍見土地廟。（三）、聚落發展時期：街肆形成，工商繁榮，各種專業神祈出現，如文昌、關帝廟宇次第出現。[16]

簡言之，從民間信仰類別中，歸納出臺灣漢人移墾社會地方神祈發展的通則。

如上所述，對於蘭陽平原前期三山國王信仰的形成，雖然可以採用此種通則來觀察並解釋，但是對於後期三山國王宮廟則由清代 8 座發展到目前的 28 座，這種三山國王民間信仰蓬勃發展現象，則無法給予合理的解釋。

對於文化移植的看法，有種理論；認為清代臺灣移墾社會文化的發展，是將漢人的生活方式與原鄉的社會與組織，帶到墾地來，在臺灣形成與中國內地相同的文化模式；同時，也對臺灣原住民產生影響，使其逐漸漢化認同中華文化。這種「內地化」的理論，是可以解釋臺灣早期移墾社會中民間信仰的發展與形成。但是，若以宜蘭地區三山國王信仰的形成與發展為例子，單獨採用「內地化」的解釋是無法周延，因為，三山國王信仰在清代以後的宜蘭地區興起的問題，以及客家人原鄉守護神成為非客家人的一般民間信仰的問題，無法解決。顯然，若要進一層了解，應該考慮其他的因素。因此「本土化」的理論，也就成為提供三山國王宮廟增多現象的解釋理由。

「本土化」簡言之，是指漢人社會在地緣意識上認同臺灣的過程。三山國王信仰的神祈，在宜蘭地區又被民間稱為「王爺公」，即是「本

---

[16] 陳國彥〈三山國王廟與臺灣客家人的分佈〉《國際客家學研討會論文集》香港中文大學香港亞太研究所，1994 年，頁 80。

土化」的証明。宜蘭地區開發以來客家人總是占人口的少數，絕大多數是屬漳、泉籍的閩南人，宜蘭地區的客家人長期受到閩南文化的影響而認同，至目前田野調查能說客家母語的已經非常少數，如羅東地區的客人城已經少有會說客家話的人。

　　客家人被閩南族群同化，同時客家的原鄉守護神信，也仰隨著同化的過程，轉成閩南王爺信仰的一種，因為「王爺」信仰在閩南族群中是一種普遍的民間信仰。目前在臺灣以王爺為主神的廟宇約佔所有廟宇的九分之一，共有七百多座。王爺與瘟神是不同的，王爺本是一種厲鬼，性質近於瘟神，因此容易為一般大眾混為一體視之。一般民眾為自身需求，將驅瘟逐疫功能的王爺視為醫神，再成為保境安民之神，最後成為萬能之神。然而，在臺灣民間也以「王爺」稱號其他英靈崇拜的神明，如張巡王爺，三山國王的大王爺、二王爺、三王爺。[17]

　　民眾將三山國王的王爺化，主要視大王為巾山國王擅長醫理及日理，二王為明山國王擅長地理、風水以及民宅，三王為獨山國王擅長驅邪及押煞。另有一說；大王公是地理師、二王公是藥師、三王公具陰陽面經常到地府走動，可以圓滿解決人間與地府的業障糾纏。[18]三山國王具有上述臺灣閩南族群認定的王爺神靈，因而被當地閩南族群所接受，以後更因為信仰者獲得庇佑福報的印證，王爺公（三山國王）靈驗彰顯，乃能夠繼續發展。此時臺灣閩南族群對於三山國王信仰的認同，已經有別於客家原鄉三山國王信仰。因此，可以說宜蘭地區的三山國王雖然源於客家原鄉的三山國王信仰，但是民眾對於的三山國王已經雜有閩南王爺信仰的成分，而受到現在民眾的供奉，兩者信仰名同而庇佑意思卻不逕相同。

17　康豹《臺灣的王爺信仰》臺北市：商鼎文化出版社，1997 年出版，頁 178－184。
18　依據雲林縣大埤鄉大德村新街 20 號太和街三山國王廟的《太和街三山國王神蹟》說明內容。

四、結論

　　客家人在宜蘭地區，由於人數與當地閩南族群呈現懸殊差距，而被同化，甚至喪失客家話使用的能力，即便如此，有的人還認同自己是客家人，能夠清楚知道其祖先原鄉地。這種為閩南族群同化的客家人，一般以福佬客稱之。

　　宜蘭地區的三山國王信仰，原先是客家族群在清代帶來，並作為移墾時期的守護神，然而，三山國王的信仰不因客家人遭受同化而萎縮，反倒以「王爺公」的角色被閩南族群認同，在臺灣清領時代結束以後發展快速。目前，當地冬山鄉大興振安宮三山國王廟成為「臺灣三山國王宮廟聯誼會」的會首。因此，從宜蘭地區的三山國王信仰的歷史發展脈絡中，不僅可以看出「內地化」與「本土化」的軌跡，也同時顯示三山國王信仰受到閩南的「王爺」化的事實。就三山國王信仰興盛原因，可以說閩南族群王爺信仰，是促成宜蘭地區三山國王信仰興盛的主要因素。

「田調視野」桃園客家落地生根印記：
以大溪南興莊楊纘紳家族為例[*]

摘要

　　廣東長樂縣（今梅州市五華縣）人楊纘紳，於乾隆 3 年（1738）來到臺灣，時年 27 歲。從竹塹輾轉到當時淡水廳屬於臺灣原住民霄裡社（凱達格蘭族）番界區域南興庄拓墾，楊氏在此奠定基業，其後裔亦以南興庄（今屬桃園市大溪區南興里）作為祖源發跡之地，傳承至今尚有公業土地不動產與祖塔（供奉來臺祖楊纘紳及歷代先祖遺骸）等，目前由楊氏祭祀公業管理委員會第 21 世（來臺第 8 代）楊春華主任管理人依法管理，每年定期舉行兩次春、秋之祭祀，族裔參加者眾，人數達百人以上。

　　楊纘紳為明誠公三子，生於清康熙 51 年（1711），卒於乾隆 60 年（1795），享年 84 歲，其後衍派分厚一、厚二、厚三、厚四、厚五等五大房。其中厚五房榮生（第 17 世，來臺第 3 代）又擴展到鄰近番界地馬陵埔（今龍潭區三林村）開墾，後裔迄今在此定居。

　　本文即是將楊纘紳族裔在南興庄與三林村的部分，詳加田野調查，探尋客家先人足跡，作為客家在臺灣桃園市落地生根的鮮明印記的表徵。以歷史研究、田野調查作為主要研究方法，藉此了解楊纘紳族裔在南興庄與三林村等實地發展情形。

關鍵字：霄裡社、南興庄、粟仔園、祖塔、三林村、弘農堂、楊纘紳公

---

[*] 發表於 2016.12.3，「2016 桃園學研討會」，桃園市文化局、臺灣大學客家研究中心主辦。

一、前言

　　臺灣桃園區大溪市南興里之「祭祀公業楊纘紳」管理會，屬民間依法登記成立之祭祀公業財團法人，1988年1月29日由楊纘紳公派下之厚一、厚二、厚三、厚四、厚五等五大房後裔，成立派下員大會與管理、組織規約，主要為紀念渡臺開基祖纘紳公及歷代祖先，以飲水思源、慎終追遠、萬世流芳，並緬懷創業德意、永續傳承，團結派下子孫為宗旨。2006年10月6日修定管理與組織規約章程內容，除明訂每年農曆正月二十二日掃墓祭祖及中秋節按時舉辦秋季祭典外，也進行組織管理架構的合理規畫，定公業派下員大會為最高權利機構，下設五房代表選出二十一名，組織代表會，執行會務；另設管理人五名，由各房代表中遴選1人，組成管理人會，主要管理公業資產，其中推選主任管理人1名，總理公業與執行會務；設專任總幹事1名，協助管理人綜理公業各項事務；同時設公業監察人1名，監察公業資產管理情況；設財務長1名，掌管財務帳目。目前此祭祀公業管理委員會，由第21世（來臺第8代）厚四房之管理人楊春華，擔任主任管理人，依法管理；此祭祀公業土地資產，均座落在大溪區南興與粟子園等處，其境亦是其歷代祖先開墾、聚居之地域。

　　清乾隆3年（1738）楊纘紳時年27歲，從原鄉廣東長樂縣（今梅州市五華縣）排嶺清化鄉伏溪約渡海來臺，到達當時臺灣北路淡水廳所轄，屬於臺灣平埔族霄裡社轄區番界的南興庄，開創基業，爾後侄兒、家人陸續來臺，終具規模，乾隆60年（1795）楊纘紳去世，享年84歲，葬於大溪區員樹林粟子園（今楊氏祖塔地）。

　　其中厚五房榮生（第17世，來臺第3代）又擴展到鄰近番界地馬陵埔（今龍潭區三林村）開墾，後裔迄今在此定居。

　　本文即是將楊纘紳族裔在南興庄與三林村的部分，詳加田野調查，探尋客家先人足跡，作為客家在臺灣桃園市落地生根的鮮明印記的表徵。以歷史研究、田野調查作為主要研究方法，藉此了解楊纘紳族裔在

南興庄與三林村等實地發展情形。

二、大溪區南興庄弘農堂楊氏簡史

桃園市大溪區南興庄楊氏弘農堂，是以廣東長樂縣楊纘緒公作為來臺祖祭祀對象的厚五房後裔們的祠堂，門前圓柱對聯為：四知慎作為繼往開來恢祖德，六藝勤修習光前裕後振家聲。廳門旁對聯為：弘農萬戶春風陶禮樂，四知百年事業紹箕裘。

紅瓦房廳堂供奉楊氏先人歷代牌位三面，神龕牌位後正中置有楊纘緒公畫像一幅，觀世音佛祖像則供奉在其左側神龕，神龕上方則懸掛有「萬年宗親」及「祖德流芳」兩個牌匾；神龕正下方安置有土地龍神香座。正廳東側廂房則為族人聚會會場，整個祠堂為三合院形式，但西廂部分因臨界馬路，一圍牆取代，連接前門矮牆，具有四合院的氛圍。

楊氏來源始於周康王封叔虞次子杼為楊侯，封地位於今山西省之洪洞縣之東南，由此始以楊為氏，奉楊杼公為一世祖。漢代楊氏在弘農地區族群繁盛，子孫傑出者眾多，「弘農楊氏」之名號乃為歷史所傳播。東漢楊震為荊州刺史，清廉自守，其答卻王密暮夜之賄事，所謂：「天知、地知、你知、我知，何謂無知」之言，傳頌千古。是故，楊氏後人常以「弘農」、「四知」為郡望、堂號。

楊氏廣東開基始祖楊輅，號雲岫，唐中和元年（881）生，北宋乾德元年（963）卒，享年92歲。賜進士，官至都御史，出任潮陽太守。由江西盧陵居地，因任職搬遷到廣東梅州，在梅州水南裡定居，為楊氏廣東開基之始。楊輅生三子：長子楊思孝、次子楊思恭、三子楊思聰。以後，長子楊思孝遷移至福建汀州，至孫楊榮（楊思孝—楊安寅—楊榮）遷居至江右鏹（將）樂縣（今福建三明市將樂縣），下傳五代為楊時（楊榮—楊勝遠—楊明—楊植—楊時），楊時生五子：長子楊迪、次子楊適、三子楊迥、四子楊適、五子楊造。此五大房衍派，後世稱楊氏「道南衍派」。

　　上述楊時即是楊龜山，是在宋朝將二程（程頤、程顥）理學南傳至福建發展的關鍵人物，開創理學道南系，被後世尊為「閩學鼻祖」。

　　成語「程門立雪」，即是出自北宋時期楊時與游酢二人連袂北上洛陽，拜見理學家程頤（伊川先生）的故事。兩人初見先生，程頤瞑目而座，兩人隨即侍立在側，程頤一覺醒後，曰：「尚在此乎，且休矣」。兩人始告別出門，然而門外下雪已深一尺；楊時亦拜師程顥，深得程顥賞識成為其高徒，歸鄉之時，程顥目送離去，並對旁人說：「吾道南矣」。後裔以楊時為榮，因此稱「道南衍派」。

　　曾學榕（2003）之研究臺灣楊氏道南衍派後裔分佈，有七支系，分別為：1、臺北楊循敏支系；2、臺中楊舜支系；3、新竹楊纘紳支系；4、臺北楊國策支系；5、臺北楊潮瑚支系；6、彰化楊賢來支系；7、嘉義楊國俊支系。其中有關新竹楊纘紳支系部份，敘述如下：

　　清朝乾隆三年（西元 1738 年），廣東長樂縣（今梅州市五華縣）人楊瓚坤（纘坤），渡海到臺灣新竹市霄裡南興莊墾荒，成為這一支系的開基祖。由此上溯十三世，楊宗淵從福建連城縣遷廣東長樂縣排嶺開基。再上溯五世，楊衍孫在宋朝寶祐年間（西元 1253-1258 年），避亂從福建將樂縣遷居連城縣小沛。

> 溯源世系為：
> 楊瓚坤（遷臺始祖纘坤）←楊明誠←楊選←楊志煥←楊高震←楊繪←楊崇義←楊世俊←楊瓊←楊福←楊秀文←楊茂林←楊均勇←楊宗淵（長樂開基祖）←楊奇←楊九三郎←楊太一郎←楊廣義←楊衍孫（連城開基祖）←楊汝龍←楊公著←楊世松←楊造←楊時（龜山）（源頭）。
> 溯源遷徙路線是：
> 臺灣新竹市霄裡南興莊←廣東梅州市五華縣（長樂縣）排嶺←福建龍岩市連城縣←福建三明市將樂縣。[1]

　　然而，依據蓋有「楊厚貳記」朱印及楊禮坤誌之《臺灣竹塹霄裡南

---

[1]　曾學榕《楊時世系源流考》，紀念楊時誕辰 950 周年專集，2003 年。

興庄楊氏族譜》資料，來追溯楊纘紳之源頭，發覺與曾學榕之引徵支系有所差異。此本祖譜內容對於楊氏歷代先祖名諱及所生男丁記錄詳細，故得以從父子人名，採取核對方式，往上連線追溯，可以探究清代楊纘紳來源支脈與宋代楊時之支脈之關係，檢核至南遷始祖楊聳公（雲岫），才清楚是由其三個兒子，作為主要的支脈分野。

「**楊聳公（雲岫）生三子：長子楊思孝、次子楊思恭、三子楊思聰。長子楊思孝遷移至福建汀州，至孫楊榮（楊思孝─楊安寅─楊榮）遷居至江右鏘（將）樂縣，下傳五代為楊時（楊榮─楊勝遠─楊明─楊植─楊時），楊時生五子：長子楊迪、次子楊遹、三子楊迥、四子楊適、五子楊造。此五大房衍派，即是後世稱楊氏『道南衍派』。**」因此簡言之，楊時之後「道南衍派」屬於楊聳公長子楊思孝所傳之支派。

另一方面，「**楊聳公三子楊思聰，下傳 16 代至楊崇卿（楊思聰─楊安禎─楊格─楊中立─楊文隆─楊廷稅─楊祐節─楊奮春─楊超孫─楊圭─楊如穆─楊文富─楊仲芳─楊斌孫─楊元珍─楊崇卿），楊崇卿生八子，其中六子為楊宗淵，楊宗淵即是廣東省長樂縣（今五華縣）排嶺楊氏之始祖，亦是楊纘紳派下之源。**」換言之，楊纘紳派下屬於楊聳公三子楊思聰所傳之支脈。

是故，曾學榕有關臺灣楊氏道南衍派後裔分佈之七大支系研究，其中將桃園縣大溪鎮之楊纘紳支系，視為是道南衍派之事，經過上述檢核，可以清楚看到是屬不同支脈的。另外，其文中「新竹楊瓚坤」，應該是「桃園大溪楊纘紳」。

此外，楊宗淵下傳 13 世楊明誠仍居排嶺，楊明誠生三子：長子楊纘志；次子楊纘慰；三子楊纘紳。14 世楊纘志生六子：長子楊振鐸；次子楊宜鐸；三子楊寬鐸；四子楊宰鐸；五子楊憲鐸；六子楊舜鐸。14 世楊纘慰生八子：長子楊君鐸；次子楊成鐸；三子楊麒鐸；四子楊麟鐸；五子楊謙鐸；六子楊六鐸；七子楊泮鐸；八子楊九鐸。14 世楊纘紳生一子，為楊歷鐸，楊歷鐸娶妻周氏（溫惠）生五子：長子楊厚一；次子楊厚二；三子楊厚三；四子楊厚四；五子楊厚五。此為纘紳公傳下 16

世的厚字輩的五房,稱「厚五房」。

　　15 世楊歷鐸乾隆 53 年（1788）卒於原鄉,享年 57 歲;其妻周氏隨同五子於乾隆 55 年（1790）來臺依親,投靠楊纘紳公,周氏來臺居十四載,卒於嘉慶 8 年（1803）,享年 65 歲。

　　乾隆 3 年（1738）　楊纘紳與 15 世楊友喜,兩人來臺移墾,爾後陸續來臺者有:大哥楊纘志之三子楊寬鐸;二哥楊纘慰之長子楊君鐸及君鐸次子厚山、三子楊麒鐸、四子楊麟鐸、七子楊泮鐸等 6 人。其中二哥楊纘慰之四個兒子:君鐸、麒鐸、麟鐸、泮鐸之後,稱「南興庄上四房」,從上述四人之墓塋座落龍潭泉水空之事來論,顯現出當時眾人來臺後,即到達臺灣北路淡水廳霄裡社轄區南興庄（今屬桃園縣大溪鎮）租佃墾殖,開創基業。而「南興庄上四房」與前述「厚五房」合為楊家九大房,此為明誠公派下子孫在臺灣的開端。

三、清乾隆臺灣北部霄裡社的開拓

　　清代霄裡社（Souly）屬臺灣北部凱達格蘭平埔族之社名。其所屬之區域為當今之桃園市八德區之霄裡,大溪區之社角、番仔寮,平鎮區之社仔,楊梅區之水尾、龍潭區之九座寮、銅鑼圈。[2]清代約略乾隆 21 至 24 年（1756-1759）繪製的〈乾隆臺灣輿圖〉在北部地名已經標明「霄裡社」,「霄裡汛」的位置,旁邊附兩處說明文字,其一內容云:「安外委一員,兵十七名。東至山五里,由西北桃仔園二十里,北至尖山十里,離生番界十里」;其二內容紀錄為「此處係生番出沒隘口」。由此可以了解當時霄裡社周遭盡是荒埔,且離生番區域甚近,此處之生番乃是今之泰雅族,當時未歸順清朝,所以安置兵員駐汛防備。

　　另一份清代乾隆 25 年（1760）繪製的〈臺灣民番界址圖〉,此係閩浙總督楊廷璋要釐清臺屬民番邊界而上呈朝廷所用之圖,圖內以紅線標明舊定界,藍線標明新定界,自南之沙碼磯頭,至北之雞籠止。以當今

2　詹素娟、張素玢《平埔族史篇（北）》南投市:臺灣文獻委員會,2001 年,頁 172。

桃園市區域作為比對，乾隆年間之〈臺灣民番界址圖〉藍線界限內地名部分，有桃仔園、南嵌社、茄苳腳庄、八座庄、霄裡庄、霄裡社、白沙墩庄、大溪墘厝、芝巴里庄等地名。至於位於番界線部份，則有南興庄、澗仔瀝、烏樹林隘、南勢庄、安平鎮、三角林等地名。目前楊氏家族祠堂所在的南興庄及厚三、厚五房聚居的三角林，即是在清乾隆年間霄裡社所轄的番界區域。

清代初期，漢人為避開臺灣北部桃園臺地之霄裡社與龜崙社區域，最早通道選擇沿海邊而行，此即是從竹塹社渡過鳳山溪，經紅毛港、笨港仔、石觀音、白沙墩、草漯而達南崁，此條路被稱為「舊官路」。郁永河康熙 36 年（1697）行經此區，在《裨海紀遊》寫道：「自竹塹迄南崁八九十里，不見一人一屋，求一樹就蔭不得；掘土窟，置瓦釜為炊，就烈日下，以澗水沃之，各飽一餐。途中遇麋、鹿、麚、麇逐隊行，甚夥，驅獫猲獟獲三鹿。既至南崁，入深箐中，披荊度莽，冠履俱敗：直狐貉之窟，非人類所宜至也」。[3]上述這種人煙稀少，路途荒涼的景觀，是為此舊官道早期的描述。

然至清康熙 50 年（1711）以後，桃園臺地已闢有兩條道路：一條循著舊官道至林口臺地，沿海邊行至八里，再到新莊，此稱「之巴里道」；一條經八德（霄裡社），沿臺地西側行，經鶯歌、樹林至新莊，稱「內港道」。[4]康熙 56 年（1717）《諸羅縣志》〈雜記志外記篇〉紀錄有：「擺接附近，內山野番所出沒，東由海山出霄裏，通鳳山崎大路。海山舊為人所不到，地平曠；近始有漢人耕作，而內港之路通矣」。[5]由此，可見康熙末年時，漢人已經與霄裡社人熟稔，可以藉著內港道大嵙崁溪的水運，方便至新莊，甚至到淡水河出口八里坌港。

漢人的移墾紀錄，《淡水廳志》〈建置志水利篇〉記載有：「霄裏大圳，在桃澗堡，距廳北六十餘里。乾隆六年，業戶薛奇龍、同通事知母

---

[3]　郁永河《裨海紀遊》臺灣文獻叢刊 44，頁 30。
[4]　盛清沂〈新竹・桃園・苗栗三縣地區開闢史〉上，《臺灣文獻》第 31 卷第 4 期，1980，頁 159。
[5]　陳夢林總纂《諸羅縣志》臺北市：行政院文化建設委員會，2005，頁 357。

六集佃所置。其水由山腳泉水孔開導水源，灌溉番仔寮、三塊厝、南興莊、棋盤厝、八塊厝、山腳莊，共六莊田甲。水額十分勻攤，番佃六、漢佃四。內有陂塘大小四口。乾隆年間，因新興莊田園廣闊，水不敷額；佃戶張子敏、游耀南等向通事別給馬陵埔陰窩，開鑿一圳引接之」。[6]其中通事知母六，即是霄裡社人，負責霄裡社事務，其漢名為蕭那英，亦是霄裡社日後蕭氏的開基祖。[7]同書亦紀錄有：「靈潭陂，在桃澗堡，距廳北五十里。乾隆十三年，霄裏通事知母六招佃所置。其水灌溉五小莊、黃泥塘等田甲」。[8]由此，可以得知清乾隆 13 年（1748）霄裡社因水利的設置，使得荒埔變田園，此時已經有一批漢人在此群聚並建立村落，其中清乾隆 3 年（1738）從原鄉廣東長樂縣渡海來臺時年 27 歲楊纘紳，此時應當已在南興庄落腳，開創基業。

四、南興庄粟仔園祖塔與龍潭三林村的開發

清乾隆年間南興庄粟仔園屬於霄裡社之地域，位於桃園臺地瀕臨大崁崁溪之邊岸，楊家纘紳公之祖塔即建築在粟仔園的邊坡上，祖塔面向大崁崁溪，兩旁樹林將陵園襯托出寧靜孤寂的氛圍，楊氏歷代先祖骨骸，被其後代子孫安穩的供奉在牢固宏偉的鋼筋水泥建物之中。祖塔左面牆壁一面石碑刻有「纘紳公派下祖塔史記」之銘文，內容如後：

> 慎終追遠，永懷祖德，萬世流芳，敬祖尊賢，光前裕後，人之道也。
> 自吾十四世渡臺開基祖纘紳公，於乾隆四年，二十七歲時胸懷大志，由廣東省長樂縣（現五華縣）排嶺清化鄉，伏溪鹿坑寨，和一遠房，友喜公，共渡臺疆，經北路竹塹，輾轉桃園、霄裡、南興庄定居，自創基業，貽謀遠長，現有大溪鎮缺子段粟仔園小段

6　陳培桂《淡水廳志》臺北市：行政院文化建設委員會，2006，頁 39。
7　徐靜蘭〈清代臺灣北部霄裡地區客家七姓移墾之研究〉國立中央大學客家研究碩士論文，頁 38-40。
8　陳培桂《淡水廳志》臺北市：行政院文化建設委員會，2006 頁 39。

本祖塔地，面積 1.2771 公頃，據傳係紳公自選福地也，茲將本祖塔歷年史記簡列如下：

一、民國前五十二年前，由先祖所立，纘紳楊公　張太孺人及同地另葬十五世祖歷鐸公　周太孺人兩所坟墓，乾山兼戌向。

二、民國五十二年由管理人水宗及委員新金等，基於二百多年來五大房子孫散居全省各地，祖墓各自就地安葬，每年祭祖掃墓不易集中，因此初得各房親屬重視，將原有坟墓，籌劃改建祖塔，由五大房子孫合資，就地取材，將大溪河川大石砌成石磚造成約可容納二百多罐祿位。

三、民國六十二年第一次開塔添葬時，祿位數不詳。

四、民國七十二年第二次開塔添葬時，由管理人運鉅主持，共進四十一罐祿位，並查明塔內已有 222 罐，祿位已滿。

五、民國七十七年祭祀公業正式成立，民國八十年第一屆第四次大會提議，祖塔內祿位已滿多年，且年久失修，為盼後代子孫能在祖塔，集中共祀，永久保有團結，慎終追遠的精神堡壘，應即早擴建，經得全體會員共識，經大會通過，經費由管理人及各大房委員共同提議，將南興段南興小段 100 號祖地一筆面積 0.0765 公頃出售支應，並依照本公業規約第十二條規定辦理。

六、民國八十二年三月六日代表會通過議價方式由第三房春輝承購自用。

七、本塔構造，原有祖塔一間內部保持原樣，由左右各新建一間並加蓋二層樓三間，全用鋼筋水泥建造，共可容納壹仟伍佰多罐祿位。

八、建塔工作由運鉅、潤龍、春輝等共同籌劃設計、監工。

九、堪輿師，陳幸男先生選擇，山頭仍向乾山兼亥。

十、總工程費新臺幣：捌百伍拾萬元整。

十一、工程日期：民國八十二年農曆三月二十五日破土開工至十月五日謝土圓塔。

修建委員會　管理人　運鉅
顧　　問　運祥

委　員　潤龍　春福　秋良　泉春
　　　　鴻春　秋誠　澄海　桂權
　　　　春輝　永讓　國松　永昌
　　　　秋賢　運雲　鐪春
　　　　管理人　運鉅　謹述
中華民國八十二年十一月十八日

　　從上述石碑銘文內容，可以清楚知道楊家祖塔歷次建造過程與經費，同時將歷次修建參與人員名字列出，有彰顯表揚表彰之意，也開誠佈公盼後代子孫能充分利用祖塔，集中共祀，以此永久保有團結之心，將祖塔作為慎終追遠的精神堡壘的期許。內文雖然對於渡臺開基祖纘紳公渡臺時間乾隆三年寫成四年有所錯誤，但交代了友喜公是隨纘紳公來臺之事，讓楊氏祖塔旁一座友喜公的墓碑，做了清楚的說明。至今楊家春秋祭祀之時，友喜公的墓碑仍是受到纘紳公後裔的祭拜。

　　此外，依據龍潭區三林村當地耆老游金生回憶紀錄，三林村原名馬陵埔，清乾隆 35 年（1770 年）由先民黃慶興、胡大昌、葉振旺、楊榮生等出資開墾，經二年墾成分地，以橫向劃分為乾、坤、天、地、玄、黃、宇、宙等字號配給墾戶，乾字號作為福德、義民祭祀公業，其餘坤字號屬胡大昌，天字號屬黃慶興，地字號屬葉振旺，玄字號屬程丁昧，黃字號屬林清富，宇字號屬楊榮生，宙字號屬胡子元。因墾成土地呈三角形，遂命名為三角林，光復後改名為三林村。

　　楊榮生是 16 世楊厚五的次子，當時馬陵埔墾成分得宇字號的土地，也就成為日後厚五房後裔在此落居的主因。

　　三元宮是三林村民間信仰的中心廟宇，主要供奉三官大帝、觀音佛祖、三山國王。初於民前 34 年由當地居民楊清連、葉慶興、張澄生、楊發宗發起募捐購地蓋三界屋，供奉三官大帝。以後，再由葉金慶、游金華、廖瑞發發起募捐改建，於民國 61 年落成，奉請三官大帝、觀音佛祖、三山國王登龕奉祀。[9]

9　游金華編輯〈游金生談三林村的開發史〉《三林村三元宮慶成福醮紀念特刊》，龍潭鄉三林

　　上述楊榮生是 16 世楊厚五之次子，楊清連則是楊榮生之三子，楊發宗屬 16 世厚三公三子達生之長子清淋的長子。由此得知楊氏家族後裔，為當地三元宮的前後興建事情，是以帶頭人的角色參與。

　　三林村的三元宮目前香火興盛，廟埕時有村民閒坐聊天，設有管理委員會，主任委員是郭阿海。三元宮內龍堵上有石碑銘文，為三林村三元宮序，內容如後：

> 惟我三林村原名馬林埔，後改三角林，再易而為三林村，溯前清乾隆年間，我列祖列宗，由粵由閩渡海來臺，篳路藍縷，闢此島野荒陬，時草茅初啟，地廣人稀，原氣蒸鬱，瘧疾彌漫，復有土著生蕃，毒蛇惡蝎，出沒滋擾，民不聊生，爰合眾議，仰冀神靈護佑，以安民生，遂有先民黃慶興、葉振旺、楊榮生等，於乾隆三十七年（民前一百三十六年）正月十五日邀眾當空邀請 三官大帝、觀音佛祖、三山國王、福德正神，分行奉祀。
> 福德正神鎮本村水頭安奉，三山國王鎮清水坑上公館王爺屋奉祀，觀音佛祖鎮細城楊家奉祀，三官大帝則眾善信一年一戶輪流奉祀，仰蒙神靈默佑，年年豐稔，歲歲均安，我先民乃克開物成務，以立此丕基。
> 迨光緒四年（民前三十四年）歲在戊寅，眾善信有感 三官大帝輪流奉祀，不惟冒瀆神威，亦失虔敬之原旨，乃有楊清連、葉庚興、張澄生等發起，募資購地現址，以乙山兼卯分金，土磚瓦造三界廟堂一座，安奉三官大帝，後推楊金源、葉茂南、楊發宗等為廟產管理。
> 星移物換凡九十五稔，治亂變遷，由原址以寅山兼艮分金座向，以鋼筋水泥，雕梁畫棟，重建廟宇一座，名為三元宮，深蒙眾善信等，熱誠贊襄，慷慨捐輸，今也工程告竣，廟宇煥然，謹涓中華民國六十一年歲次壬子十月初三午時，恭請三官大帝登龕正座，觀音佛祖、三山國王登龕副座，以冀神愉人歡，國泰民安。
> 三元宮重建委員會 主任委員 葉金慶 謹識
> 中華民國六十一年農曆十月初三日

村三元宮慶成福醮委員會出版，民國78年，頁2。

　　從上述銘文內容與耆老游金生的說法大同小異，其中有趣的紀錄了當地以邀眾當天邀請三官大帝、觀音佛祖、三山國王、福德正神，分行奉祀的記事，讓我們明瞭先民在蠻荒墾成時請神的方式，是如此便宜行事。但也對神明如何安置，進行分配：如福德正神鎮本村水頭安奉；三山國王鎮清水坑上公館王爺屋奉祀；觀音佛祖鎮細城楊家奉祀；三官大帝則眾善信一年一戶輪流奉祀。

　　最後，三林村福德祠位於三林村的水頭地處，週圍花草樹木茂盛，環境清幽令人心情愉快。在福德祠內牆壁上有碑文，主要紀錄內容如後：

> 茲我三林村福德祠、三元宮、觀音祀、王爺屋、烈士祠為本村五大古蹟，觀音祀、王爺屋設在石磜子，此二處現已作廢，唯今剩下三元宮、福德祠、烈士祠等三處。為本村唯一古蹟本福德祠創建於前清乾隆三十七年（一七七二年）壬辰歲正月十五日由先民黃慶興、葉振旺初次用石板建造，二次用紅磚建造，三次用洋灰混凝土建造，四次增建拜亭迄今已有二百一十八年歷史，雖經迭次重修猶嫌簡陋，拜亭且會漏水，故不得不重修，爰邀眾議公推游金生為主任委員，楊新年為副主任委員，古連振為總務兼財務委員，彭進旺為監工委員，其他全村村民為募捐委員，共募得現款捌拾貳萬貳仟壹佰柒拾陸元，並請游日龍日師擇吉涓定丙寅年四月初六日午時興工修建，丁卯年九月廿六日完竣，工程款伍拾玖萬元由張聖麟師傅承包，建造加雕伯婆神像，添置涼亭桌凳，道路拓寬，三元宮前加蓋戲臺加裝鐵捲門及其他雜費支出合計捌拾萬捌千伍佰肆拾參元結餘款壹萬參千陸佰參拾參元移交三元宮管理委員會儲存以備維護本村古蹟之用。
>
> 中華民國七十六年丁卯九月二十六日　　游金華　謹識

　　上述碑文除紀錄了當地眾人建造福德祠的原委，及目前建築經費、人事之公告等事之外，也將原有五處古蹟之名稱與位置，加以說明，分別是：福德祠、三元宮、觀音祀、王爺屋、烈士祠。其中觀音祀、王爺屋設在石磜子，此二處現已作廢，原因在於細城楊家奉祀的觀音佛祖，清水坑上公館王爺屋奉祀的三山國王，兩處神明因三元宮在民國 61 年

重建廟宇，而迎入神龕副座供奉。這碑文紀錄觀音祀、王爺屋設在石礧子之事，說明細城楊家與清水坑上公館王爺屋等兩處，當地人稱之為石礧子地名。

五、結論

先人看法：「人之有祖，猶物之有天也；藉祖宗之澤，而無報本之心，是忘其祖，即所以忘其天也；人忘夫天，尚可容於覆載之間哉」。這句話警惕後人要慎終追遠，莫忘本源。

客家人楊纘紳 27 歲於清乾隆 3 年（1738）到臺灣，以後選擇淡水廳霄裡社的番界地開墾，隨後帶領諸姪來臺移墾，而奠基家業基礎。纘紳公獨子歷鐸在家鄉去世後，其妻子周氏帶領五個孩子，到臺灣投靠家翁。由於纘紳公在臺未娶，因此孫輩厚一、厚二、厚三、厚四、厚五等就成為血脈主要的傳承人，其派下稱「厚五房」傳衍迄今，已有數千人之多，分佈在臺灣桃園、新竹、南投、花蓮、臺東等地。

楊纘紳派下在桃園大溪南興庄仍有弘農堂楊氏宗祠、粟仔園祖塔；厚五房榮生公支脈則在龍潭三林村定居，與三林村的發展有密切關係，在當地福德祠、三元宮的石碑銘文或鄉野傳說，均留下楊氏族人參與的事跡。這些就是客家人在桃園落地生根最好的印記。

因此，以楊纘紳派下宗族為例，可以看到客家人重視族譜以及宗族的理念，這種理念，與古人所說宗族的聯繫，在於：「惟冀後代子孫，飲芳泉還思其源，喫香黍要念其根；祖有鄉井，欲知故土而莫忘；祖有墳墓，欲知其祭祀而修餙；祖有基業，欲知其整創而丕承；祖有親戚，欲知其情義而款洽；故舊以相合，內外以相親；患難以相恤，疾病以相扶；死喪以相弔，喜慶以相賀」這種看法，吾以為至今尚無改變。

臺灣客家族譜、田野追蹤：新竹縣寶山鄉「廬江堂」何明勳《渡臺記》記事析探*

摘要

　　本論文主要從文化播遷觀點，審視清代客家人來臺移墾發展的過程。以清嘉慶年間一位青年人何明勳，從廣東省嘉應州長樂縣到臺灣北部淡水廳墾拓之事蹟為例，藉由田野調查搜尋的《渡臺記校注》資料，探究何明勳開墾及其後族裔發展情形。

　　何明勳為發耀公二子，廣東長樂縣太平村河洋壚餘堡約人，生於嘉慶 8 年（1803），卒於光緒 20 年（1894），享年 92 歲。16 歲來到臺灣，初任牧童，以後升格當「長年」，道光 18 年（1838）36 歲與妻子陳秀妹一起進入淡水廳所屬金廣福大隘之藤寮坑、石榴山拓墾，成為墾戶，開始奠基立業，生有 8 男，依序為：來勝、財勝、德勝、福勝、文勝、雙勝（後由福勝長子房生承繼）、錢勝、銀勝等，而後以此分家為八大房。後裔於民國 45 年（1956）由二十五世輩 13 位兄弟共同發起，創立「明勳親族會」。

　　本論文藉助美國人類學者羅伯特・雷德菲爾德（Robert Redfield）的「大傳統與小傳統（Great tradition and little tradition）」概念，作為探究清代臺灣北部客家何明勳來臺移墾，以及家族文化發展的主要參考。研究方法以歷史研究、文獻分析為主，採功能分析法來解釋，以期解說「廬江堂」何明勳家族在清代臺灣北部立足，並播遷客家文化的歷程。

關鍵字：宗族、客家、廬江堂、來臺開基祖、臺灣移墾

---

* 發表於 2016.6.11-14，「第八屆海峽論壇「兩岸同名（同宗）村文化論壇」，福建省社會科學界聯合會、福建省臺灣同胞聯誼會主辦(福建廈門)。

一、前言

　　臺灣社會客家族群重視祠堂、族譜的態度，凸顯出客家人慎終追的特色。每個家族對其「來臺開基祖」事跡，都流傳有趣的故事。從文化播遷的觀點而言，這些客家先民移墾事業故事，可視為臺灣社會初期漢人移墾的事例，同時亦是客家先人在臺灣社會立足與當時際遇的重要描述。

　　對於作譜內容記事，古人云：「記其枝所自出，而不及其他者是謂房譜；其所成也小，若詳其所自出而無不必收者是謂族譜；其所成也大，猶樂合眾之條理而金玉為聲振者是謂總譜」。因此，譜蝶概可以族親分支遠近內容，分為：總譜、族譜、房譜三類。

　　《渡臺記》，內容敘述何明勳與陳秀妹一己之事務，屬房譜類別，但內容所論事務原委、人際關係等，又超越傳統房譜僅紀錄源流、支派、子嗣人名、遷移開基世代，以及先祖生卒、墓地等資料，是一本罕見的金廣福大隘墾拓者，將開發過程與真人真事跡作詳細記錄的書籍，亦是一本少見採用編年記傳方式，以及客家文句記述的房譜資料。

　　《渡臺記》內容，是由何明勳與妻子陳秀妹兩人，在晚年口述生平事跡給子女知曉，並由三子德勝作紀錄而成的。由於這種由當事者親自述說的事例極為少見，與其他族譜有所不同，因此作為本文討論研究的對象。

　　何明勳是廣東長樂縣人，嘉慶 23 年（1818）16 歲時，即跟隨同鄉引路人文叔到臺灣謀求發展，在今新竹縣新豐鄉之新豐村（舊稱紅毛港）上岸。依據何明勳與妻子陳秀妹兩人晚年口述的《渡臺記》一書內容，當時何明勳上岸後，經過當地小廟「池和宮」時，榕樹下的熟食店老闆娘用熟悉的家鄉話招呼客人，倍感親切，餐後隨即上路，越過犁頭山（今竹北市與新埔鎮交界），然後走到「大洋田」的地方，進入同姓「盧江堂」的三合院，由引路人文叔引薦給稱三叔者的主人，三叔乃安置何明勳在家幫傭，初約定工作為牧童，負責放牧牛羊，每年工資一車（一千

斤）的烏粘穀（本地在來米），這是何明勳來臺時的首份工作。

　　何明勳在臺 20 年後始成家立業，其立業機會，主要參與當時淡水廳竹塹金廣福大隘藤寮坑、石榴山（今新竹縣寶山鄉）的拓墾，此後不僅開闢田園成為墾戶，也建立家庭，兒女成群，擁有 8 男 3 女。這本書，亦可以代表客家先民，在清代臺灣將荒野開闢成田園，成家立業，開花散枝成功的事例。

　　有關中國地方家族或宗族文化的研究，一般學者會注重 20 世紀 50-80 年代，美國人類學者羅伯特・雷德菲爾德（Robert Redfield）在 1956 年出版的《鄉民社會與文化：一位人類學家對文明之研究》（Peasant Society and Culture; An Anthropological Approach to Civilization）一書，他研究拉丁美洲的鄉民社會時，提出「大傳統與小傳統（Great tradition and little tradition）」概念。他認為鄉民具有兩種特性，一方面是對於土地的熱愛與追求，促使他們願意如同先人依附土地渡過一生；但另一方面，他們卻不同於與世隔絕的部落社會，會與鄰近城鎮的居民打交道，接受外在社會的新事物引入或影響。

　　此種概念以後被莫里斯・弗里德曼（Maurice Freedman）、史坦利・譚拜亞（Stanley Tambiah）等人類學家運用至漢人研究與印度社會學等領域，並被歷史學、社會學等相關學科學者引用，成為探究中國與印度等鄉民社會地區的主要概念之一。

　　例如採用大、小傳統的概念，可將中國的生活思想、日常行為劃分成兩個部分探究。大傳統所指的就是士大夫階層或少數知識分子，他們是理想社會結構典型模式的尊奉者；小傳統所指的是一般庶民百姓，他們雖努力實行一些社會規範，但礙於實際情境迫使部份百姓另作選擇，謀求變通方式。士大夫所鼓吹的理想社會模式，在實際鄉民生活卻不能夠完全被接受或奉行。[1]

　　由此，大傳統是指少數的知識分子，小傳統是指多數的平民百姓；

---

[1]　參閱陳祥水 1978 年〈中國社會結構與祖先崇拜〉《中華文化復興月刊》第 11 卷第六期，頁 32-29。維基百科，大傳統與小傳統 https://zh.wikipedia.org/wiki ，時間 2016/04/17 下午 04：34。

大傳統是由學校或廟宇所孕育而成，小傳統則是在沒有文字的鄉村生活裡創造出來並應用於生活當中的文化。大傳統與小傳統間藉由知識分子（士紳）與鄉民這兩者相互依賴，構成整個鄉民社會的文化傳統。

　　是故，本論文有關何明勳後裔的形成與發展，也就採用了大傳統與小傳統的概念，作為家族與臺灣社會關連的解釋。

二、清康熙至道光臺灣淡水廳「桃竹地區」拓墾形勢

　　清康熙中葉郁永河在其《裨海紀遊》一書中，紀錄了當今新竹至桃園間的景致，有「自竹塹迄南崁，八、九十里，不見一人一屋，求一樹就蔭不得」的描述。[2]其中「竹塹」即是竹塹社屬道卡斯族，「南崁」即是南崁社屬凱達格蘭族群，因此當時郁永河所經過的區域，屬於這兩社群的活動領域。

　　康熙三十年（1700），以山水畫法呈現臺灣前山沿海樣貌的「康熙臺灣輿圖」（地圖 1），將清代初期臺灣的行政、兵備、地名、平埔族原住民聚落等做了紀錄，也彩繪原住民住屋與生活作息，是目前所知最早的一幅清代臺灣地圖。

康熙臺灣輿圖（地圖一）

2　郁永河 1996 年《裨海紀遊》臺灣歷史文叢叢刊 44，頁 30。

　　此地圖的資訊，可以彌補郁永河《裨海紀遊》一書中，文字敘述臺灣社會樣貌的不足之處。有關今桃園至新竹地區一帶的地名由北至南的地名有：南崁社、之巴社（芝芭里社，今青埔）、澗仔力社（今中壢市舊社）、眩眩社、鳳山、竹塹社等。[3]

　　另外，在一份清代乾隆二十一至二十四年（1756-1759）左右的「乾隆臺灣輿圖」（地圖2），此圖將臺灣清領時期的行政與軍備布置，繪製特別詳細，村落與塘汛位置也標示清楚，從南至北繪有一條很長的黃色郵傳道路，與沿海的海防道路。清領臺灣社會已經七十多年，因此漢人在北部入墾的庄名出現也不少。雍正元年（1723）臺灣北部建置淡水廳，廳治此時已經設置在竹塹城（今新竹市）。

乾隆臺灣輿圖（地圖二）

　　地圖有竹塹城地名與城池的繪製，竹塹城東門外往山區有廣興庄、竹塹社、東勢庄、缺仔口庄、筆架山、婆羅粉山等地名記載。從婆羅粉山往山區，有「九芎林係生番隘口」的文字說明，其後的枋寮山、犁頭山、東勢山等山區，則是生番的活動區域，此區域生番，即今之「泰雅族」與「賽夏族」之兩種原住民。

　　竹塹城南門外的文字說明內容為：「城西至船頭港五里，東至筆架山七里，北至竹塹社五里，至鳳山崎一十里，附城隆恩庄又至婆羅粉十

3　邱榮裕 2014 年《臺灣桃園大溪南興庄纘紳公派下弘農堂楊氏族譜》桃園縣大溪鎮：祭祀公業法人桃園縣楊纘紳，頁 6-7。

五里，離生番界一十里，城內守備一員千總一員把總二員兵三百二十一名」。船頭港庄往北的鄰庄，即是麻園庄。地圖在船頭港庄河口處，注明「船頭港係潮滿方可進港」；在紅毛港之河口處，亦注明「此港潮滿七八分，船隻方可出入」。另在船頭港與油車港之間的濱海之處，繪製有海口汛，炮臺，注明「外委一員兵十八名」。從這些地名與注明文字，可以清楚了解當時竹塹城守備與城外周遭村落與地勢的情勢，實際漢人開發地區，僅在沿海地區而已。[4]

　　另一份較晚的乾隆二十五年（1760）「臺灣民番界址圖」（地圖3），其開卷題詞云：「圖內民番界址，以紅色線為舊定線，以藍線為新定線」，說明了清領時期朝廷對臺灣民番採隔離政策治理，設置有土牛線、隘寮，並以隘勇守隘界，防止生番或漢民出入。

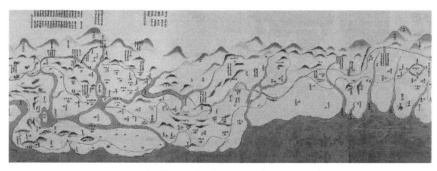

臺灣民番界址圖（地圖三）

　　比較前面地圖，從此圖漢人村庄名稱，可以看出中、北部的漢人移墾發展已日漸增加，在桃園地區已經有：桃仔園、南崁社、茄苳腳庄、八座庄、霄裡社、白沙墩庄、芝芭里庄等地名。另在於番界線有首次出現的南興庄地名，澗仔壢、烏樹林隘、南勢庄、安平鎮、園山行頂、打撈山隘等地名。南興庄此時被畫在紅藍線之外，更在南興庄與打撈山隘之間，有文字說明為「南興庄后打撈山隘，離內山十里，離生番一百餘里」。顯示生番問題已經獲得平息，南興庄雖在番界線之外，但已經是漢人聚落。然而，在竹塹區域部份，枋寮畫在藍色線內，犁頭山、員山

---

[4]　邱榮裕 2014 年《臺灣桃園大溪南興庄縉紳公派下弘農堂楊氏族譜》桃園縣大溪鎮：祭祀公業法人桃園縣楊縉紳，頁 8-9。

仔均屬藍線外的生番活動區域。[5]

　　竹塹地區的開發，康熙末年，始有從大陸來臺民眾及從臺灣南部北上的佃丁，分別由海、陸兩路接踵而至，開發次序初在香山、紅毛港沿海地區，以後沿著頭前溪及鳳山溪兩溪，分別從出海口下游流域逐漸往中游流域擴大。道光初竹塹城外，東南丘林區域不時有生番出沒，人畜受損，城外居民不安，使得淡水廳憲李嗣業不得不有所作為。

　　金廣福大隘設置，起於道光十四年（1834）淡水廳憲李嗣鄴，當時示諭姜秀鑾在竹塹城南橫崗頂建隘、募丁防番，以後遂有金廣福大隘的組成。吳子光《一肚皮集》之〈金廣福大隘記〉云：「**臺商俗例，爭取得金之意義，凡會計簿多以金字蒙頭；廣謂廣東也，福謂福建也，故名金廣福大隘**」，因此「金廣福」即是客家人（廣）與閩南人（福）共同合作投資之意。　金廣福大隘區域，為今之新竹縣北埔鄉、橫山鄉、峨眉鄉、寶山鄉等範圍。

　　「金廣福」組織性質，簡言之有下列特色：首先，從道光十五年（1835）的姜秀鑾與林德修的兩合約字契內容，清楚說明金廣福組成目的，是「**因為數處私隘力寡難支，雖設石碎崙官隘，尚屬株守一隅，非盡善之法，因而有金廣福的組成**」，以期解決當時生番危害的事情。

　　其次，「金廣福」組成初期，分府李嗣鄴以官方財力，並藉助姜秀鑾在南勢埔一帶防番經驗，企圖解決經年難解的番害問題，以維護竹塹城的安全；但因隘費丁糧所需龐雜，乃令姜秀鑾、林德修捐本生息，定股整本方式，公議招募，初股二十，後變成三十股，此為後期開發，面臨資金籌措困境。

　　其三，「金廣福」的組成具有濃厚的商業傾向。

　　其四，契約兩顆戳章，分別為：「**加府銜分府李給竹北一保九芎林庄總理姜秀鑾戳記**」；「**加府銜分府李給西門總理林德修戳記**」。由此可知，負責籌募金廣福資金的兩籍墾戶首，均為在城的縉紳與在庄的墾

5　邱榮裕 2014 年《臺灣桃園大溪南興庄纘紳公派下弘農堂楊氏族譜》桃園縣大溪鎮：祭祀公業法人桃園縣楊纘紳，頁 10-11。

戶，屬於民間領袖領導的組織；但實際上卻具有官方允許設置守隘，指揮隘丁防衛的特權。[6]

「金廣福」初期所給出的荒埔地，均散布在金廣福（北埔）外層之寶斗仁、雙溪（寶山鄉雙溪村）、北坑庄（寶山鄉山湖村）、大崎（寶山鄉大崎村）、金山面（新竹市仙水里）、柯仔壢（竹東鎮柯湖里）、新城仔（寶山鄉新城村）等處。當時承墾者所承接的土地為荒埔，所以「金廣福」所給墾批，均記載承墾者，必須「**自備工本前去開闢，築陂鑿圳，墾成田園，永為己業**」，期限五年，所開墾地須經總墾戶丈量，按甲納供。如墾限已到，而田園未成，以致拋荒延誤隘糧，總墾戶即可將墾批撤回註銷，另行招墾。[7]此是當時承墾者在金廣福墾區，取得荒埔地為永業的方式。本文何明勳在道光十八年（1838）時 36 歲，入墾金廣福大隘之藤寮坑與石榴山，即是在此條件下，並獲得任職金廣福守隘友人協助，而完成少時出鄉關到臺灣打天下的壯志。

清同治十年（1871）陳培林纂修的《淡水廳志》之「分圖二」，此分圖標示有從北的新庄到南的香山界之間的地名，靠山區的地名，依序為：霄裡、南興庄、埔頂、三坑仔、鹹菜硼、水汴頭、九芎林、樹杞林、二重埔、金廣福。這個時候，何明勳與陳秀妹在金廣福之北坑村已經建立家業，蓋起華屋稱「廬江堂」，並生了 8 男 3 女。

三、何明勳寶山廬江堂的創立

《渡臺記校注—燈前月下聽夜話》是一本難得採用客家話七言句，記錄的口述歷史，不僅是清代一位廣東長樂縣（今五華）年青人何明勳，16 歲辭別父母，隨同族親到臺灣，36 歲時與妻子陳秀妹，兩人在竹塹金廣福藤寮坑、石榴山開墾，建立廬江堂家園的真實墾拓故事；亦是一

---

[6]　吳學明 1986 年《金廣福墾隘與新竹東南山區的開發（1834-1895）》臺灣師範大學歷史研究所專刊 14，臺北市：臺灣師範大學歷史研究所，頁 36-40。

[7]　吳學明 1986 年《金廣福墾隘與新竹東南山區的開發（1834-1895）》臺灣師範大學歷史研究所專刊 14，臺北市：臺灣師範大學歷史研究所，頁 140。

本清楚描述清代來臺墾拓者個人際遇，以及淡水廳竹塹金廣福大隘拓墾開發的事情。故事裡面，依據時間先後紀錄了相關人物，也詳盡的寫出事情原委，更同時交代與環境生活相關的地名，是一本有血有淚的個人口述生命歷史故事。

本書主角何明勳、陳秀妹於清同治七年（1868）六月開始口述，至同治十一年（1872）十二月止。當時由三男德勝負責記錄，起筆在同治七年六月，伏筆時間則在光緒三年（1877）九月；以後由德勝子寅生整理，時間在民國九十七年（2008）八月起稿，至民國一百年（2011）九月脫稿。最後由二十六世何石松校注，於民國一百零四年（2015）十二月出版。

何姓「盧江堂」世代，從開基始祖何大乙郎公起算，原籍安徽省盧江縣，生於唐昭宗景福元年（892）。何明勳是二十三世，原籍廣東省嘉應州長樂縣太平村河洋壚餘堡約，生於清嘉慶八年（1803），卒於光緒二十年（1894），享年92歲。其父發耀公母葉氏，生四子，分別是：達勳、明勳、步勳、寬勳，何明勳為次子。妻子陳秀妹，則於隔年光緒二十一年逝世，享年76歲。

本章主要論述何明勳來臺如何成家立業之事，因此在資料的運用，偏重探索其個人在不同階段中具有代表性事情的整理；對於其個人情感上的遭遇與人際紛雜的關係，就不在此文章中討論。茲將《渡臺記》有關何明勳一生奮鬥關鍵的事情，依時間先後，重點介紹於後：

1、來臺過程及引路人的叮嚀

嘉慶二十三年（1818）何明勳16歲「壯志凌雲出鄉關」，「合掌告別盧江堂」，在家鄉石橋「跪下大地稟雙親」後，即隨同引路人文叔，爬山越嶺到汕頭。半夜三更登上港口小漁船，出海轉換大帆船，下到二艙，「艙內人已坐滿滿」，海上「大船搖擺魂欲斷」，「試到大船無恁搖，跟隨文叔下大船」，「大船還有許多人，揮手相互祝平安」，「兩艘小船坐

滿滿，踏上長濱臺灣地，謝天謝地謝恩情」。[8]這是何明勳離家辭別及乘船到臺灣的光景描述。

　　當時登陸的地點為紅毛港（今新竹新豐鄉新豐村出海口），經過池和宮時，「樹下熟食店伯母迎客笑吟吟，口音都係廣東話（客家話）」，自此向南行，經過犁頭山，黃昏到達大洋田，進入一座「盧江堂」三合院，引路人文叔隨即引薦何明勳給三合院主人（稱三叔），暫時安排當牧童，每年一車（一千斤）烏粘穀（在來米）為酬勞，文叔就教何明勳向三叔行大禮，從此開啟何明勳在臺灣立足的契機。隔天文叔辭行，行前緊緊牽著何明勳的手，告誡「成事在人不在天，原籍必須愛記得」，言罷就開步向前走。[9]這段生動的將引路人文叔在臺灣的人際關係清楚說明，也呈現引路人對於立志來臺發展的年青人不要忘本的告誡；同時也讓我們了解到當時牧童一年的工資。

2、長工歲月與經歷

　　道光元年（1821）何明勳 19 歲，已經具有「山畑田洋已分明，牽牛牧羊也稱意，犁耙碌磟也學成」的本領時，在長工阿土（余阿土）辭雇他就之後，何明勳被升格當長工，工資為兩車烏粘穀。這期間有位住在下橫坑（今關西新力里）的范長賡者，帶著次子范阿城，因家貧向主人三叔尋求牧童工作機會，阿城被接受安置，隨何明勳學習。三叔關心范長賡困境，派何明勳跟隨阿城到其家探望，才了解賡嬸韓雙妹生病在床，債主黃捷發逼迫還債，見雙妹有姿色乃要求典妻償債，何明勳聽聞不忍，亦將身上一銀錢拿出資助，解決范家窘境。

　　由於這個緣由，日後范長賡長子在諸羅城發達後，道光八年（1828）五月范家派阿城，專程由諸羅城前來三叔家，邀請何明勳到諸羅城發

---

[8]　何明勳口述、何德勝紀錄、何寅生整理、何石松校注《渡臺記校注—燈前月下聽夜話》臺北市：五南圖書出版，2015 年，頁 3。

[9]　何明勳口述、何德勝紀錄、何寅生整理、何石松校注《渡臺記校注—燈前月下聽夜話》臺北市：五南圖書出版，2015 年，頁 4。

展，何明勳乃應諾，「預定冬禾收割後，決定下南諸羅城」。[10]

　　同年冬，臘月上十興村朱家老夫婦六一壽宴，邀請三叔夫婦參加，飯後回來卻食物中毒，雖延醫治療，但三叔夫婦病情仍嚴重，此時田事、家事忙得團團轉，隨後三叔兒子義明亦染病在床，驚動麻園親家大伯陳布政帶著女兒陳秀妹來探視。適時范阿城從諸羅城來訪，向麻園大伯說明原委，欲接何明勳前往諸羅城發展。8歲陳秀妹見何明勳左右難為，在父親的同意下，說出「子曰君子喻於義，小人喻於利，君子丈夫之道也，亦有仁義而已矣」。這番話，頓時讓何明勳放棄南下諸羅城的打算，決心幫忙三叔家渡過眼前難關。[11]

　　何明勳後隨大伯到馬鱗厝，訪得蘇伯淵懂漢藥，帶回三叔家醫療，何明勳負責煎好藥湯，七天後藥到病除，三人都可離床。大伯親家來訪傳出笑聲，午餐後蘇柏淵始道出身世。原家在噶瑪蘭（今宜蘭縣）羅東大街開藥鋪武功堂，道光二年（1822）朱蔚反清強勇募眾，兄弟兩人他被徵募入山營，朱蔚被擒殺頭後，餘黨敗逃隱山林，道光四年（1824）行至竹塹隱居陳府，「日在山裏採藥草，夜裡研藥效仁心」，已經6載有家歸不得，以後三叔就安置在家。

　　道光十一年（1931）總督程祖洛宣告二十一條政令，既往不咎。當年二月，何明勳與三叔家人為蘇柏淵送行轉家鄉。[12]

　　同年五月，再次遇到夏阿嶺稱夏什班（社番土目），知道何明勳想開墾找地，就帶他到「石壁潭九芎林庄墾務處，當時總理就係姜秀鑾」，夏什班為何明勳報上姓名，因總理公事往淡水未設代理人，只留姜煥元一人，三人就在倒縛牛及石壁潭兩地轉一轉，兩個墾地何明勳考慮許久，半年後選定倒縛牛，再到公館時姜煥元不在，由彭順和接待，因無立約，

[10] 何明勳口述、何德勝紀錄、何寅生整理、何石松校注《渡臺記校注—燈前月下聽夜話》臺北市：五南圖書出版，2015年，頁23。

[11] 何明勳口述、何德勝紀錄、何寅生整理、何石松校注《渡臺記校注—燈前月下聽夜話》臺北市：五南圖書出版，2015年，頁27。

[12] 何明勳口述、何德勝紀錄、何寅生整理、何石松校注《渡臺記校注—燈前月下聽夜話》臺北市：五南圖書出版，2015年，頁29-32。

早先所看兩處，已有新移民移墾，何明勳因此錯過第二次機會。[13]

　　道光十三年（1833）三月，地方發生一群劫匪搶劫莊民穀倉，麻園大伯派信謀到三叔家尋求支援，何明勳乃與義明共同前往麻園，當天夜裏果然有劫匪七、八人前來企圖搶劫，大伯出廳被匪首迎面打到在地，還想再踢一腳時，何明勳立即施展「飛燕過海點咽喉」招式，擊中匪首，匪首咽喉應點，四腳朝天難起身。此時義明亦單棍迎群匪，何明勳隨手接過陳秀妹扔來的竹棍，也毫不留情將劫匪一個個打到在地。逼問劫匪，才知道是年前張丙反清亂黨之餘黨，匪首向大伯三跪拜後，在群匪攙扶下離開。[14]

　　同年年底，義明獲得雙生子，慶祝滿月大廳親友滿座，大伯親家表揚何明勳功夫好，何明勳才向眾人說明，家鄉風氣夜裏習武、讀文書事，因此從小即拜武技教練何一鵬練武，拜何雁洲習字。但因母親訓諭出門在外勿誇有拳術，當天看到大伯在危急中，不得不初試玄門第六玄的工夫，但為遵守母訓，因此「請求此事勿再敘，幫我阿二（何明勳）謝母恩」。[15]

　　道光十六年（1836）何明勳 34 歲，九月二十前往麻園向大伯夫婦祝壽，並向大伯夫婦表示求娶千金陳秀妹之意。陳秀妹應諾之後，擇定十月二十迎過門。婚事就由三叔三嬸做主，長年房間增建成一棟三間小茅屋，成為三叔家人。隔年，巧遇夏什班，約定二月入山覓地盤，何明勳與陳秀妹隨同夏什班進入金廣福大隘，在十二隘寮遇到姜煥元，此時姜煥元任巡哨三十六隘寮之責，相見滿胸情懷不勝言，隨同夏什班看中藤寮坑、石榴山，由於陳秀妹堅意墾此地，以後遂由何明勳披荊斬棘建立家業。[16]

---

[13] 何明勳口述、何德勝紀錄、何寅生整理、何石松校注《渡臺記校注—燈前月下聽夜話》臺北市：五南圖書出版，2015 年，頁 34-35。

[14] 何明勳口述、何德勝紀錄、何寅生整理、何石松校注《渡臺記校注—燈前月下聽夜話》臺北市：五南圖書出版，2015 年，頁 37-41。

[15] 何明勳口述、何德勝紀錄、何寅生整理、何石松校注《渡臺記校注—燈前月下聽夜話》臺北市：五南圖書出版，2015 年，頁 44。）

[16] 何明勳口述、何德勝紀錄、何寅生整理、何石松校注《渡臺記校注—燈前月下聽夜話》臺北

3、藤寮坑、石榴山奠基立業，創建盧江堂

道光十八年（1838）十月，辭別三叔一家人，何明勳與陳秀妹帶著週歲長子來勝，以及兩隻小羊，到石榴山，受到十二隘寮駐守隘丁們的歡迎，隘丁們特別為他們在廚房旁加蓋新房，並安置了大眠床、衣櫥、小凳桌。何明勳開始斧頭鐮刀隨身帶，到十二月底，已經「墾成壟底六丘田」，旁有涌泉，預計明年二月趕春耕。姜煥元巡哨石榴山，看到成果很高興，對何明勳說墾山明年起算，滿五年後來丈山，墾多少丈多少，憑丈墾地發文憑，秋收之時繳納，由金廣福批明，立給墾批字壹紙。[17]

道光 24 年（1844）三月初三，金廣福大隘一隊人馬，由姜煥元帶來 6 人丈量墾地，夏什班也在其中，姜煥元對何明勳說，此地墾戶是夏阿嶺（即夏什班）今讓渡給你，「今已墾成為己業，不可忘記讓渡恩」。陳秀妹聽到急轉身，含笑躬身對夏什班感謝讓渡恩義，隨即奉上茶盤三對銀，夏什班欣然接納後就離開。丈量境界地積甚分明，造冊地籍分管區，地名藤寮坑改稱北坑，屬於沙湖壢管區，石榴山改稱草山。[18]

道光二十七年（1847）何明勳 45 歲，與當地墾戶合作開通北坑到北埔的道路，九月初十新居落成，吉日良辰安置神龕祖牌，「正廳楣上盧江堂」，兩旁對聯：

盧山環繞戮力展開新氣象；江水縈流同心重振舊乾坤。

此時何明勳、陳秀妹生有：來勝、財勝二子；庚妹、鳳妹二女。[19]

同治三年（1864）何明勳 62 歲，陳秀妹 44 歲，正月生下八男銀勝，秀妹愛稱「吊尾槌」。至此，共十胎生下十一兒女。同年，嫁鳳妹，同

市：五南圖書出版，2015 年，頁 73。

[17] 何明勳口述、何德勝紀錄、何寅生整理、何石松校注《渡臺記校注—燈前月下聽夜話》臺北市：五南圖書出版，2015 年，頁 77-78。

[18] 何明勳口述、何德勝紀錄、何寅生整理、何石松校注《渡臺記校注—燈前月下聽夜話》臺北市：五南圖書出版，2015 年，頁 87。

[19] 何明勳口述、何德勝紀錄、何寅生整理、何石松校注《渡臺記校注—燈前月下聽夜話》臺北市：五南圖書出版，2015 年，頁 92-93。

時為長子來勝娶媳婦徐添妹（草山猴櫥壢徐家）。[20]

同治十一年（1872）何明勳 70 歲，十二月初六，六男雙勝 16 歲成丁時，去世。親母秀妹銜哀祭奠，祭奠文有云：

> 汝歲登十六已經成人，歸宗認祖，左昭稱世代，右穆載諡名。上了神龕要有香爐水碗繼承人，不向宗親內取，爰在兄弟同胞求。不論兄也弟，先得長子者，過繼雙勝為義兒，後裔熾盛，分支分爨時，家業均分，不得違背。[21]

從上述祭奠文中，看到世代相傳，長輩為未婚男子去世無後，指定由同胞兄弟之子承嗣，以繼承其香火的事例。

有關何明勳在金廣福大隘開墾的成果，在一份同治十三年（1875）總墾戶金廣福所統計的墾戶表中有紀錄，獲得驗證。此表在何明勳的欄目，田額部份記載零點三甲，備考欄注記為承墾。[22]

何明勳在北坑建立的何氏廬江堂，在其晚年急劇變化。光緒十九年（1893）長子何來勝 57 歲逝世，隔年（1894）何明勳 92 歲逝世，再隔年（1895），陳秀妹 76 歲逝世，再隔年（1996）長媳徐添妹 52 歲逝世。家族在經年發生長輩喪亡情境下，也就產生分家的爭議。最後家業在宗親前輩公正裁量下分八份，由來勝、財勝、德勝、福勝、文勝、雙勝（福勝長子房生承繼）、錢勝、銀勝等八房均分，各持合約分鬮書各自飛。[23] 分家之時，已是明治三十年（1897），日本據臺第三年。

臺灣光復後，何明勳後裔八房於民國 45 年（1956）創立「明勳親族會」，由二十五世 13 位兄弟共同發起，成員分別為：何乙生、何祥生、何富生、何朝穩、何房生、何房城、何俊生、何仁生、何娘生、何木生、

---

[20]　何明勳口述、何德勝紀錄、何寅生整理、何石松校注《渡臺記校注—燈前月下聽夜話》臺北市：五南圖書出版，2015 年，頁 123。

[21]　何明勳口述、何德勝紀錄、何寅生整理、何石松校注《渡臺記校注—燈前月下聽夜話》臺北市：五南圖書出版，2015 年，頁 136-137。

[22]　吳學明 1986 年《金廣福墾隘與新竹東南山區的開發(1834-1895)》臺灣師範大學歷史研究所專刊 14，臺北市：臺灣師範大學歷史研究所，頁 146。

[23]　何明勳口述、何德勝紀錄、何寅生整理、何石松校注《渡臺記校注—燈前月下聽夜話》臺北市：五南圖書出版，2015 年，頁 147-148。

何石在、何寅生、何煥堂等，為圖謀族人之團結而創會，為關懷手足之情而聚會。章程設有每年春、秋二會，共聚一堂。[24]

四、結論

人類藉著遷移方式增廣活動領域，亦藉著移墾事業建立家園；族群文化的發展循著這種模式，隨著拓墾者在新的環境生根、成長並開花結果。本文拓墾者何明勳在年青時候懷抱夢想，在清嘉慶年間隨著引路人從廣東嘉應州長樂縣的家鄉，到臺灣北部淡水廳竹塹地區拓墾。

何明勳在同鄉族親文叔的帶領下，乘船越過黑水溝，到今新竹縣竹北市犁頭山下同姓「盧江堂」三叔家當牧童，以後升任長工，辛苦奮鬥20年後，於道光十八年（1838）36時，才有機會參與竹塹城外由姜秀巒主持的金廣福大隘開墾，成為墾戶，與妻子陳秀妹共同在藤寮坑、石榴山（今新竹寶石鄉北坑、草山）一邊拓墾，也同時建立家庭與華堂「盧江堂」，終其一生共孕育有8男3女。光緒二十年（1894）何明勳92歲逝世，隔年（1895），陳秀妹76歲逝世。

光緒乙未（1895）臺灣時局政權更迭，隔三年，何家也巨變分成八房，至臺灣光復以後民國45年（1955）由二十五世13位兄弟共同發起創立「明勳親族會」，定期八房聯誼至今。何明勳當時所參與墾拓的金廣福大隘屬於生番（今泰雅族、賽夏族）活動區域，因與十二隘寮的隘勇們相善，而獲得照顧，在無生番出草威脅之下，順利墾拓成功。

從上述，可以看到漢人家族小傳統的建立，是清代淡水廳治得以在番界發展的主要因素，臺灣社會的漢化不僅僅是清政府吏治的統治，番界區域漢人的拓墾亦是不可忽視的一環。由於何明勳是廣東嘉應州長樂縣的客家人，因此家園的建立，也就是客家文化生根之時。是故，臺灣社會客家聚落以桃竹苗為最多，且偏於丘陵山區之地，應與本文所例舉之拓墾者模式有所關連。

---

[24] 何明勳口述、何德勝紀錄、何寅生整理、何石松校注《渡臺記校注—燈前月下聽夜話》臺北市：五南圖書出版，2015年，頁151-152。

叁、文化比較研究篇

族群文化：異域客家民間信仰的變容

—以馬來西亞客家廟拿督公、印尼邦加島土地龍神、臺灣宜蘭三山國王為例[*]

摘要

　　人類不同時期的遷徙，不僅帶動文化的擴展，同時也引發新文化的產生。如何觀察上述遷徙文化在新異域的擴展與新文化的產生，是一件極為有趣的課題。本文藉著客家族群的遷徙分佈，以客家民間信仰中的伯公、土地龍神、三山國王等三種，作為主要觀察對象。

　　本文客家族群遷徙異域地區，包含馬來西亞吉隆坡、印尼邦加島、臺灣宜蘭等。將吉隆坡客家廟的拿督公，邦加島客家廟宇的土地龍神，臺灣宜蘭的三山國王信仰類型，作為研究對象，與原鄉民間信仰做比較研究，來看其間的差異，同時解析民間信仰文化的變容現象。

關鍵字：客家民間信仰、伯公、拿督公、土地龍神、三山國王、王爺、虎爺

---

[*]　發表於 2015.6.5-6，「2015 族群文化與文化產業發展國際學術研討會」，臺灣元智大學主辦。

一、前言

　　人類遷徙帶動文化的擴展，一般而言，移民過程中帶動自己所屬的原鄉文化，到新的移墾天地，是人類經驗法則中自然行為的表徵。然而，原鄉文化在新天地的播衍發展，卻可因環境、人口的差異而有所不同，因此文化移植議題是值得探究的。

　　有關漢文化移植臺灣的研究，有兩位學者研究論點受到矚目；一位是歷史學者李國祁先生，另一位是人類社會學者陳其南先生。李先生以「內地化」來說明清代臺灣吏治發展與中國各省吏治相同的趨勢，主要說明臺灣成為清朝領地後，將臺灣附屬福建省吏治，初置臺灣府下設臺灣、諸羅、鳳山等三縣，建立行政體系治理臺灣社會發展的過程。[1]陳先生則以「土著化」解釋漢文化在臺灣社會生根成長後，與母體中國文化之差異現象。這兩種論點，對於解釋漢文化傳播到臺灣的形成原因，很有助益。[2]

　　本文以客家民間信仰的伯公、土地龍神、三山國王等神祇作為研究對象，初探這些客家民間信仰到了異域之後，是否有所變容，並運用前述文化移植論點來解釋變容現象。此論文所用異域之詞，所指範圍為馬來西亞、印尼邦加島及臺灣等三個地區。研究方法採歷史研究、文獻分析以及田野調查等。

二、客家原鄉伯公、土地龍神、三山國王等民間信仰

1、梅州伯公信仰

　　梅州客家原鄉，民間土地神伯公信仰屬當地民眾日常生活最為親近

---

[1]　李國祁〈清代臺灣社會的轉型〉《中華學報》臺北市：中華學報社，1978 年，第 5 卷第 3 期。

[2]　陳其南〈土著化與內地化：論清代漢人社會的發展模式〉《中國海洋發展史論文集》臺北市：中研院三民主義研究所，1984 年。

的神明，一般稱呼「伯公」，也有稱「社官」或「彌陀伯公」等，源於中國古代自然信仰中的土地崇拜的所謂「封土立社」。「社官」也稱「里社真官」一般設置在水口或村口之處，壇型似墓狀。民間祭祀伯公神明的形象不一，有石雕偶像，有石碑或木牌或紅紙書寫名稱，又或一塊石頭表示。民俗上更有伯公廟配祀伯婆的現象，讓伯公伯婆成雙，專心庇佑當地百姓。[3]

臺灣北部中壢臺地湖口地區的客家人，屬於嘉應州、潮州府、惠州府移民的後裔，當地延續伯公信仰，伯公是土地神，是村內的支配者，亦是村民的指導者，村民重要的行事都會依伯公神明授意進行，諸如耕種、建造房子之前，必向伯公祭拜禱告，事後也必向伯公報告。客家村莊不管大小，都設有伯公祠，即使只有二、三戶人家，也不例外，必定祭拜。

伯公祠多設置於樹蔭下或竹叢、草叢中，設立方向由地理師決定，每個地方伯公祠祭拜的方向都不相同。傳統伯公祠有大、小之分，小的伯公祠採用地方扁平石頭，簡單築成ㄇ字型，當中有祭壇，正面的內側牆壁貼寫著「福德正神」的紅條紙，或立一尊簡易的石翁，作為伯公神明的表示，以供祭拜的對象。「福德正神」是伯公的別名。某些特殊行業，如礦業、木材業者，會在家中設置伯公神位祭拜，以保個人平安，事業順利。他們所祭拜的伯公，均是由村裏的伯公祠分香過去的。有的伯公祠，亦供奉伯婆，視同凡間有配偶。[4]

2、道士與土地龍神

梅州民間將覡公稱為道士，道士稱為覡公，俗稱齋公，也稱覡公為火居道士，屬閭山派道士，為地方化的閭山派道教。[5]覡公一般是世家傳襲，傳男不傳女，法事除了做覡、好事、喜事以外，也兼做超度與趕

3　房學嘉、肖文評、鍾晉蘭《客家梅州》，廣州：華南理工大學出版社，2009年，頁149-150。
4　國分直一著、林懷卿譯《臺灣民俗學》，臺南市：莊家出版社，民國69年，頁69。
5　房學家《粵東客家生態與民俗研究》廣州：華南理工大學出版社，2008年，頁187。

鬼，做法事時有扣糧（甩五穀）、酒灑地、用牙咬破雞冠取血以敕符。也有穿紅衣的覡公自稱「法師」，均做清事類法事，如安龍、開光、驅邪趕鬼等，不做濟渡類的法事，做法事時掛三清神圖像，與和尚不同，可以進出民家而無顧忌。[6]

　　有關祖祠的牽龍儀式，牽龍即是迎龍，由覡公帶領族人前往宗族龍脈所在地，焚香禮拜後後，用法刀挖取泥土少許代表「龍神」，交族中長老迎回祖宗堂供奉於龍神位，使家財、丁興旺。另外，地方建醮，醮場的牽龍儀式，亦是由覡公進行拜請儀式，恭請東西南北中之龍，即是將石崗石龍、土方石龍、穿山過海來龍等 360 條龍都請到醮壇。隨後道士帶族人到龍脈去牽龍，將東西南北中各方的龍土各取一點即代表龍神，取其龍脈之水稱龍水。將龍神及龍水牽回祠堂，從後門進去，把龍神放於龍神位之壇，把龍水一部分淋在龍神位，一部分分發給各家各戶，讓龍神蔭澤族眾。[7]龍神位只有一處，安設在神龕底下中間位置。客家風水觀所謂「安龍轉火」均由懂道術覡公做法事來完成，儀式主要是請祖宗與神靈按序排位登上神龕，從而顯靈氣，庇佑族裔或信眾。因此，安置土地龍神為客家祖祠與廟宇之特色。

3、三山國王

　　有關三山國王的信仰緣由，依據元代劉希孟《明貺廟記》：「世傳當隋時，失其甲子，以二月下旬五日，有神三人，出巾山之石穴，自稱昆季，受命於天，鎮三山（明山、獨山、巾山）托靈於玉峰之界石，因廟食焉。」，則可知這種信仰最早起源於隋代。然而，大陸學者譚其驤以為漢人移民到粵東的年代，主要在唐、宋之時，唐以前粵東地區的主人為俚族的土著。因此，大陸學者謝重光也就認為三山神祇，最初是俚族為主的粵東土著的信仰。土著把三山神祇視為山神，且認為托靈於玉峰的界石，也就將界石作為三山神祇的象徵。唐元和年間，韓愈任潮州刺

6　房學家《粵東客家生態與民俗研究》廣州：華南理工大學出版社，2008 年，頁 183-4。
7　房學家《粵東客家生態與民俗研究》廣州：華南理工大學出版社，2008 年，頁 186。

史，還派人祭拜此界石之神。宋以後，三山神祇的信仰，亦為遷移粵東的客家人所接受，並附加漢人的觀念，以後三山神祇不僅能庇佑人，也成為能助王師征討有功於國家的英雄，因而受賜「國王」的封號和「明貺」廟額。三山神祇遂由單純的自然崇拜，演化與英雄崇拜相結合的三山國王神祇。

廣東潮州揭西縣河婆鎮玉峰東麓的三山國王祖廟，亦稱霖田祖廟。在當地是最大的廟宇，俗稱「大廟」，因此三山國王亦被稱為「大廟爺」。廟中供奉三山國王，其他地方又稱「明貺廟」或「公王廟」。自唐、宋建廟之後，不斷有官吏、文人前往祭祀，方志史乘多有記載，民間則流傳許多關於三山國王顯靈護國救駕，保土安民的傳說故事，使得三山國王各個神跡，以忠義、神勇的角色在民間傳誦。農曆正月十三，民俗會抬三山國王神像出遊，俗謂「迎神送煞」。三山國王壽誕儀式，各地不盡相同，如揭西縣是正月二十五；大埔為五月初四，初五；梅縣為九月初十等。[8]

三、異域客家民間信仰實況

本章主要將研究對象之田野調查實際狀況，分別敘述。至於客家族群在民間信仰變容情形的討論，留待到下一章在論述。

1、馬來西亞吉隆坡客家廟拿督公

增江新村位於吉隆坡市的西北，距離市中心 8.5 公里，隸屬甲洞行政區，成立於 1950 年，源於當時英殖民政府發佈緊急法令時期，為了斷絕墾民與馬來西亞共產黨的關係，政府向當時「曾江園」（Jinjang Estate）橡膠園主徵收土地，改為移植區，把受馬共影響的墾民遷入此區域居住，並命名為 Jinjang new village，即是「曾江新村」由來。[9]由

8　房學嘉、肖文評、鍾晉蘭《客家梅州》，廣州：華南理工大學出版社，2009 年，頁 145。
9　鄒雁慧〈馬來西亞華人新村文化景觀的變遷：增江新村之研究〉臺北市：國立臺灣師範大學

於此區域為英殖民政府依法令強迫華人再遷徙之聚落，因此田野考察重點在華人族群的民間信仰，有否隨之而來、情形如何？本文舉霖田古廟、譚公廟、鳳山寺為例，作為客家土地神變容拿督公之研究對象。茲將三座廟之目前實際情形，分別敘述於後。

增江新村北區霖田古廟是三山國王廟，位於河婆街客家人居住區域。此廟主殿供奉三山國王及三山國王夫人，大殿門前左右除各安置石獅子、馬之塑像外，亦在大殿門內安置一對馬匹塑像，並加添兩位士兵塑像，各置馬旁。廟埕內部出口處右方，設置有一座紅色建築小屋，內置三座拿督公，分別為：紅衣馬來人拿督公、黑衣華人拿督公、白衣印度人拿督公。內壁牆上書寫「拿督公大顯威靈」，拿督公前置香爐一座，爐前擺置白色酒杯三個，爐兩旁各設供臺一座。小屋門聯為：「嘹唐番五方財寶，督南邦萬戶安康」。

又增江新村南區譚公廟，是間津（Ganjing）地方墾民所帶來的信仰，屬惠州、順德之客家方言群。譚公相傳姓譚名福生，13 歲得道，曾以杯水撲滅惠州城的火患。此廟有廟公，廟公能夠主持法事並唸誦經文。廟埕內部出口處左邊，亦設置有一座紅色建築小屋，內置五位唐番哪督公、由左至右分別為穿著綠紅黃白黑顏色衣服的拿督公，廟公說明是五行（金木水火土）的象徵、此種排列為：木（綠）生火（紅）、火生土（黃）、土生金（白）、金生水（黑）、水生木、屬五行相生意義。五個拿督公前各置酒杯一個，更在酒杯前擺置香爐一座。小屋門聯為：「哪來百富家家賜，督保萬民戶戶安」。

另增江新村北區鳳山寺，主要供奉廣澤尊王，香火旺盛，信徒屬福建閩南方言。鳳山寺右側為福德祠，內置福德正神一座，神龕下設置虎爺，左側放置一隻立姿白色黑條斑紋張口老虎；右側則放置三隻坐姿連座小老虎。福德正神左側，置有小尊神像三座；右側則安置頭戴高帽上書「一見發財」，黑長髮撥兩邊，口吐長舌，身穿白衣，右手居高執扇，左手握抓條錘，如城隍廟之謝將軍造型之神像。福德正神後牆內壁兩邊

對聯為：「福賜誠信人，德神佑萬民」，橫軸書「福德正神」。

2、印尼邦加島客家土地龍神

印尼邦加島的面積為 11,910 平方米，早期全島遍地埋藏著優質錫礦砂，錫礦在荷蘭殖民時期，雇用華工大量開採而竭盡，原本眾多華工也因失業而遷徙他處。當地華人稱為「八港」的邦加島檳港、烈港、勿里洋、文島、高木、沙橫、流石、楠榜等八個重要市鎮，當初就是由中國人聚居開發成功的。至今邦加島依然有一百個以上完全由華人聚居的村落，保存中國人勤儉的生活風俗習慣，其住宅大門，依然有張貼對聯，屋中設有祖宗神位。[10]

1965 年印尼蘇哈托（Soeharto）政府採取對華文教育嚴格管制政策，隔年，封閉所有華文學校，強迫華人學習印尼語文，使得華文教育中斷，至 1999 年瓦希德（Abdurrahman Wahid）政府執政，才開放華文教育，但印尼華文教育已經造成斷層現象。邦加島目前華人已與當地土人融合生活。邦加島氣候濕潤，土地肥沃，適合種植經濟作物如胡椒、橡膠等。

本文田調邦加島列港市之嘉拉禾村是客家人聚集的聚落，講四縣腔，生活已經與當地文化融合，當地客家人講客家話時會有參雜當地土話的習慣。此村落於 1973 年 7 月 15 日新建一座太伯公太伯婆廟，作為存續客家傳統民間信仰，供村人祭拜並獲得神明庇佑之用。

有關嘉拉禾村太伯公太伯婆廟管理委員會，組織與成員如後：主席：陳丁財，付：李榮華，財政：黃王標，顧問：曾南俊，文書：鄧碧托，監察：吳海南，幹事主任：黃金坤，組員：吳南雄、李財瑞、李南記、黃王尾、黃王倫、陳和利、黃水軍。

此廟的神明安置與相關設置如後：主殿供奉太伯公神像一座，神像兩邊對聯：「伯德威靈保平安，公恩顯赫扶百福」，橫軸書：「威靈顯赫」，神龕下設有福德土地之神位，碑面中間為；「福德土地之神位」，兩旁對

---

[10] 何良泉〈印尼邦加島（PULAU BANGKA）華人的點點滴滴〉《2011 中印尼文經協會年刊》臺北市：中印尼文化經濟協會，民國 100 年。

聯為：「福興土並厚，德配地無疆」；鐘鼓架置於太伯公神座之右側；側殿供奉太伯婆神像一座，神像兩邊對聯：「伯德巍峨千古仰，婆恩浩蕩萬載興」，橫軸書：「神恩拱照」，神龕下亦設有福德土地之神位，其碑面文字與前例相同；左側偏殿安置觀音菩薩，神龕下亦設有福德土地之神位，其碑面文字與前例相同；右側偏殿安置劉關張三結義神像，神像兩邊對聯：「忠同日月義同天，義扶西蜀心在漢」，橫軸書：「扶漢護民」，神龕下亦設有福德土地之神位，其碑面文字與前例相同；廟堂內部左側安置孔老夫子像一座，兩邊對聯：「孔聖斯文傳天下，先師大道合人天」，橫軸書：「孔老夫子」；廟堂內部右側安置當年太歲爺爺神座，牌位上書：「昊天金剛玉皇大帝當年太歲爺爺同神位」，前置香爐一座，爐面上書「金玉滿堂」，兩邊對聯：「金爐不斷千年火，玉燭長明萬壽燈」；正殿大門左右外牆，各繪製武將門神一尊；廟前左右各安置石獅子，共一對；廟前建一亭內置天官賜福之香爐一座；廟門對聯：「福如東海民康泰，德配南山萬載興」，門楣上書：「福德祠」，更再屋頂重簷之處，安置「萬德殿」名稱。

3、臺灣宜蘭地區三山國王廟

宜蘭地區清代嘉慶年間納入吏治，設置官府治理，過程簡述於後：

> 清嘉慶 15 年（1810 年），總督方維甸到臺灣，行至艋舺時，有噶瑪蘭番土目包阿里率噶裡阿完等社番迎見，呈送戶口清冊，遵制薙髮，請入版圖並請設立通事，以免熟番侵淩。又有民人何績等呈請已墾田地，照則升科，設官彈壓，分定地界。噶瑪蘭入籍之事乃定。
>
> 隨後，總兵武隆阿、知府楊廷理勘查，當時人口漳人四萬二千五百餘丁，泉人二百五十餘丁，粵人一百餘丁，熟番五社九百九十餘丁，歸化生番三十三社四千五百餘丁。
>
> 當時移墾狀況，噶瑪蘭濁水大溪故道之北盡為漳人開墾十之七八，故道之南系泉人、粵人開墾。又有岸裡社、阿裡史社、阿束

社、東螺社、牛罵頭社熟番遷居其中，荒埔尚未全墾。[11]

是故，開始之時墾民即以漳、泉、粵三籍人合作為之。漳人為多數，泉粵之人為少數；若泉粵人數相較，粵人又為人少。因此，歷史文化的發展上，理當漳泉兩籍的閩南文化，全面的具有優勢的領導地位才是。

另外，此地區清代所創建的三山國王廟有 8 座，分別是；員山鄉同樂村鎮安廟於清咸豐年間創建、員山鄉永和村碧仙宮於清光緒 8 年遷建、員山鄉永和村永廣廟於清同治年間創建、冬山鄉廣興村廣安宮於清同治 11 年創建、冬山鄉東城村鎮安廟於清咸豐 11 年創建、冬山鄉鹿埔村鎮安宮於清同治元年、冬山鄉得安村得安振安宮相傳清代創建、冬山鄉大興振安宮於清道光初創建。[12]這 8 處三山國王宮廟的分佈，符合前面提到的三籍人在蘭陽平原地區的開發歷史，在靠山設隘的區域以及溪南冬山鄉的開發，均是清代之時，粵籍人主要的移墾區域。

因此，粵籍潮、惠、嘉應州等地的原鄉地方守護神—三山國王，自然也就隨著鄉民被帶到蘭陽平原新墾區，作為庇佑的神靈，而被供奉。

目前蘭陽地區三山國王廟有 30 座以上，其中扣除清代時期創建的 8 座，其餘的三山國王廟則是日據時期及臺灣光復以後才興建成立的宮廟。當地民間三山國王廟數量，可說是臺灣地區最為密集的地區，其中冬山鄉大興振安宮不僅是「臺灣三山國王宮廟聯誼會」中 133 間宮廟的翹首，也是分香眾多的廟宇。此廟每年農曆二月二五日為二王明山國王祭典，七月二五日為三王獨山國王的祭典，八月二八日為大王巾山國王的祭典。另外，三山國王的立聖千秋日期為二月二五日。因此，每年舉行三次祭典，並舉行踩踏火盆活動。當地民間對三山國王的稱呼，除用原稱外，也俗稱為「王爺公」。

此外，蘭陽地區的三山國王廟，會在主殿的神龕下，安置虎爺，呈現蘭陽地區漳州人民間信仰的特色。此種民俗，如同臺北市士林區芝山岩惠濟宮之開漳聖王神龕下，安置虎爺，供信眾祈福解厄一般。

[11] 姚瑩《東槎紀略》臺灣文獻叢刊第 7 種，臺灣銀行經濟研究室編印，民國 46 年，頁 75－76。
[12] 參考仇德哉《臺灣廟神傳》斗六：信通書局，頁 474－476。

四、異域客家民間信仰變容討論

1、馬來西亞吉隆坡客家廟土地神的變容

　　吉隆坡市行政區劃分 11 區，增江新村隸屬甲洞（Kepong）行政區，位於吉隆坡市中心的西北方向，是馬來西亞新村中最大的英殖民政府迫遷的華人新村。本次田野調查即是在鄒雁慧校友[13]的引導下，做當地客家聚落廟宇實地考察。

　　拿督公（Na Tok Kong）是馬來西亞當地一個混合馬來人原始泛靈崇拜，印度人信仰及華人民間信仰的大眾民俗神祇，在增江新村的客家三山國王廟、譚公廟的廟埕，均有設置一座紅色小屋供奉。拿督公的性質，類似華人的土地神，具有地界鬼靈的威力，可以庇佑當地人，成為地界範圍內的保護神。[14]

　　拿督（Dato）一詞是馬來語的一種尊稱，通常稱長者、內外祖父，以及統治者蘇丹給與有功臣民的封勳。但在民俗信仰上「拿督」尊號帶有避諱的意涵，廣泛適用於尊稱各種可能降威致災或賜福助人的靈界神祇。[15]

　　增江新村北區霖田古廟（三山國王廟），廟埕內設置有一座紅色建築小屋，內置三座拿督公，分別為：紅衣馬來人拿督公、黑衣華人拿督公、白衣印度人拿督公。內壁牆上書寫「拿督公大顯威靈」，小屋門聯為：「嘩唐番五方財寶，督南邦萬戶安康」。另增江新村南區譚公廟，廟埕內亦設置有一座紅色建築小屋，內置五位唐番哪督公，由左至右分別為穿著綠紅黃白黑顏色衣服的拿督公，廟公說明是五行（金木水火土）的象徵,此種排列為：木（綠）生火（紅），火生土（黃），土生金（白），金生水（黑），水生木，屬五行相生意義。小屋門聯為：「哪來百富家家

13　鄒雁慧是當地客家人，也是當地華文中學的老師，2008 年畢業於國立臺灣師範大學地理學系研究所，獲得碩士學位，論文為〈馬來西亞華人新村文化景觀的變遷：增江新村之研究〉。
14　梅井：《馬來人風俗》，吉隆坡：馬來亞文化協會，1957 年，頁 167。
15　王琛發〈信仰的移植、詮釋與演變：馬來西亞華人拿督公崇拜的當前觀察〉，孝恩文化，2012 年。

賜，督保萬民戶戶安」。兩處客家廟，均未看到設置土地伯公神明。

同是增江新村北區鳳山寺的閩南廟，廟內神明擺置與臺灣相同閩南廟一般，在廟埕設置福德祠供奉福德正神，而未設置當地拿督公。增江新村中客家與閩南兩族群的廟宇，在拿督公與福德祠的設置上，有明顯的差異，值得探究。

王琛發的華人祭祀拿督公的看法，認為 18 到 19 世紀初期，到南洋的華人對異鄉的危機與災難會有不測感覺，當與異民族接觸時，自然會把彼此的關係投射在對方神明身上，華人對拿督公的印象就是如此建構出來的。[16]此種說法未能周延，因為上述增江新村的鳳山寺承閩南族群民間信仰傳統，只設福德正神，作為當地華人居住土地的保護神。明顯地未接納馬來西亞在地的土地保護神祇拿督公。

個人的看法增江新村兩處客家廟未安置伯公，而設置拿督公，主要是客家族群已經認同當地，對於已經移民兩三代的客家族群而言，家族能夠落地生根，在地化是最為重要的事情。因此，客家廟一方面保持原鄉神祇的主要信仰，如三山國王、譚公，安置在主殿供客家族群祭祀，作為傳承祖先民間信仰文化；另一方面，則安置當地土地神靈拿督公，作為在當地安身立命家園的守護神。這符合所謂「土著化」的文化移植解釋，並顯現客家民間信仰的傳播，可以隨著異域社會環境因素，而有所變容。

2、印尼邦加島土地龍神的變容

邦加島當地客屬公會鄒霖財會長，是屬梅州移民此地第二代，熟悉當地客家族群事務，且熱心公益。本次田野調查即是在鄒會長的引導下，做客家聚落廟宇實地考察。

邦加島客家廟宇的建築與神明安置部分，均與原鄉或臺灣客家聚落相同，唯獨當地列港市之嘉拉禾村的萬德殿福德祠，廟內的神龕下土地

[16] 王琛發〈馬來西亞華人民間信仰中的外族神鬼祭祀〉，《人文雜誌》第 10 期，吉隆坡：華社研究中心，2001 年，頁 20-35。

龍神的安置，有所不同。正殿的伯公、伯婆神龕下設置有土地龍神，偏殿的觀世音菩薩與劉關張三結義神龕下亦設置土地龍神，總計四處土地龍神，此種方式與原鄉、臺灣客家在土地龍神安置僅為一處有所不同。此地做法，為何如此安置，值得探究。

鄒霖財會長亦是濱港關帝廟管理委員會委員，據其告知，由於當地華人對於傳統擇日運勢風水吉凶等甚不了解，且缺乏專人，因此他常藉出國經過香港機會，購買香港蔡伯勵編的《廣經堂通勝 包羅萬象》書籍回來，放置在關帝廟裏，供眾信自行參閱。

由此可知，當地行政首府濱港市著名華人信仰關帝廟尚且如此，列港市嘉拉禾村的客家聚落在興建萬德殿福德祠之時，也可能因蓋廟者，亦或該廟管理委員會成員，均不懂客家風水土地龍神的安置儀式，也就大膽的仿照關帝廟裏神龕下有兩處的土地龍神的安置方式（一處在正殿關帝神龕下設五方土地公神位，另一處在伯公神龕下設土地龍神），因此在興建福德祠時所安置伯公、伯婆、觀世音菩薩、劉關張三結義等神龕下，也就個別設置有土地龍神，總計四處。

列港市嘉拉禾村的萬德殿福德祠，土地龍神分別依神座設置的現象，簡單的推測，應該是原鄉客家民間信仰及風水觀在當地已經斷層所致。形成斷層原因，除了當地沒有原鄉傳統覡公（道士）之專業人員外，尚有印尼政府蘇哈托總統排華政策，雷厲風行結果，導致當地華人文化嚴重斷層。當地華人因民俗認知不深，而不知客家風水土地龍神安置儀式，嘉拉禾村當地客家人士藉由自由心證方式，也就產生目前的結果。此種事例，說明客家民間信仰及風水觀，在異域的傳播存有變容的事實。

3、三山國王信仰在臺灣宜蘭地區的變容現象

蘭陽地區民間對於三山國王在世俗社會所具有神靈功能的看法是；以為大王巾山國王擅長醫理及日理，二王明山國王擅長地理、風水以及民宅，三王獨山國王擅長驅邪及押煞。另有一說；大王公是地理師、二王公是藥師、三王公具陰陽面經常到地府走動，可以圓滿解決人間與

地府的業障糾纏。簡而言之，當地民間信仰已將三山國王轉化成為閩南的「王爺」，富予大王、二王、三王等不同的王爺功能，解決信眾的乞求。同時，當地也將漳州人祭祀開漳聖王神龕下虎爺，同樣安置在三山國王神龕下。

綜合上述當地民間做法，可以說蘭陽地區的三山國王雖然源於客家原鄉的三山國王信仰，但民眾雜以閩南王爺信仰的成分，而受到供奉，此時當地閩南族群對於三山國王信仰的認同，已經有別於客家原鄉三山國王信仰。

清代臺灣移墾社會文化的發展，是將漢人的生活方式與原鄉的社會與組織，帶到墾地來，在臺灣形成與大陸相同的文化模式；同時，也對臺灣原住民產生影響，使其逐漸漢化認同中華文化。這種「內地化」的理論，是可以解釋臺灣早期移墾社會中民間信仰的發展與形成。

但是，若以宜蘭地區三山國王信仰的形成與發展為例子，單獨採用「內地化」的解釋是無法周延，因為，三山國王信仰在清代以後的宜蘭地區興起的問題，以及客家人原鄉守護神成為非客家人的一般民間信仰的問題，無法解決。顯然，若要進一層瞭解，應該考慮其它的因素。因此「土著化」的理論，也就成為提供三山國王宮廟增多現象的解釋理由。

「土著化」簡言之，是指漢人社會在地緣意識上認同臺灣的過程中所呈現於當地穩定社會的文化，亦即是漢人社會越是歷史悠久而社會越是穩定，就越傾向於以本地的地緣和宗族關係為社會群體的構成法則；越是不穩定的移民社會或邊疆社會，越傾向於以祖籍地緣或移殖性的宗族為人群認同標準。三山國王信仰的神祇，在宜蘭地區又被民間稱為「王爺公」，同時三山國王廟神龕下又安置虎爺，此即是「土著化」的證明。

五、結論

客家原鄉民間信仰，如伯公、土地龍神、三山國王等神祇，均有深層文化為底蘊，受到客家族群世代傳承，成為人文社會生活的一部分。

客家人自清代初期即開始從原鄉離開，到異域謀生，甚至在異域落地生根。在客家移民過程中，可以看到客家文化移植現象，其中民間信仰最為顯著。

清代臺灣可以看到閩西汀州傳來的定光古佛信仰；粵東嘉應州傳來的慚愧祖師信仰；以及潮惠兩府傳來的三山國王信仰。原鄉客家風水土地龍神，也隨著客家圍龍屋的建築，被安置在廳堂神龕之下；客家伯公信仰，更在臺灣客家聚落、鄉間田園，隨處可以見到。

然而，客家人在異域的發展也受到當地社會人文的影響，從本文探究的馬來西亞增江新村客家廟的拿督公安置，印尼邦加島列港市嘉拉禾村萬德殿福德祠神龕下土地龍神的安置，以及臺灣宜蘭地區三山國王廟虎爺的安置等，這三地區的客家聚落實際狀況，不僅可以印證文化移植「土著化」理論，同時也顯示客家民間信仰會隨著異域環境與人文因素的影響，而有變容的結果，呈現出當地客家民間信仰有別於客家原鄉的特色。

參考書目

姚　瑩《東槎紀略》臺灣文獻叢刊第 7 種，臺灣銀行經濟研究室編印，
　　　民國 46 年。

仇德哉《臺灣廟神傳》斗六：信通書局，民國 74 年。

梅　井《馬來人風俗》吉隆坡：馬來亞文化協會，1957 年。

尹榮芳《社與中國上古神話》上海：上海古籍出版社，2012 年。

國分直一著、林懷卿譯《臺灣民俗學》臺南市：莊家出版社，民國 69
　　　年。

王志宇《寺廟與村落：臺灣漢人社會的歷史文化觀察》臺北市：文津出
　　　版社，2008 年。

王建旺《臺灣的土地公》臺北縣：遠足文化出版社，2003 年。

王建旺《護鄉佑民、萬載香火：臺灣土地神信仰及其造像藝術》桃園市：
　　　桃園縣文化中心，1998 年。

朱傑勤《東南亞華僑史》北京：中華書局，2008 年。

李恩涵《東南亞華人史》臺北市：五南圖書出版社，2003 年。

房學家《粵東客家生態與民俗研究》廣州：華南理工大學出版社，2008
　　　年。

房學嘉、肖文評、鍾晉蘭《客家梅州》，廣州：華南理工大學出版社，
　　　2009 年。

鄒雁慧〈馬來西亞華人新村文化景觀的變遷：增江新村之研究〉臺北市：
　　　國立臺灣師範大學地理學系，碩士論文，民國 97 年。

吳詩興〈福德正神的傳說與信仰研究：以馬來西亞華人社會為例〉臺北
　　　市：國立政治大學中國文學系，碩士論文，民國 102 年。

利亮時〈新加坡客家信仰習俗：以望海大伯公廟和客家坆山為例〉《新
　　　加坡客家》桂林：廣西師範大學出版社，2007 年。

潘朝陽〈土地崇拜的空間示意與景觀詮釋：以苗栗地區的土地公祠為例〉
　　　《臺灣漢人通俗宗教的空間與環境詮釋》廈門：廈門大學出版

社，2008 年。

何良泉〈印尼邦加島（PULAU BANGKA）華人的點點滴滴〉《2011 中印尼文經協會年刊》臺北市：中印尼文化經濟協會，民國 100 年。

李國祁〈清代臺灣社會的轉型〉《中華學報》臺北市：中華學報社，1978 年，第 5 卷第 3 期。

陳其南〈土著化與內地化：論清代漢人社會的發展模式〉《中國海洋發展史論文集》臺北市：中研院三民主義研究所，1984 年。

王琛發〈信仰的移植‧詮釋與演變：馬來西亞華人拿督公崇拜的當前觀察〉，孝恩文化，2012 年。

王琛發〈馬來西亞華人民間信仰中的外族神鬼祭祀〉，《人文雜誌》第 10 期，吉隆坡：華社研究中心，2001 年。

從客家宅院檢視儒家文化的傳承與實踐
——以梅縣丙村溫家、屏東佳冬蕭宅、新竹新埔劉宅為例[*]

摘要

　　本文主要以客家三座具有歷史代表性的宅院為例，基於文化人類學、歷史學、建築學的概念，就其地理、文化、建築以及家族發展等因素，以比較研究方法進行研究，主要探討客家人居處的宅院適否蘊藏儒家文化，又客家家族在平日生活，除了以拜師入學的方式學習儒學之外，如何運用其他方式將儒學寓教於生活之中。因此，本文從宅院「廳下」的空間規畫、運用以及楹聯文字意涵等實際情形，作為連結客家人在日常生活中對儒家思想的傳承與實踐的解釋。

　　客家宅院的取樣條件，以在地方具有代表性的家族宅院為原則，再佐以歷史因素的考量。因此，選擇廣東梅縣丙村溫家、臺灣北部新竹新埔劉宅以及南部的屏東佳冬蕭宅三處為例。

　　歷史縱深，丙村溫家於 1558 年起建立至今，新竹新埔劉宅為 1781 年建立至今，屏東佳冬蕭宅則為 1860 年建立至今。三宅院不同的先祖，在不同時代、不同地方，修建宅院做為家人休憩居住之所，儘管三座宅院無所關連，但三座宅院還是具有共通性，這種共通性與其他族群之宅院有所不同，是屬於客家人宅院的特殊表徵，珍貴的在這特殊表徵中所蘊藏鮮明的儒家文化內涵。

關鍵詞：客家祠堂、客家宅院、梅縣丙村溫家、屏東佳冬蕭宅、新竹新埔劉宅

[*]　發表於 2004.5.25-26，「東亞客家文化圈中的儒學與教育：比較的視野學術討論會」，臺灣大學東亞文明研究中心主辦。

一、前言

　　有關客家文化議題的研究，是國內外學術會議近些年來興起的學術研究重點範圍。在諸多客家議題的研究論文中，呈現客家文化傳承的主要因素，是有賴於客家宗族世代接續傳衍所致，客家文化中諸如客家宅院中的圍龍屋、土樓、方樓等的建築；或者客家民間信仰與風俗；或者客家生活、飲食文化的差異；甚至客家族群意識的形成問題等，這些都與客家宗族的累代傳承有著密切的關連。宗族在於客家不僅是一種血緣關係的凝聚力量、也是週遭社會中競爭、生存賴以憑藉的勢力，更是客家文化得以持續不斷傳衍的場所。

　　羅伯·雷德菲爾（Robert Redfield）在其《鄉民社會和文化》一書中以大傳統（great tradition）與小傳統（little tradition）的概念，對於社會結構中文化層次互動與傳承，作了清楚的說明。這種分析方式套用在中國社會也可以適切的將中國人的生活思想與日常行為劃分成兩部分；大傳統指的是士大夫階層，他們是理想社會典型的遵奉者。小傳統指的是泛泛大眾平民階層，他們也想努力實行一些社會典範，但礙於實際情境不得不謀求變通之法，去達成理想的社會典範。[1]本文擬依據陳祥水探究雷德菲爾探討社會結構中文化延續的大、小傳統的論點，解析中國社會結構的看法，來探討客家宅院（小傳統）中如何實踐與傳衍儒家思想（大傳統）。

　　另外，錢杭《中國宗族制度新探》一書中，對於中國宗族的研究，不僅認同宗族是一種將同姓同宗的人們依照某種法則連接起來的人類親屬集團，宗族還成為一種文化，一種生活方式。對於宗族內涵的意義，進一步以為宗族是具有可以証明的血緣性、可追溯的系譜性及不可知的先驗性，而最重要的是可體驗的歷史性，這也就是宗族最能令人感到充

---

[1]　陳祥水〈中國社會結構與祖先崇拜〉中華文化復興月刊，第 11 卷第 6 期，頁 32。

分和滿意的「本體性」意義。[2]因此，對於客家族群中如何傳承儒家思想的問題，除了以拜師入學的方式之外，是否還有其他可以用來學習的方式，感到興趣。基於「可體驗的歷史性」理由，本文擬從篩選出的三處客家宅院為例，從宗族居處的宅院中探討儒家思想如何蘊藏？如何落實？最後將儒學觀念寓教於生活之中。

　　是故，本文從宅院「廳下」的空間規畫、運用以及楹聯文字意涵等實際情形，作為連結客家人在日常生活中對儒家思想的傳承與實踐的解釋。客家宅院的取樣條件，以在地方具有代表性的家族宅院為原則，再佐以歷史因素的考量。因此，選擇廣東梅縣丙村溫家仁厚祠圍龍屋、臺灣北部新竹新埔劉宅以及南部的屏東佳冬蕭宅三處為例。研究方法主要基於文化人類學、歷史學、建築學的概念，就其地理、文化、建築以及家族發展等因素，以比較研究方法進行研究。

二、溫家、蕭宅、劉宅的歷史與傳衍

　　宅院建築與人類文化有何關連？建築學者徐明福對這個問題的解釋；以為民宅不僅是人的小宇宙，也是人自我世界得以實現的空間，更是人類所構築的最基本建築。世界各地存在著許多不同類型的民宅，它們之間呈現出令人驚嘆的差異，這些差異就社會文化意義而言，即是構成該民宅的主要特色，而這種特色也就是民宅的傳統性。[3]這種說法作者頗為贊同，因此以為觀察相同族群在不同時空建築的宅院，不僅可以發掘其共通性的特色，也可以作為這個族群傳統社會文化的表徵。

　　作者近些年曾經探訪過臺灣地區以及大陸原鄉（粵東、閩南、閩西）地區一些著名的宅院，各具特色。然而，為方便本文研究進行，以化繁為簡及宅院曾經個案研究的原則，篩選出廣東梅縣丙村溫家仁厚祠圍龍屋、臺灣北部新竹新埔上枋寮劉宅以及南部的屏東佳冬蕭宅三處，作為

2　錢杭《中國宗族制度新探》香港：中華書局，1994 年，頁 46。
3　徐明福《臺灣傳統民宅及其地方性史料之研究》臺北：胡氏圖書出版，民國 82 年，頁 7。

主要研究事例。這三處宅院目前在當地均頗富聲名，同時其宗族勢力也受地方人士的重視。

在宅院建築歷史縱深方面；丙村溫家仁厚祠圍龍屋於 1558 年起建立至今，新竹新埔劉宅為 1781 年建立至今，屏東佳冬蕭宅則為 1860 年建立至今。三宅院中，丙村溫家屬於客家原鄉的建築，其他的佳冬蕭宅與新埔劉宅則是屬於清代臺灣移墾的客家建築，分別在臺灣的南、北兩地。儘管三座宅院無所關連，但三座宅院還是具有客家族群的共通性，這種共通性與其他族群之宅院有所不同，是屬於客家人宅院的特殊表徵，而這特殊表徵中卻蘊藏著鮮明的儒家文化內涵。因此，各宅院各自不同的先祖，在不同時代、不同地方，基於相同理念，修築宅院做為家人休憩居住之所。茲將三處宅院的歷史沿革，分別說明於後：

1、廣東梅縣丙村溫家仁厚祠圍龍屋的歷史沿革

廣東梅縣丙村溫家仁厚祠是一座宗祠與住宅合一的客家圍龍屋建築，計有四進三堂八橫四圍，龐大無比。此圍龍屋建築是分數次建築而成，初建時間約在 1558 年，始於十二世祖仁厚公，至今已傳到第二九世，前後跨越十八世代約四百多年。然而，溫家世代傳衍情況，如同近代以來中國地區其他家族所遭受的狀況一樣，因為中國政局變動的因素而無法維持傳統的生活方式。溫家宅院內部曾經有過 30 多年的變動，直至 1980 年的農曆除夕，溫家族人在其仁厚祠舉行祖宗神牌重新升座慶典，始重新恢復原本傳統祖先祭祀的活動。

溫家族人每逢年節都要在堂屋舉行集體祭拜活動，每年進行春秋兩祭，分別由各房祭祀近代祖先，若干年則聯宗祭祀遠祖一次。每年除夕當天除了舉行統一祭祖活動外，又於除夕子時專門祭拜十一世齋婆太，全族子孫集中於祖宗堂專門祭拜，並於年初一舉族吃齋。這種方式傳襲已久被視為族規，族人不敢逾越。[4]

丙村溫家仁厚祠圍龍屋建築位置，是坐西北朝東南。圍龍屋的正中

---

[4] 謝劍、房學嘉《圍不住的圍龍屋》廣東市花城出版社，2002 年 2 月第一版，頁 62－64。

即是祠堂，俗稱仁厚堂，也稱祖宗堂，分上、中、下三廳（堂）。廳堂兩廂還有四個南北廳與四八個房間。堂屋左右共有八列橫屋，每一橫屋又分為三段，每段有五個房間，八橫共有一二○個房間。正堂後面是半圓形的建屋，俗稱圍屋，居中間者稱為圍龍間或圍龍廳。全屋共有四圍，其中三圍是原有建築，第四圍是今人陸續加建的部分，全屋共有三九八個房間。圍屋下堂的正中為大門，門外有門坪（禾埕），門坪外有照牆，照牆外是半月形池塘。[5]（參考附件一）

　　整座屋面隨著地形的升高起伏的變化，從第一座的門堂逐漸往後拉高，形成一層次分明的空間體系，將傳統內尊外卑的空間意義表露無遺。

2、屏東佳冬蕭宅歷史沿革

　　佳冬蕭宅位於屏東縣佳冬鄉佳冬村溝渚路 1 號，目前受文化資產保存法的保護，於民國 74 年 11 月 27 日公告為第三級古蹟。

　　蕭宅是臺灣除板橋林本源家宅外，少見的五落大宅院。初建於清咸豐年間。蕭宅空間佈局是回字形圍攏式的格局，有五進堂屋和四個內埕，左右對稱，中央軸心明顯。整座屋面隨著地形的升高起伏的變化，從第一座的門堂逐漸往後拉高，形成一層次分明的空間體系，將傳統內尊外卑的空間意義表露無遺。另外，蕭宅內部陳設簡單，色彩以朱、黑為主。屋脊全為馬背型，房間門口掛竹簾等，都是高屏一帶客家住宅的特色與習慣。

　　蕭氏祖籍廣東潮州府嘉應州石寮都龍牙鄉，以梅軒號五十郎公為其肇基始祖，至十九世蕭達海渡海來臺。蕭達海渡海來臺，在往來旅次中，最後不幸失事於「黑水溝」而下落不明。其子清華（二十世南斗公）遂離鄉前來臺南尋父，其後於軍中襄助當時駐紮大響營之營官李光將軍撫番並開拓恆春車城枋山等地，因而知名並致富。清華有二子，一名蕭啟明，承襲父職任職軍中，另一名蕭光明，成父志經營米穀生意，由佳冬

5　同上書，頁 50－51。

以船載運至臺南出售，光明善經商貿易，獲利頗多。[6]

　　清末光緒 21 年（1895）臺灣因馬關條約割讓予日本，遭受全臺居民反對，臺灣各地居民紛紛組織義勇軍反抗日軍的接收，蕭光明當時曾率眾抵抗自枋寮登陸的日軍，以後退守蕭宅「步月樓」，激戰中損毀了許多蕭家典藏的重要文件、藏書與寶物。蕭光明子世祥（贊堯）則於戰後返回廣東老家並參加鄉試中舉人，將其子取名恩鄉，譜系二三世的恩鄉以後赴日本東京習醫，日據時期曾任臺灣總督府評議會員及佳冬庄庄長，臺灣光復後出任佳冬鄉鄉長。恩鄉子蕭福應亦曾留日，於民國 49 年擔任佳冬鄉鄉長。[7]

　　蕭宅初建於咸豐 10 年（1860）以後，為蕭清華及其子啟明至佳冬之時。當時營建今之第二、三、四堂部分，及左右橫屋、馬鹿廄、染房等。隨後，蕭光明因設「蕭協興號」在東港、佳冬一帶從事商業活動，經商致富，遂於光緒初購買陳氏人家土地，請唐山師傅負責營建第一堂及左右橫屋，光緒 6 年（1880）建第五堂。建材則取自大陸，先以船運至臺南安平港，再轉運至東港，然後用牛車運送到下六根庄，運輸過程既繁且緩，所以蕭宅大院經過一段很長的時間才完成第一至第五堂的空間規模。其中第三堂中供奉天地君親師、井灶龍君、福德正神之神位，這種擺設方式自大陸原鄉移植而來，在臺灣則罕見。[8]日據時期，蕭光明始將居住在臺南的家族遷居於此。[9]

　　蕭宅於昭和 4 年（1929）將馬鹿廄改建三層西式洋樓，再於昭和 12 年（1937）修建受颱風毀壞的第一、三堂，原土磚牆改為磚造建築，並修補屋頂。由於蕭宅為臺灣僅存的五堂大屋，採雙回字形式，建構並成一完整封閉防禦的圍龍屋，可為客家傳統建築的代表，內政部乃於民國 74 年列為臺閩地區第三級古蹟。（參考附件二、三）

---

[6]　鍾壬壽著《六堆客家鄉土誌》屏東內埔：常青出版社，民國 62 年 9 月，頁 182。

[7]　米復國《第三級古蹟佳冬蕭宅之調查與修復計畫》屏東：屏東縣政府，1994 年，頁 14－15。

[8]　徐裕健《古蹟歷史文獻》內政部委託中華民國建築協會製作，民國 88 年 9 月，古蹟編號：n 003。

[9]　周宗賢《臺閩地區古蹟價值性之研究》內政部委託淡江大學歷史學系，民國 87 年，頁 526－527。

3、新竹新埔上枋寮劉宅歷史沿革

新埔上枋寮劉宅位於新竹縣新埔鎮上寮里 238 號，目前也受文化資產保存法的保護，於民國 74 年 8 月公告為第三級古蹟。

新埔上枋寮劉家來臺之始，為第十一世祖劉瑞閣之妻詹氏，其於乾隆 20 年（1755）攜劉延轉、劉延臼、劉延楹等三個兒子，由廣東饒平縣楊康鄉渡海來臺，初暫居於鹽水港（新竹香山）一帶，以後長子劉延轉於上枋寮開基立業，於清乾隆 46 年（1781）仿照原鄉興建一座四合院，當時建築僅以土埆築牆，茅草鋪頂，只有前後二進建築部分較為考究，由於宅院分前、後堂，故又名「雙堂屋」。以後，劉宅分別於同治元年（1862）、日據大正 8 年（1919）、民國 73 年等時間，分別進行修建工程，迄今已有二百年以上的歷史。內政部於民國 74 年，將上枋寮劉宅因宅院規模龐大、形貌古樸、且兼具三合院與四合院配置精神的合院住宅，以堪稱當代臺灣客家傳統民宅的建築典範為由，將其列為臺閩地區第三級古蹟。[10]（參考附件四）

雙堂屋的建築平面配置，首先是門廳與層層的橫屋形成中間是禾埕的三合院，而至門廳內部進入，即是由前後兩進與左右迴廊形成一封閉狀態的四合院空間，前進為門廳與客廳，後進則為主要生活空間。此宅院規模為二堂六橫式，比新埔地區一般的一堂二橫式民宅，顯然更為宏大。另其建築臺基的高度亦顯示出尊卑關係。以後，另在宅後築有瑞閣園靈塔一座，作為其族歸納靈骨之用，更達宗族裔孫慎終追遠之目的。

劉宅係由其十二世劉延轉（1725－1800）來上枋寮開基立祠。劉延轉初定居於竹塹社鹽水港（今香山），後因劉家與原住民有婚姻關係，其兄弟始得以在新埔上枋寮，墾拓平埔族所屬之地。劉氏族人至十六世劉永廷（字拜颺）於同治七年（1868）取為附生，光緒十八年（1892）因捐輸海防銀准作貢生，對於劉家地位的提昇有積極的意義，也是劉家

---

[10] 徐裕健《古蹟歷史文獻》內政部委託中華民國建築協會製作，民國 88 年 9 月，古蹟編號：e 003。

歷清一代唯一有功名者。[11]

　　以後，劉家族人十九世天楨者，於民國 47 年提議共建靈塔，作為歸納保存先祖骨骸之用，使遠居他方的裔孫無後顧之憂。經過其向族人勸誘的努力，兩年後，在劉宅後山麓，建立以瑞閣夫婦為主位的靈塔，以後因實際需求而擴建，而於民國 72 年修建瑞閣園靈塔，隔年 11 月完成至今。

　　劉家祖訓與其他家族有所不同，其特色為「**遷居他鄉立業者不得另立祖牌奉祀**」。因此，劉家裔孫祭祀祖先必須返回新埔劉家老宅。劉家祖先祭祀，原先以少牢（全豬、全羊）為祭品，然自民國 34 年起，改為由派下裔孫自備三牲或五牲，以三獻禮儀祭拜。祖先祭祀定春、秋兩祭，春祭以瑞閣妻詹氏忌日之農曆正月初四日為祭祀日期，秋祭則按一般算會時間農曆八月初二日為祭祀日期。至於，劉宅後院山麓之瑞閣園祖塔，則以清明節為祭祀日期，由派下裔孫自備三牲果品以三獻儀禮祭拜，是日中午由公業準備炒米粉、鹹菜豬肉湯等簡餐，招待全體回來祭拜的裔孫。[12]

　　從上述三處宅院的歷史與傳衍情形，可以確認溫氏、蕭氏、劉氏等家族，其先祖原鄉均是粵東之人迫無疑問，其中梅縣丙村溫氏從十二世仁厚公起累世居其地，至今傳衍至二九世代，時間久遠。而佳冬蕭氏則於二十世南斗公（蕭清華）、新埔劉氏則於十二世學悟公（劉延轉）等開始遷移來臺，並在臺灣奠定基業。遷移臺灣時間上，以佳冬蕭宅遷移臺灣的時代距今最近，從日據初期蕭家光明子世祥返回廣東原鄉參加鄉試取得舉人功名之事，可以印證。上述資料探索，可以知道三處宅院的家族傳承均以父子關係為主軸，是典型的中國社會傳統父系家族模式。因此，探討三處宅院的建築格局與楹聯內容等事項，其共通性可以作為粵東客家宅院建築特色與社會文化意涵的了解。

---

[11] 周宗賢《臺閩地區古蹟價值性之研究》內政部委託淡江大學歷史學系，民國 87 年，頁 180－181。

[12] 劉奕權《新竹縣三級古蹟新埔上枋寮劉宅整修規畫研究》新竹縣政府，民國 83 年 4 月、頁 29。

三、從宅院祠堂神龕的安置意義論儒家倫理之傳承

宅院是人類建築最基本的家族單位，這些硬體建築的宅院，在人類的技術與巧手修建的過程中，由於憑藉人類所積累的經驗與知識，因此宅院建築必然蘊藏該當社會文化的內涵。徐明福對於建築的社會文化意義的探討，以為就人的生物屬性及社會文化屬性兩方面來說，共通都有保護作用（protection or defensing）、界定作用（defining or delimting）、自明作用（identifying or menifesting）等三種同時滿足人類的心理需求。保護作用使人免除對自然的恐懼，使人在未知的世界獲得安全感（Safety）；界定作用可以使人的心靈獲得確實可知的領域感（Territory），而進行人與自然界間的溝通；自明作用則使人同時增強領域的內聚性認同感（Identification），產生族群的共識而具有集體的意識。建築有這三種重要作用，使人得以具體化和象徵化他們在社會文化上的需求，也因此建築對人產生意義。[13]

因此，本文依據上述論點，嘗試從宅院祠堂神龕的安置意義，論證客家宅院有否儒家倫理之傳承，換言之，即是探討小傳統的客家宅院，有否與大傳統的儒家思想有所關連。

茲就三處宅院的建築結構組合與神龕安置情形，分別敘述於後：

首先，丙村溫家仁厚祠是宗祠與住宅合一的典型客家圍龍屋建築。整個圍龍屋建築情形，屬於四進三堂八橫三圍的形式，宏大的建築規模極富聚集性，其祠堂部分是圍龍屋建築核心，分上、中、下三廳（堂），神龕的設置即在尊貴位置第四進上堂之處。其中廳可供族人聚會使用，可容納近二百人就餐。此外花胎、天井、禾埕、水塘等，也依據建築的須要配置在適當的位置。溫氏圍龍屋以祠堂為中心，左右兩邊各有四直排的橫屋，花胎後則有三層圍屋。這些累代修建的建物，即是目前構築

---

[13] 徐明福《臺灣傳統民宅及其地方性史料之研究》臺北：胡氏圖書出版，民國82年，頁8－10。

成溫家仁厚祠圍龍屋的主要建築。[14]

　　溫家仁厚祠圍龍屋不僅以祖宗祠堂為中心，更受到兩旁橫屋居住的後裔子孫層層圍繞，宅院建築順著地勢的高低與建物功能的區分，其中宗族尊卑地位以及宗族認同的凝聚力的認同，自然成為此座圍龍屋居住者生活的一部分。

　　其次，佳冬蕭宅為先前為四進宅院，以後增建成為五堂大屋，也可說是五進大屋，整個空間的佈局是一種回字型圍龍屋式的平面格局。空間主軸以神龕正中之線為準繩，左右建築對稱均橫發展，屋頂隨著地形逐漸拉高，使得空間顯得層次分明。其情形為：一進門堂為會客與事務之用；二進大廳安置神龕，祭祀蕭家歷代祖先牌位；三進主堂亦設置神龕，主要供奉天地君親師牌位；四進為花堂，無限定使用；五進堂屋則與左右橫屋一般，作為家居使用空間。[15]

　　最後，新埔劉宅初建為前、後兩堂形式，「雙堂屋」即是因此而來。至日據時期大正 8 年（1919）重建時，則形成二進三橫屋式的平面格局，其前、後二堂是主要正身部分，也建築物整體的軸心，在正身之間以左右迴廊相連，正身外圍左右各有三排長形橫屋並列，形成前、後堂正身組合的四合院與前堂左右橫屋組合的三合院。整體建築的虛實空間，以及廳堂房間的用途，以廳下（正廳）神龕的中央位置為基準，而獲得均衡發展，即是空間意涵越近中軸為尊為親，反之則卑則疏。其三合院層層橫屋與門廳圍成的禾埕，呈現鄉紳大宅的宏偉氣勢，多為務農地主所有，為因應農事需求而發展出此種生活空間的配置形態。[16]

　　因此，綜合三處宅院的建築結構的主體而言，廳堂的部分即所謂「廳下」的地方，均是整個建築的中心主軸，兩旁的橫屋（護龍）以對稱的方式修築，廳下後面若有圍屋也是採取以廳下為中心的建築方式，三處客家宅院整體建築清晰地呈現儒家思想中尊卑倫序的社會文化意涵。換

14 謝劍、房學嘉《圍不住的圍龍屋》廣東市花城出版社，2002 年 2 月第一版，頁 50－53。
15 米復國《第三級古蹟佳冬蕭宅之研究與修護計畫》屏東：屏東縣政府，1994 年，頁 23。
16 徐裕健《古蹟歷史文獻》內政部委託中華民國建築協會製作，民國 88 年 9 月，古蹟編號：e 003。

言之，這種建築的儒家思想社會文化表現，就是客家宅院建築的共通性，也即是客家宅院建築的特色。

另外主題，探討三處宅院廳堂神龕擺設的社會文化意涵。有關祠堂神龕擺設祖先牌位的事情，雖是客家族群也會因居住環境的不同而有所差異。如閩西上杭、永定等地客家區域，當地客家人的祖公廳神龕僅一個，並且只供奉觀音菩薩神牌，列祖列宗靈牌則被堆放在倉庫裏，只有在節日時才請出來供族裔禮拜。[17]

本文舉例的三處宅院，由於先祖均屬粵東區域的客家人，因此在實際宅院正廳所擺設的祖先牌位與閩西的客家人有所不同，並且對於祖先之外的神明的供奉也有所差異。茲就三處宅院正堂的祖先牌位與神明的供奉情形，分別說明於後：

首先，說明仁厚祠圍龍屋上堂的神龕擺設情形。仁厚祠的上堂是整個圍龍屋最為神聖的地方，也就是客家宅院中所謂的正廳（廳下）。設有大小兩個神龕，大神龕居廳堂正中祖宗壁處，上供奉各代祖先牌位，神龕底下正中則奉祀福德土地龍神牌位。此外，在大神龕的左邊，設有一個小神龕，專供奉觀音菩薩。這種祖先、神明的排放順序，明顯的有以中間為尊的觀念。

其次，說明佳冬蕭宅廳堂的神龕擺設情形。佳冬蕭宅第二進為正廳，正廳神龕供奉歷代祖先牌位，神龕底下設有「地基主」香位。神龕旁邊供奉有泥塑的彌勒佛像，為其先祖當年分八路遷移時，所分發到的庇佑神像，其家族每到一個新地方，就要用當地的泥土加在塑像上面，表示曾經在那個地方落過腳。[18]

此外，蕭宅在第三進的勸業堂，設神龕供奉天地君親師神牌位，並在牌位左側寫上井灶龍神君；右側寫上福德正神。另外，神龕底下設有龍神香位。此種供奉方式傳為大陸廣東潮、汕一帶的特有做法。然而，有關神桌下的「龍神」香位，蕭宅族人則傳說為當時營造宅院時工匠所

---

[17] 謝劍、房學嘉《圍不住的圍龍屋》廣東市花城出版社，2002 年 2 月第一版，頁 61。

[18] 米復國《第三級古蹟佳冬蕭宅之調查與修復計畫》屏東：屏東縣政府，1994 年，頁 24。

留下營建祖師「楊師公」的香位。[19]不論何種原因,從蕭宅先人安置第
三進的神龕用意,已經說明蕭宅先祖要其裔孫傳襲尊崇儒家「天地君親
師」五倫的期望。

最後,說明新埔劉宅後堂的神龕擺設情形。新埔劉宅的後堂為正
廳,正廳大神龕供奉歷代祖先牌位,神龕底下正中擺設土地龍神牌位。
左邊神龕則供奉桃園三結義劉備、關雲長、張飛繪像;右邊神龕目前則
是供奉大陸原鄉饒平揚康宗親贈送「源遠流長」的回鄉謁親的錦旗。從
左右神龕所供奉的對象,不同於前兩處擺設神祈作為供奉的對象,可以
說明新埔劉宅的先祖期望後裔子孫,不僅祭祀崇拜本家派下的歷代祖
先,也要效法歷史上劉氏前人劉備的金蘭結義精神,同時不忘先祖原鄉
劉氏宗親的血脈源流。這些均是以在廳堂的祭祀活動,將祖先崇拜以及
儒家忠、孝思想以潛移默化的方式,讓家族後裔傳承。這不僅顯現出其
先祖的生活睿智,更是小傳統對於大傳統所作傳承社會文化意涵最好的
例證。

綜合言之,上述三處宅院祖先崇拜的神龕安置,可以說明其家族均
屬典型的傳統中國社會的父系家族。在上下倫序的關係上,長輩對晚輩
有絕對的支使權力,而在下者對於上輩一定唯諾是從。由於親屬的數算
路線是單系的,祇以父系一方為主,因而只祭拜自己的祖先,並且相信
祖先可以保佑子孫,反之也會降禍懲罰。

這種祖先崇拜的信念,在三處宅院中均可明顯的觀察到。其祭拜祖
先的明堂正廳,均設置在宅院中最為尊崇的建築空間處。「公廳」建築
空間安排的目的,在方便實際生活中進行「孝道」的表現,不僅對現存
長輩要做到「生事之以禮」,也對去世祖先的尊崇能做到「死祀之以禮」
的要求。這種中國父系社會特質的祖先崇拜,在三處客家宅院明顯可見。

儒家思想中忠、孝觀念是社會倫常主要憑藉的依據,也是中國傳統
文化中重要的理念。對於孝道的事情,孔夫子以為行孝之道不得違禮,
其所謂孝道之禮,為「**生,事之以禮;死,葬之以禮,祭之以禮**」。其

---

[19] 同上書,頁54。

中「祭之以禮」指的是春、秋祭祀以時。後裔子孫想到親人，則以「陳其簠簋而哀戚之」的方式來表示，能夠如此，孔夫子以為對於祖先孝道的表示也就盡心意了。這種孝道的要求，印證前面章節討論過祖先牌位的設置以及族規的訂定，在祭祀祖先禮儀上，三處宅院的家族可以說是符合了孔夫子的期望；也即是小傳統的宅院祭祀之禮，符合了大傳統中儒家思想中孝道的要求。

上述溫、蕭、劉等三處宅院，不僅將宅院的正廳作為供奉祖先牌位的場所，顯示「慎終追遠」的儒家意義外，也將宅院的公共空間的神聖性與生活空間的私密性，以左右橫屋、護廊、天井等的配置，將宅院建築做了巧妙的區隔；亦即家人心境的轉換可以輕易的隨著空間的不同而改變，同時在生活中也建立起尊卑倫序的觀念。因此，將祠堂功能與居家生活合組一起的建築結構，以潛移默化的方式將建築語言啟迪居住者心靈的教化，這種應該是三處客家宅院共通的特色。

四、從宅院楹聯意涵論儒家理念之實踐

文字是表示思想最好的方式。對聯、門匾的功用，向來是傳統中國宅院建築借來表彰宅院主人功業與文化的涵養，同時也是作為此一宅院先祖對於後裔子孫的勸勉與期許。因此，對於代表小傳統的宅院建築，如何透過楹聯的文字意涵，將大傳統的儒家理念融會在居家生活當中的問題，感覺有趣。故舉三處宅院廳堂範圍的楹聯為例，探討不以學堂拜師受教的方式，在客家宅院之中如何傳播儒家思想，如何以潛移默化形式教化生活在宅院中族人。茲將三處宅院廳堂範圍的楹聯文字，說明於後：

首先，敘述丙村溫氏仁厚祠的廳堂楹聯情形。溫氏堂號為太原堂。歷年來春節對聯的張貼範圍，從上堂正神龕、上堂門聯、中堂屏風背柱、中堂正柱、中堂壁聯、中堂外門柱、迴廊下天井石柱、三堂正柱、三堂反面柱、三堂內大門、正外大門、龍廳門等，均是張貼對聯的主要地方。

同時溫家對聯的內容，則歷年保持不變，目的供溫家族人在一年之始，即就清楚熟悉歷代祖先功業，期望後裔子孫能夠光宗耀祖，並祈求祖先神靈保佑族人富貴平安。茲就仁厚祠廳堂地方的張貼對聯，記述於後：

（一）、上堂正神龕聯：

晉室顯忠貞，溯先人斾常紀姓，史冊留名，烈烈轟轟，丕振宗風垂百世；

老堂開孝友，冀後起禮樂傳家，文章報國，繩繩繼繼，永綿令緒著千秋。

（二）、上堂門聯：

宗功開創千秋業，綿世澤須孝子嗣孫；

祖德長懷萬代心，啟後人賴宗功祖德。

（三）、中堂屏風背柱聯：

紅杏枝頭花正發；春風堂上燕初來。

（四）、中堂正柱聯（四對）：

瑞靄祠堂，喜日月華明，光照老塘長不夜；

祥鐘仁厚，看風雲際會，龍飛天上便為霖。

瑞靄祠堂，喜日月華明，光照老塘長不夜；

祥鐘仁厚，看人文蔚起，春生白雪有恒溫。

瑞靄祠堂，喜日月華明，光照老塘長不夜；

祥鐘仁厚，看人才輩出，聲蜚寰宇有餘香。

世澤起六龍，源遠流長，瓜瓞喜綿延，文武雄才真曠代；

家聲傳三彥，日新月異，螽斯欣衍慶，鯤鵬壯志欲扶天。

（五）、中堂壁聯：

膽落御史，望重巡候，想當年，緯武經文，百世猶稱華冑；

才擅臺中，犀然都督，念昔日，黻家黼國，千秋應有傳人。

（六）、中堂外門柱聯：

景色正宜人，盛世黎民歌大有；椒花堪獻瑞，青松白鶴伴流年。

（七）、迴廊下天井石柱聯：

柳絲曉帶千家雨，梅蕊香傳萬戶春。

香飄大地花千樹，春滿乾坤暖萬家。

（八）、三堂正柱聯：

門迎紫氣東來早，春到人間日漸長。

（九）、三堂反面柱聯：

南枝煙樹春先發，東閣梅花韵更多。

（十）、三堂內大門聯：

六龍世澤、三彥家聲。

（十一）、正外大門聯：

功高東晉、才著西崑。

（十二）、龍廳門聯：

龍盤虎踞，魚躍鳶飛。誌門吉慶（橫額）。[20]

其次，敘述屏東佳冬蕭家宅院廳堂楹聯情形。佳冬蕭宅，堂號為河南堂。蕭家主堂大屋的建築，為臺灣地區除板橋林本源家所謂五落大厝外，另一處少見的五落大厝。蕭家宅院，第一進為大廳、二進為勸業堂、三進為繼述堂、四進為明德居、第五落則是以後增建屋舍，將左右橫屋連接成為一完整的防禦體系的圍龍屋形勢。其楹聯以嵌刻或書寫方式表現在石柱、門壁、木柱之中。茲就整個宅院各進廳堂的楹聯內容說明於後：

（一）、一進大廳為接待賓客之處，日據時期局部改建，其正面女兒牆有花草及一對獅子裝飾，這種大正流行時期的建築與宅院其他中國傳統建築混合，顯現出蕭宅實際生活空間的獨特調和性。大廳後屋簷下尚存放一個「布緊石」，其功用是壓緊布疋之用，可以作為蕭家以前經營布疋買賣的証物。楹聯部分資料缺乏。

（二）、二進堂「勸業堂」　　神龕上額：天理人情

門聯：勤堪補拙勤為本　　神龕對聯：傳家有訓惟存厚

　　　業可隨身業貴精　　　　　　處世無奇但率真

堂屋屋背屏壁對聯：忠孝傳家國　　詩書教子孫

堂屋屋背右側窗額：入孝　　左側窗額：出弟

龍邊過水廊八角門額：積德當先

虎邊過水廊八角門額：為善最樂

[20] 感謝中國廣東嘉應大學客家研究所助理研究員宋德劍先生，協助蒐集丙村溫家仁厚祠對聯資料。

（三）、三進堂「繼述堂」
門聯：繼承敢謂光前代
　　　述倫還期裕後昆
（四）、四進為「明德居」
室內左門楣上書「竹苞」、右門楣上書「松茂」。
門聯：世事讓三分天寬地闊
　　　心田留一點子種孫耕

　　最後，敘述新埔劉宅雙堂屋楹聯的情形。新埔劉宅，堂號為彭城堂。劉宅坐東北朝西南，原是一座二堂六橫的合院式宅第，以後右外橫屋改建，目前為二堂五橫形式。前堂為三開間門廳，外側兩開間為通道式過廊，分別設有側門。後堂為正廳，中央供奉祖先牌位，由兩側迴廊與前堂相接，將祭祀、儀典空間規範在四合院內，兩側橫屋則為家人私領域的生活空間。其楹聯如同佳冬蕭宅形式，以嵌刻或書寫方式呈現在門壁、石柱、木柱之中。茲就整座宅院前、後兩堂的楹聯內容說明於後：

（一）、前堂正門
門楣：鐵漢家聲　左窗額：竹苞松茂　右窗額：和風甘雨
門聯：自昔家風宗渡虎　　　門板：加冠
　　　于今門第挹雕龍　　　　　　晉祿
（二）、前堂左側門　門楣：艮山居室
門聯：艮出坤朝呈瑞色
　　　山環水繞起祥雲
（三）、前堂右側門　門楣：青藜盧舍
門聯：青雲連步安居樂
　　　藜大勝霄吉宅光
（四）、前堂廳內　左側門楣：四壁清風　右側門楣：一輪明月
左右牆壁對聯：賴祖宗積德累仁以有今日
　　　　　　　願孫子立名砥行勿墜先猷
（五）、後堂門柱
對聯：世號五忠光世第
　　　家傳七業振家聲

（六）、後堂正廳

門楣：黎照堂　左側窗額：報竹　左側廂門楣：禮門

右側窗額：平安　右側廂門楣：義路

門聯：彭城衍派家聲舊

　　　祿閣傳經世德新

（七）、後堂正廳內

內門額：箕疇五福　左側門額：龍飛　左側門板：和氣致祥

右側門額：鳳舞　　右側門板：地靈人傑

（八）、後堂正廳神龕

上額：天祿流芳　掛匾：克繩祖武　（為裔孫附貢生拜颺所立）。

神龕對聯：天降人才稱渡虎

　　　　　祿承世德慶雕龍

　　劉宅前堂門廳上的「鐵漢家聲」以及後堂正廳上的「黎照堂」等堂號意義，前者指宋朝劉安世與明代劉公繹二人，因為人耿直不畏強權，被後人尊稱「鐵漢」；後者為漢朝劉向所謂「祿閣校書，黎燄照十行之簡」的典故。劉宅藉著前人的事跡，作為勉勵後代子孫頂天立地為人，勤奮讀書之意。

　　從上述的三處宅院的楹聯內容，可以一窺各家族對於後裔子孫的諄諄勸勉、熱切期盼的心意。這些楹聯內容基本上，符合傳統中國社會中一般民眾對於子孫「成龍成鳳」、「光耀門楣」、「祖先庇佑」、「富貴平安」的心理需求。

　　至於，楹聯內容是否蘊藏大傳統儒家思想，則須要仔細勘察比較三處宅院楹聯的文字內容。有趣的是臺灣地區南北兩處，即是佳冬蕭宅與新埔劉宅的楹聯部分，其內容中富於儒家思想的部分較多。例如；佳冬蕭宅楹聯由前往後的順序，有「勸業堂」、「天理人情」、「忠孝傳家國」、「詩書教子孫」、「入孝」、「出弟」、「積德當先」、「為善最樂」、「繼述堂」、「明德居」等清楚字句的表現。新埔劉宅前、後雙堂的楹聯依據前後順序，則有「賴祖宗積德累仁以有今日」、「願孫子立名砥行勿墜先猷」、「世號五忠光世第」、「家傳七業振家聲」、「禮門」、「義路」等清晰文句的提

示。

　　為何楹聯部分的儒家思想，在蕭宅與劉宅廳堂到處可以見到，我以為須就當時清代臺灣地區的移墾社會環境的因素作為考量，較為妥當。因為移墾社會中，漢文化的傳播相較於土著社會環境是較為開明的文化，因此宅院廳堂楹聯文句的表現，也就容易以中國傳統文化的儒家思想的中心理念為內容，以嵌刻、書寫方式表現在門柱、牆壁、門額等場合之上。

　　梅縣丙村溫家仁厚祠則在上堂神龕及門聯之處，明顯可以見到富於儒家思想的對聯，如「晉室顯忠貞，溯先人斿常紀姓，史冊留名，烈烈轟轟，丕振宗風垂百世；老堂開孝友，冀後起禮樂傳家，文章報國，繩繩繼繼，永綿令緒著千秋」、「宗功開創千秋業，綿世澤須孝子嗣孫；祖德長懷萬代心，啟後人賴宗功祖德」。這些對聯雖然不如佳冬蕭宅與新埔劉宅兩處所見楹聯簡短、清晰的儒家思想意涵的文句，但是就對聯長度的氣勢來說，溫家上堂神龕的對聯及門聯內容，絕對勝過臺灣地區蕭宅與新埔劉宅的對聯，這是三處宅院楹聯比較後有趣的地方。

　　綜合而言，三處客家宅院廳堂的楹聯文句，均多少富有儒家思想意涵。這種楹聯是否即是客家宅院共通的特色，尚有待繼續蒐集其他客家地區宅院資料，加以分析探討。然而，客家宅院廳堂楹聯的文化裝飾，不僅可以說明地方宅院小傳統對於大傳統文化思想的思慕，也可以說明客家族群藉著宅院的共同生活方式，在祖先崇拜為中心的廳堂，藉著楹聯文句將儒家忠、孝觀念納入其中，以潛移默化的方式啟迪後裔子孫。採取這種方法落實大傳統儒家理念，令人不得不欽佩其先人的用心。

四、結論

　　溫氏仁厚祠圍龍屋、蕭氏五落宅院、劉氏雙堂宅院等，這三處客家宅院分別在不同的時代、不同區域，憑藉當時社會工匠所積累的經驗與知識，以及宅院主人的財力與意識要求，在不斷的修築過程中，成為現

在令人驚嘆的建築樣貌。雖然三處宅院的衛生條件與舒適程度不足與現代建築相較，但是它歷史積累的嚴謹、均衡的建築結構以及樸實華麗的態樣，卻是長期生活在其中家族最大的屏障。家族因宅院而得安居傳衍，宅院建築也因家族而興盛，隨著環境與歷史文化因素的積累，使得宅院建築呈現不同的差異，這些差異即是當地社會文化不同所致，因此宅院建築必然蘊藏該當社會文化的內涵。

　　社會文化的傳播方式，有大傳統與小傳統的差異。家族安身的宅院是小傳統文化孕育的範圍，社會文化如儒家思想則是代表大傳統的主流。從前面章節內容的論述，可以清楚了解三處客家宅院建築格局的共通性，是以廳堂為宅院建築核心，左右橫屋圍繞其中。同時，將廳堂尊貴之處作為供奉祖先牌位之所，定時祭祀，充分顯現三處客家宅院的家族對於祖先崇拜與尊卑倫序的重視。另外，廳堂楹聯的文字裝飾基本上，符合傳統中國社會中一般民眾對於子孫「成龍成鳳」、「光耀門楣」、「祖先庇佑」、「富貴平安」的心理需求。然而，三處宅院楹聯內容中的忠、孝、禮、義意涵，則是屬於大傳統儒家思想的中心理念，說明了生活在小傳統的家族對於代表大傳統儒家思想理念的期盼。

　　因此，透過三處客家宅院廳堂、神龕安置以及楹聯文句內容三方面的檢視，可以明確了解三處客家宅院，充分符合建築學詮釋宅院的社會文化意涵中所謂的界定作用與自明作用。也即是生活在宅院小傳統中的家族，不僅可以藉著祭拜方式與祖先、神靈溝通，也可以藉著共同居住方式增強家族認同的凝聚力。而廳堂的楹聯，不僅是一種文字的裝飾作用，也是家族對於大傳統儒家理念的認同。

附件一:廣東丙村溫家仁厚祠圍龍屋建築格局

北

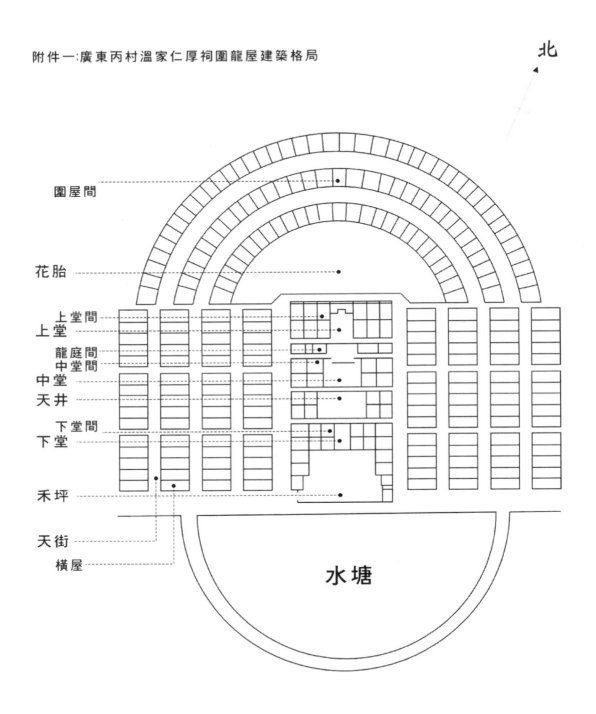

園屋間

花胎

上堂間
上堂
龍庭間
中堂間
中堂
天井

下堂間
下堂

禾坪

天街

橫屋

水塘

丙村溫家仁厚祠圍龍屋平面示意圖

附件二:屏東佳冬蕭宅建築格局＜一＞

北 ←

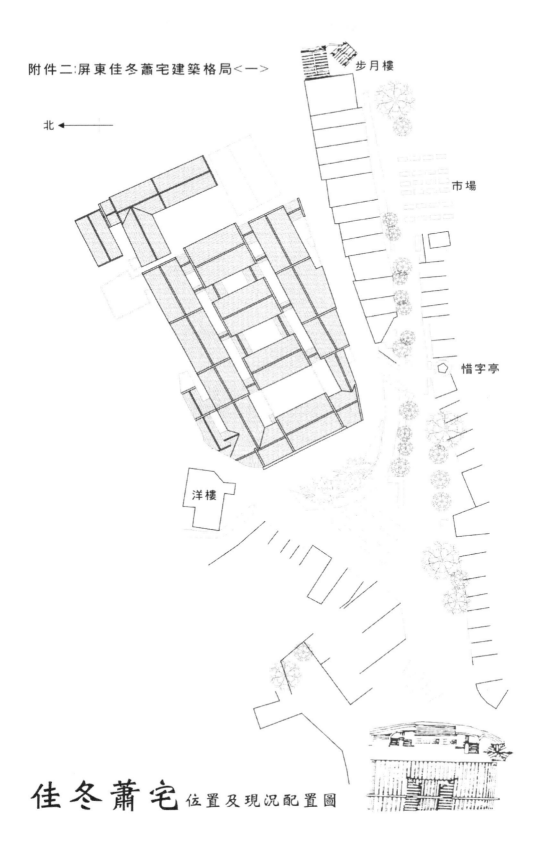

步月樓

市　場

惜字亭

洋樓

佳冬蕭宅 位置及現況配置圖

附件三:屏東佳冬蕭宅建築格局<二>

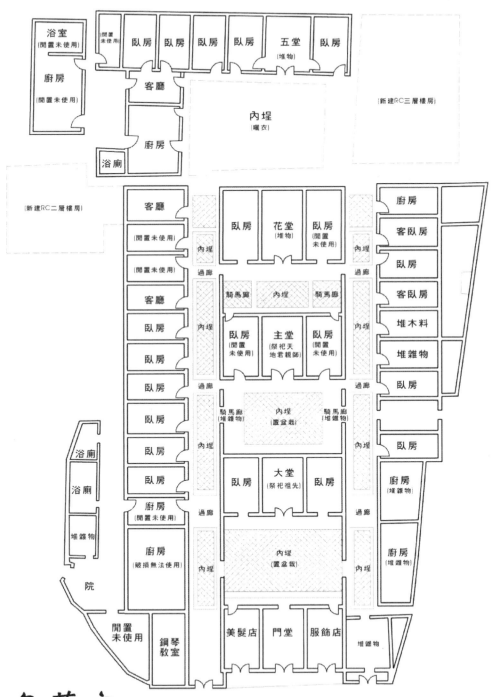

佳冬蕭宅使用現況圖

(停車場使用及機踏車穿越)

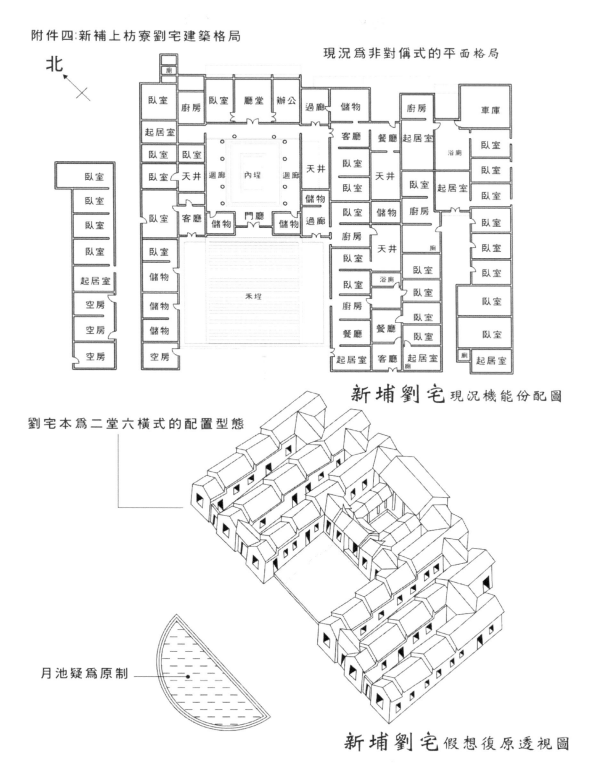

附件四：新補上枋寮劉宅建築格局

北

現況為非對偁式的平面格局

新埔劉宅 現況機能份配圖

劉宅本為二堂六橫式的配置型態

月池疑為原制

新埔劉宅 假想復原透視圖

論兩岸慚愧祖師、定光古佛民間信仰之差異*

摘要

　　漢人移墾臺灣自 17 世紀中葉以後，居民多數來自中國東南省份，如福建閩南、閩西、廣東粵東等地區，由於臺灣客家族群生活中保有許多原鄉之習俗，也就是因這種特色，成為本論文研究漢文化遷移問題選擇的對象。

　　本論文主要藉著人類學、歷史學的研究方法，試圖解析大陸客家原鄉「慚愧祖師」、「定光古佛」信仰在臺灣南投、臺北兩縣的變遷。南投縣位於臺灣地理中心位置，群山圍繞，是臺灣山地原住民的家鄉；而臺北縣位於臺灣北部，其淡水河流域自古以來航運便利，是臺灣平埔族凱達格蘭族群的居住地。

　　漢人至南投縣開發早於明鄭時期，當時行軍屯制，參軍林圮率部眾至水沙連（今竹山鎮）圈地拓墾，最後遭受當地原住民抗拒而身亡。是故，漢人在當地移墾過程中，遭受原住民抗拒是最大的問題。早期南投縣移墾漢人以漳州人為多數，客家人少數，但自清代以來當地卻盛行「慚愧祖師」鎮番的的崇拜。另外，臺北縣自清代以來移墾漢人以閩南之漳州、泉州籍為多數，閩西汀州人少數，至清道光 2 年（1822），汀州人才於淡水創建汀州會館並供奉原鄉定光古佛，作為照顧來臺同鄉者的臨時住宿之所，至今仍是汀州人聯誼群聚之處，而定光古佛依舊是汀州人的專屬的信仰並未廣泛傳播。

　　客家原鄉之「慚愧祖師」、「定光古佛」民間信仰，均屬古代唐宋時期修行高僧圓寂後，受當地民眾景仰而供奉，以後成為地方信仰的神祇，日後隨著信眾移民帶到臺灣，卻因移墾情境的差異，而有顯著不同

---

* 發表於 2008.11.30，「2008 國際客家學研討會」，臺灣大學客家研究中心主辦。

的發展。由於人群遷移過程中往往伴隨原鄉生活的信仰，本文因此將兩者作為客家文化遷移問題的研究對象，企圖藉明顯的歷史發展，說明文化遷移中「土著化」過程差異的解釋。

關鍵詞；文化遷移、慚愧祖師、定光古佛、鎮番、土著化

一、前言

　　漢人移墾臺灣自 17 世紀中葉以後，居民多數來自中國東南省份，清代臺灣方志之中對於移民雖有記載，但其記載一般以閩、粵省份或再細分為府縣來稱之，未嘗仔細分類並依原鄉籍貫統算人數，終清一代臺灣人口以漢、番分類計算。

　　清光緒二十一年（乙未、1895）日本據臺以後，臺灣總督府為推行殖民地政策，以及作為治理臺灣施政之參考，徵聘一批日本學者及調查員到臺灣，開始調查臺灣的風俗習慣以及實際人口等事項。日本昭和元年（1927）臺灣總督府官房調查課為了解漢人原鄉籍貫在臺灣文化的不同，曾經對於當時的全臺灣漢人口，進行「臺灣在籍漢民族鄉貫別調查」工作，至當年十二月末止，調查當時臺灣各行政轄區的原鄉籍貫人口數。此次調查漢人原鄉籍貫，分為福建省、廣東省與其他欄目。福建省欄目中又分為泉州府（安溪、同安，三邑）、漳州府、汀州府、龍巖州、福州府、興化府、永春州；廣東省欄目則分為潮州府、嘉應州及惠州府等。各個欄目人口統計以百人為單位。鄉貫別調查則按當時日據時期行政區分；分別於各個州、廳、郡、市、支廳、街、庄區等行政單位，進行在籍漢民族鄉貫別人口數的統計。

　　其調查結果，總計臺灣在籍漢民族為 3,751,600 人，其中泉州府安溪人 441,600 人，泉州府同安人 553,100 人，泉州府三邑人 686,700 人，漳州府 1,319,500 人，汀州府 42,500 人，龍巖州 16,000 人、福州府 27,200 人、興化府 9,300 人、永春州 20,500 人、潮州府 134,800 人，嘉應州 296,900

人，惠州府 154,600 人，其他 46,900 人。這些統計不僅有助於了解清代以來，臺灣在籍漢民各個原鄉移民後裔實際人口數，也有助於了解各個在籍漢民原鄉人口數差異，亦可供學者進而計算出各個在籍漢民原鄉人口數所佔的百分比率。這份臺灣日據時代漢民族籍貫人口統計資料相當珍貴，目前部份學者以此資料，作為其研究臺灣議題相關論證之分析使用。

　　本論文主要藉著人類學、歷史學的研究方法，試圖解析清代臺灣客家族群由原鄉傳入的「慚愧祖師」、「定光古佛」等民間信仰，在臺灣南投、臺北兩縣的差異。南投縣位於臺灣地理中心位置，群山圍繞，是臺灣山地原住民的家鄉；而臺北縣位於臺灣北部，其淡水河流域自古以來航運便利，是平埔族凱達格蘭族群的居住地。

　　南投縣開發早於明鄭時期，當時糧食不足採行軍屯制，參軍林圮乃率部眾至水沙連圈地拓墾，但不幸地遭受當地原住民反抗而身亡，事後當地以林圮埔（今南投縣竹山鎮）作為地名。是故，自明鄭時期到清領時期，漢人在水沙連的移墾過程，原住民的抗拒是最大的。當地原住民對於漢人移墾的威脅，除了上述武力的反抗外，也尋求其他應方法來應對變局，即是招徠外社的熟番給予荒埔墾種，作為共同抵禦漢人移墾入侵的力量，但是卻也中了漢人通事的圈套。此事可從《埔里社紀略》中所記載之內容，獲得例證。其內容如下；

> 道光三年遂有萬斗六社革通事田成發，詭與埔社番謀，招外社熟番為衛，給予荒埔墾種，埔社聽之，田成發乃結北投社革屯辦乃貓詩，革通事余貓尉，招附近熟番，潛往復墾，而漢人陰持其後，俟熟番墾成，洇入為侵佔之計[1]。

　　從此事例，可以了解漢人為拓墾水沙連，運用方式是無所不用其極。因此，當地原住民勢力的衰退，漢人勢力的興起是可以預料的事。

　　另外，依據《臺灣在籍漢民族鄉貫別調查》資料，日據昭和元年臺

---

[1]　伊能嘉矩《大日本地名辭書續篇》東京：富山房，明治 42 年，頁 90。

北州總人口數 726,000 人，扣除臺北市 137,900 人，基隆市 42,200 人，宜蘭郡 85,000 人，羅東郡 52,300 人，蘇澳郡 10,100 人，則約略為臺北縣當時人口總數 398,500 人；其中汀州府 6,200 人，其他客家族群 1,900 人，閩南族群與其他人口數為 390,400 人。從上述人口數的差異比較，可以推測臺北縣自清代以來，漢人移墾以閩南之漳州、泉州籍者為多數，閩西汀州人為少數。而汀州人至清道光 2 年（1822），才於淡水創建汀州會館並供奉原鄉定光古佛，作為照顧來臺同鄉的臨時住宿之處，至今仍保持汀州客家聯誼功能與原鄉信仰之特色。

客家原鄉之「慚愧祖師」、「定光古佛」民間信仰，均屬古代唐宋時期修行高僧圓寂後，其行宜風範受當地民眾景仰而被供奉，日久成為保祐地方的神祇，日後隨著當地信眾移民臺灣，卻因移墾情境的差異，而有顯著不同的發展。由於人群遷移過程中，往往伴隨原鄉生活的信仰作為心靈慰藉，本文因此將上述兩者民間信仰作為客家文化遷移問題的研究對象，企圖藉明顯的地方歷史發展，說明文化遷移中「土著化」過程差異的解釋。

二、「慚愧祖師」信仰在南投縣的發展

民間信仰的發展與傳播，往往受到環境特質與當地人文社會的影響而有所變異。清代客家原鄉廣東省嘉應州的「慚愧祖師」民間信仰，隨著嘉應州人播衍到臺灣，卻在南投縣流傳。

日據時期南投郡（南投街、草屯街、中寮庄、名間庄）、竹山郡（竹山街、鹿谷庄）、能高郡（埔里街、國姓庄）、新高郡（集集街、魚池庄）等 4 郡，屬於臺中州管轄之區域，如今皆屬南投縣轄區範圍。清初康熙年間著名的水沙連區域，大抵包括埔里社堡全部、從五城堡（即是錢櫃、水社、貓囒、司馬按、新城等五庄）起，經集集堡至沙連堡止，均為濁水溪流域，屬於生番原住民活動區域。

依據日據昭和元年《臺灣在籍漢民族鄉貫別調查》資料，可以獲知；

南投郡總人口數 67,400 人；其中客家族群 2,300 人（嘉應州 1,100 人潮州府 600 人惠州府 200 人汀州府 400 人），閩南族群 65,100 人（漳州府 63,400 人泉州府 1,500 人其他 200 人）。竹山郡總人口數 32,900 人；其中客家族群 1,800 人（嘉應州 100 人潮州府 800 人汀州府 900 人），閩南族群 31,100 人（漳州府 28,000 人泉州府 200 人其他 2,900 人）。新高郡總人口數 18,600 人；其中客家族群為嘉應州 1,200 人，閩南族群為漳州府 16,000 人，其他則為 1,400 人。能高郡總人口數 28,700 人；其中客家族群 11,200 人（潮州府 1,000 人嘉應州 9,600 人惠州府 600 人），閩南族群 12,100 人（漳州府 7,600 人泉州府 4,100 人其他 400 人）。

　　因此，將上述南投郡、竹山郡、新高郡、能高郡等四郡的人口數統計，可以得知南投縣的漢人中，以漳州人為多數，客家人少數。然而，自清代以來當地卻盛行「慚愧祖師」鎮番的的崇拜，而與原鄉嘉應州的信仰有所不同。

　　何以少數的嘉應州人的原鄉信仰「慚愧祖師」，成為目前南投縣特有的民間信仰，而臺灣其他縣市有嘉應州人移民之處，卻沒有相同情況的產生，這種民間信仰差異的形成，值得作文化移植問題的探究。

　　目前南投縣祭祀「慚愧祖師」的廟宇，南投市有 2 座，中寮有 6 座，埔里有 1 座，集集有 1 座，魚池有 8 座，竹山鎮有 6 座，鹿谷有 10 座，總計 34 座。外縣市部份，只有臺中縣東勢鎮有 1 座。因此可以說南投縣是擁有「慚愧祖師」民間信仰最多的縣份[2]。

　　清郁永河於康熙三十六年（1696）到臺灣取硫磺，留有《裨海紀遊》一書，內容主要記述當時親身由臺灣臺南登陸，選擇陸路到臺灣北部淡水，其行程所經之處的臺灣閱歷。由於書中記載許多臺灣原住民生活環境與部落分佈狀況，使得這本書成為了解清初臺灣西部各地原住民風土、民俗、物產的主要參考資料。

　　《裨海紀遊》對於清初康熙年間水沙連（廉）地理環境與原住民部落的描述如下；

2　參閱瞿海源《重修臺灣省通志》卷三住民志宗教篇，頁 1087-1380。

> 水沙廉雖在山中，實輸貢賦。其地四面高山，中為大湖；湖中復
> 起一山，番人聚居山上，非舟莫即。番社形勝無出其右。自柴里
> 社轉小徑，過斗六門，崎嶇而入，阻大溪三重，水深險，無橋梁，
> 老藤橫跨溪上，往來從藤上行；外人至，輒股慄不敢前，番人見
> 慣，不怖也。其番善織罽毯，染五色，狗毛雜樹皮為之，陸離如
> 錯錦，質亦細密；四方人多欲購之，常不可得。番婦亦白皙妍好，
> 能勤稼穡，人皆饒裕[3]。

　　從上述，可以了解清初康熙年間的水沙連是一個美麗的地方，不僅
有原住民的部落，物產也富饒，當地所產「罽毯」，更是為四方之人所
欲購買的物品，當地番社於清初康熙年間，就向地方政府進行「實輸貢
賦」了。

　　然而，這個美麗的山明水秀且物產富饒的地方，早在明鄭時期，就
被視為值得漢人移墾的好地方。明鄭初期軍糧缺乏，推行軍屯政策，時
值參軍林杞聽聞水沙連之好，乃率領部眾經斗六門，抵達水沙連開墾，
當時受到生番原住民激烈的反抗，最後林杞與部眾敗亡，在此地留下了
林杞埔（今竹山鎮）地名，作為此一事件的歷史性紀念意義。

　　水沙連原是臺灣生番原住民（鄒、邵、布農等二十五社）共享之區
域，此地於清康熙六十一年（1722）朱一貴事變，曾劃為禁止漢人進入
的番界。然而，隔年雍正元年（1723）重新劃定番界，使得漢人正式可
以合法拓墾，然而漢人私墾早已進行。由於水沙連番社對官府就撫事反
覆無常，屢屢出社殺人，使得清官府不得不進行剿撫事情，至雍正十二
年（1733）水沙連二十五社才歸附，但漢人卻不時越界伐木抽籐，使得
漢人遭受殺害之事乃時有所聞。

　　水沙連部份地區少有原住民出沒，竟成為漢人競墾標的。清乾隆五
年（1740）有漳州人程志成等十二人溯濁水溪進墾，曾分別建築外城、
土城等防禦性集村，歷經十餘年，最後因原住民襲擊而失敗犧牲。至嘉
慶末年，又有王伯祿由濁水溪上溯再度入墾，以懷柔方式與當地原住民

3　清 郁永河《裨海紀遊》臺灣文獻叢刊/四四，頁 56-57。

達成約契，開始招徠佃農墾成蓄仔寮、大坵園等地。爾後，漢人紛紛移墾其他[4]。

光緒元年（1875）中路統領吳光亮率領三營兵卒，負責開築林杞埔至臺東璞石閣的道路，此事使得當地大坪頂成為交通往來的主要衢道。《雲林縣採訪冊》有關大坪頂的記載內容如下：

> 前臺灣總鎮吳光亮從此修築，為入後山八通關等處之路，山路平坦，即大坪頂七處，民居稠密，煙火萬家，七處山產，甲於全堡。

又記載：

> 在大坪頂漳雅庄，祀陰林山師祖，七處居民入山工作，必帶香火，凡有凶番出草殺人，神示先兆，或一二日，或三四日，謂之禁山，即不敢出入，動作有違者，恆為凶番所殺，故居民崇重，為建祀廟[5]。

是故，由於「神示先兆」當地民眾至此始少聞番害之事，而漢人開墾也漸趨普遍。

三、「定光古佛」信仰在臺北縣的發展

依日據昭和元年《臺灣在籍漢民族鄉貫別調查》資料，臺北州總人口數726,000人，扣除臺北市137,900人，基隆市42,200人，宜蘭郡85,000人，羅東郡52,300人，蘇澳郡10,100人等，則臺北縣當時人口總數為398,500人；其中汀州府6,200人，其他客家族群1,900人，閩南族群與其他人口數為390,400人。從上述人口數的差異比較，可以推測臺北縣自清代以來，漢人以閩南之漳州、泉州籍者為多數，閩西汀州人為少數。汀州人至清道光二年（1822），才於淡水創建汀州會館並供奉原鄉定光古佛，不僅可以作為照顧來臺同鄉的臨時住宿，又兼有慰藉游子心靈的

4　伊能嘉矩《大日本地名辭書續篇》東京：富山房，明治42年，頁96。
5　伊能嘉矩《大日本地名辭書續篇》東京：富山房，明治42年，頁97。

聖地。

　　淡水創建汀州會館，是否因為當地汀州人多的緣故，這個問題可從
擁有最多汀州府人口數 9,900 位的基隆郡，未設立汀州會館的事實，得
到答案。那為何僅有 3,400 位汀州人的淡水郡可以創建，其主要原因應
是當時地利（主要港口）與臺北汀眾及羅可榮、羅可斌家族等熱心捐獻
所致。目前汀眾由江、胡、練、游、徐、蘇等六姓負責廟務與管理工作，
另外分設臺北角、新莊角、板橋角、淡水角等四角頭二十一股份的會眾
組織[6]。

　　清初康熙巡臺御史黃叔璥所著《臺海使槎錄》卷一、赤崁筆談、形
勢文中，記載了臺北縣當時各地番社的情景與分佈，其內容如下；

> 上澹水在諸羅極北，中有崇山大川，深林曠野；南連南嵌，北接
> 雞籠，西通大海，東倚層巒。計一隅可二百餘里，洵扼要險區也。
> 外為澹水港，八里岔山在港南，圭柔山（一作雞柔）在港北；兩
> 山對峙，夾束中流。南北有二河：南河源出武灣，行四十餘里；
> 北河源出楓仔嶼，行百餘里；俱至大浪泵會流，出肩腀門（一作
> 干豆），入澹水港，曲折委宛，五十餘里而歸於海。圭柔山麓為
> 圭柔社。由山西下，數里有紅毛小城，高三丈、圍二十餘丈，今
> 圮。城西至海口，極目平衍，名虎尾；今澹水營所駐也。兩山南
> 北，重岡複嶺，灌莽叢翳。南則武灣、里末、擺接、秀朗諸社，
> 北則麻少翁、外北投、內北投、大浪泵、麻里、即吼、楓仔嶼諸
> 社。磺山在內北投，濱河，山僅數仞，寸草不生。自澹水經楓仔
> 嶼嶺，上下十里。過港至雞籠，山高多石，山下即雞籠社。稍進
> 為雞籠港，港道狹隘。港口有紅毛石城，非圓非方，圍五十餘丈、
> 高二丈。遠望為小雞籠嶼，番不之居，惟時於此採捕。循此而上，
> 至山朝社；又上，至蛤仔難諸社，深菁鳥道，至者鮮矣[7]。

　　從上述紀錄，可以知道當時的淡水河（上澹水）流域，已經滿布諸

---

[6]　廖倫光《臺北縣汀州客尋蹤》臺北板橋市：臺北縣文化局，2006 年，頁 68。
[7]　黃叔璥《臺海使槎錄》臺灣文獻叢刊第 4 種，臺北市：臺灣銀行經濟研究室，1957 年，頁
　　9-10。

番社,另外也留下紅毛小城與紅毛石城的記載,為西班牙人據臺的遺跡。

此外,有關臺北原住民在清初風土、民俗的描述,黃叔璥引郁永河《裨海紀遊》一書中的記載,其內容如下;

> 『麻少翁、內北投在磺山左右,毒氣蒸鬱,觸鼻昏悶,諸番常以糖水洗眼。隔干豆門,巨港依山阻海;划蟒甲以入,地險固,數以睚殺漢人,官軍至則竄。澹水以北諸番,此最難治』。『武嘮灣、大浪泵等處,地廣土沃,可容萬夫之耕』。『八里分社,舊在澹水港西南之長豆溪,荷蘭時,後最悍,殲之幾無遺種,移社港之東北。澹水各社土官,有正副頭目之分』[8]

因此,可以獲知漢人早期入墾此區域,需要付出相當的代價,才能夠有立足之地。

漢人開墾臺北地區始於清初,其路徑依循地理自然形勢,分從淡水與基隆兩地開展,逐漸推展至臺北盆地內部。清康熙末年在八里坌、芝蘭堡、大加蚋堡、基隆堡等地已經有漢人移民;雍正初年,興直堡、擺接堡、金包里堡等地已有漢人移民足跡。其後,漢人紛紛移墾各地,以開鑿水渠引水灌溉方式,使得臺北盆地及週邊荒地獲得開發。自康熙五十八年在八里坌,設置北路淡水營都司管理地方,清公署開始設立;隨後,在乾隆年間,將淡水都司移往艋舺,八里坌的巡檢移至新莊;迨至,同治十三年設置臺北府後,臺北地區已經完全是以漢人為主體的社會了。

閩西汀州人亦是追尋上述漢人移墾之途徑;早期一批,入墾今三芝、石門、淡水等舊稱芝蘭三堡一帶,亦即是沿著北部濱海之海岸線,建立移墾聚落。另一批墾民,則溯著淡水河,深入到淡水河支流大嵙崁溪的新莊進行移墾,其中永定貢生胡焯猷、林作哲的「胡林隆」墾號與饒平劉姓「劉和林」墾號,成為開發新莊、泰山、五股的主要開墾團體。汀州人事業有成之後,開始在新莊、五股、泰山及淡水等地,創建寺廟、

---

[8]　黃叔璥《臺海使槎錄》臺灣文獻叢刊第 4 種,臺北市:臺灣銀行經濟研究室,1957 年,頁139。

會館與書院。如新莊三山國王廟、關帝廟、媽祖廟、西雲巖大士觀及淡
水鄞山寺（汀州會館），泰山明志書院（臺北地區最早的書院）等。

然而，儘管汀州人移墾臺北地區頗有成就，但人數分散之故，使得
原鄉「定光古佛」信仰只能夠在家中廳堂神龕中供奉，而無法如泉州府
同安人之「大道公」信仰之分設，為其他族群所認同，在寺廟中成為祭
拜與供奉的對象。供奉定光古佛的淡水鄞山寺，創建於道光年間，由於
保存完善且俱有歷史文物意義的特殊價值，因此被政府指定為二級古
蹟，受到《文化資產保存法》的保護，此寺至今依然是汀州後裔祭拜原
鄉神祇的主要寺廟。

四、「慚愧祖師」、「定光古佛」信仰之差異

一般而言，移民過程中帶動自己所屬的原鄉文化，到新的移墾天
地，是人類經驗法則中自然行為的表徵。然而，原鄉文化在新天地的播
衍發展，則因環境、人口的差異而有所不同，此種現象是值得探究的文
化移植議題。

目前臺灣學界對於漢文化如何移植臺灣的研究，有兩位學者研究論
點受到矚目；一位是歷史學者李國祁先生，另一位是人類社會學者陳其
男先生。李先生以「內地化」來說明清代臺灣吏治發展與中國各省吏治
相同的趨勢。陳先生則以「土著化」解釋漢文化在臺灣社會生根成長後，
與母體中國文化之差異現象。本論文借用「土著化」解釋來說明「慚愧
祖師」、「定光古佛」信仰在臺灣與原鄉的異同。另外，有關兩者信仰差
異之探討，以文獻資料、兩岸傳播地區、民間神靈認同、地方發展異同
等四個項目進行比較研究。

1、文獻資料的記錄

（1）祖師部分
清光緒 24 年溫仲和纂之《廣東省嘉應州志》卷二十八方外，首先

記錄了拳陰那開山祖之事，援引潮州府志、阮通志等相關資料。其內容
記錄如下；

> 了拳，陰那開山祖，俗姓潘，別號慚愧，閩之沙縣人，元和十二
> 年丁酉（817年）三月二十五日生，初生，左拳曲，因名「拳」。
> 彌月，一遊僧至，父抱兒示之，僧書「了」字於其拳，指立伸，
> 更名曰「了拳」。幼穎悟，不茹葷，年十二，喪父母，依於叔母，
> 不能容；十七，去潮之黃砂社車上村（今大埔縣地），依嫠婦游
> 氏為母，日與牧童登赤蕨嶺，曠觀如有所得。令放牛山麓，拳以
> 杖畫地，牛不他逸；或以烹魚啖之，受而投諸水，魚復活，黑質
> 白章，今其遺種名「尾上焦」是也；嶺左溪潭有石如伏虎，閉目
> 趺坐其上如老僧。嘗以指甲寫「大生石頭」四字於石，大如掌，
> 歷風雨剝落，點畫宛然。愛其山水之勝，欲結茅於此，不果。迨
> 游母歿，為營窀穸而去，後人為築靈覺寺。繼之磜上、莆田有二
> 寺；一名「清泉」，一名「龍泉」，相傳昔僧卓錫取泉之處。至神
> 泉市，欲濟無舟，折葦以渡。登黃龍獻爪山，循頂西行，抵坪砂
> 社之楠樹坑，依袁姓，三年而去，後人因其地為高磜寺。爰陟芒
> 洲崗之巔，西望陰那五峰蟬聯，篁崿雲表，神賞者久之，便欣然
> 欲往。過滸梓村，求水弗得，乃卓錫成井；中有石龜，至今存焉。
> 雖旱亢不竭，後人建庵其地，名「靈山寺」，拳像在焉。歲旱遠
> 近祈禱，其應如響，至陰那，斲石刊木，建道場為修真地。日說
> 法，眾多不省。住陰那三十餘年，一日語其徒曰：「從前佛祖皆
> 宏演法乘，自便以度人，我未能也，心甚愧之，圓寂後，藏我骸
> 于塔，當顏其額曰慚愧。」因偈云：「四十九年無繫無牽，如今
> 撒手歸空去，萬里雲開月在天」語畢，端坐而逝，時懿宗咸通二
> 年辛巳（861年）九月二十五日也[9]。

是故，此文獻資料清楚記敘慚愧祖師的俗姓潘了拳之事、出生地，
以及童年不凡的表現，更將其後修行得道事蹟簡明略述，最後慚愧名號
之由來，也清楚說明，並記錄了慚愧祖師圓寂的日期，有助於後人瞭解

---

[9]　清吳宗焯修 溫仲和纂〈方外〉《光緒嘉應州志》卷二十八，臺北市：成文出版社，民國56年，頁529。

祖師一生之事業。

（2）定光古佛部分

依據宋修《臨汀志》〈仙佛〉所記載，其內容記錄如下；

> 敕賜定光圓應普慈通聖大師——年十一懇求出家，依本郡建興寺契緣法師席下，年十七，得業游豫章，過廬陵，契悟於西峰圓淨大師，——到閩粵贛各地云遊參訪，終成一個高僧。——真宗朝（祥符）八年（1015年）正月六日申時，俄集眾云；「吾此日生，今日正是時，汝等當知妙性廓然，本無生滅示有去來，更言何事？」言訖，右脇臥逝。春秋八十有二，僧臘六十有五。——定光，泉州人，姓鄭名自嚴。乾德二年駐錫武平南安巖，淳化二年別立草庵居之，景德初遷南康郡盤古山，祥符四年汀守趙遂良即州宅創后庵延師，至八年終於舊巖[10]。

此文獻簡明的敘述定光古佛出家、拜師、雲遊之事，並將定光古佛俗姓鄭自嚴泉州人出身也說明清楚，最後記載定光古佛圓寂模樣、地點及終壽年齡，讓後人得以清楚明白其事蹟。

另外，宋 王象之編《輿地紀勝》〈汀州、釋仙〉對於定光古佛之生平記載，亦與《臨汀志》〈仙佛〉所記載相同。

由上述，推算有關定光古佛生卒時間，其出生應於五代順應元年（934），其卒應於武平南安巖之均慶禪院（今武平縣岩前鎮獅岩），其時為宋祥符八年（1015）。

2、兩岸「慚愧祖師」、「定光古佛」信仰傳播主要地區

（1）大陸慚愧祖師民間信仰，以廣東省嘉應州為主要傳播地區，主要寺廟在陰那山陰那坑「靈山寺」。臺灣慚愧祖師民間信仰，以臺灣省南投縣為主要傳播地區，主要寺廟有鹿谷大坪頂地區的新寮靈鳳廟、羌仔寮祝生廟、頂城鳳凰山寺。

（2）大陸定光古佛民間信仰，以閩西汀州府為主要傳播地區，主

---

10 宋胡太初修，趙與沐纂《臨汀志》，福州市：福建人民出版社，1990年，頁167。

要寺廟武平南安巖之均慶禪院（今武平縣岩前鎮獅岩）。臺灣
定光古佛民間信仰，以臺灣省臺北縣為主要傳播地區，主要
寺廟有淡水鄞山寺與彰化定光佛廟。

3、民間神靈認同

（1）嘉應州民對於慚愧祖師的靈驗傳說，見諸於文字記錄者不少。
諸如生前之神奇表現有；

> 眾牧，以杖劃地，數十牛眠齒其中，不敢逸。一或餉以炙魚，則
> 祝而縱之，水中復活，黑質白章，今其遺種尾上焦。一趺坐其上，
> 留有座跡，並以指甲鐫「大生石頭」四字宛若鐫成。一遺三米果
> 一囑七日啟視一惜嚴三日遽啟之，果生芒毛，有金色，而實不成
> 矣。一出至江口，苦無楫，遂乘石渡河。一師卓錫成井，中有石
> 龜，至今存焉，雖極旱亢，其水不竭[11]。

有關唐釋了拳歿後，屢屢顯靈異的記載，內容如下；

> 曾往江西與王府工匠立卷造寺，匠如其言，至陰那訪之。
> 守者曰；「師坐化已三年矣。」匠謁殿前塑像儼如所遇。
> 明初御史梅鼎舟過蓬辣灘，水洶湧，舟幾覆，見老僧於岸隱躍指
> 點，舟得無恙。
> 嘉靖間三饒寇亂，過陰那將士擄掠，忽雲霧四起咫尺不辨人，賊
> 迷失道，各村賴以全。三月誕辰，山中必有風雨，相傳為法雨洗
> 殿[12]。

臺灣有關靈驗傳說，可見於《雲林縣採訪冊》一書中記載

> 在大坪頂漳雅庄，祀陰林山師祖，七處居民入山工作，必帶香火，
> 凡有凶番出草殺人，神示先兆，或一二日，或三四日，謂之禁山，
> 即不敢出入，動作有違者，恆為凶番所殺，故居民崇重，為建祀

---

[11] 程志遠編《陰那山志》廣州：廣東旅遊出版社，1994 年，頁 11-14。
[12] 清吳宗焯修，溫仲和纂〈方外〉《光緒嘉應州志》卷二十八，臺北市：成文出版社，民國 56
　　年，頁 529。

廟[13]。

（2）汀州府民對於定光古佛的靈驗傳說，亦有見諸於文字記錄者。
　　　其生前之神奇表現有；

十七游豫章，除蛟患。乾德二年，來汀之武平南巖，郡城南潭有
龍為民害，師投偈，少涌成洲[14]。
數夕後，大蟒前蟠，猛虎旁睨，良久皆俯伏而去。—淳化間，去
巖十里立草庵牧牛，夜常有虎守衛，後遷牧於冷洋徑。師還巖，
一日倏云；牛被虎所中。日暮有報，果然。師往彼處，削木書偈，
厥明，虎斃於路[15]。

另外，民間也傳頌定光佛是佛法無邊，神通廣大的神靈。臺灣定光
古佛的神靈傳說，祇傳頌其伏虎除蛟之事。

4、地方發展異同

（1）慚愧祖師民間信仰自唐朝懿宗咸通年間開始，主要的社會背
景是當時懿宗對於佛教極力推行，甚至有迎奉佛骨的舉動。從此顯佛風
氣而言，當時嘉應州民迎奉慚愧祖師是自然不過的事。又由於嘉應州唐
宋以後社會發展相對穩定，地方百姓在歷代傳承影響之下，慚愧祖師信
仰也就與其生活關係密切，成為護佑的神祇。

臺灣的慚愧祖師信仰，源於大陸客家原鄉，但因移墾地區的環境險
惡，如南投縣水沙連之移墾，所遭受原住民伏擊的報復，生命受威脅的
情境之下，自然對於自己的護佑神祇會產生潛意志的祈求保護，亟至有
因托夢而避開原住民伏殺之禍，而顯揚慚愧祖師之靈驗，此事經過傳
頌，亦或經過官府人員如臺灣總鎮吳光亮之應證，臺灣慚愧祖師信仰，
在南投縣境的傳播也就藉著鎮番的作用，而受到當地近山居住者的崇
拜，更因此，其他地區也紛紛設廟迎神祭祀，成為臺灣慚愧祖師信仰最

---

13 倪贊元《雲林縣採訪冊》頁 160-161。
14 清李絃纂《汀州府志》北京：方志出版社，2004 年，頁 682。
15 宋趙與沐《臨汀志》福州：福建人民出版社，1990 年，頁 164。

多的地區。此種發展，符合陳其南之「土著化」過程之解釋，即地方在漢化過程中保留母文化主體，但因環境的需要為求適應，乃將其中改變成生活所需要的文化，此新的文化內涵源於母體文化，並行不悖，但也與母文化有所不同。南投縣慚愧祖師的鎮番信仰，的確與原鄉信仰不同，但除鎮番信仰之外，它的信仰內涵與原鄉信仰還是相同，甚且當地慚愧祖師信徒，亦有返回原鄉朝拜之事例，可以作為佐證。

　　（2）有關定光古佛信仰的部分，則兩岸相同。臺灣定光古佛信仰寺廟兩處著名；一在彰化市的定光佛廟，建於清乾隆二十六年（1761），由永定縣士民及總兵張世英等創建；一在淡水的鄞山寺，創建於清宣宗道光三年（1823），由汀州張鳴岡發起集資興建，並羅可斌、羅可榮兄弟捐地，於次年完成。鄞山寺定光古佛塑像是當時從原鄉武平縣迎來的軟身神像，極為寶貴。

　　臺灣定光古佛信仰，無法如同泉州同安人之「大道公」信仰之廣泛傳播，其中主要因素除了汀州府人在臺灣人數不多的原因之外，定光古佛本身的歷史尊貴神聖性的因素，個人認為應該考慮其中。雖然，定光古佛有民間的神靈傳說，但不如慚愧祖師民間神靈傳說的生活化，因此民間信仰的認同自不待言。宋朝皇帝對於定光古佛歷代的追封，反到無法將其神靈之事，隨意在民間生活上傳頌。

五、結論

　　人間事務的歷史發展，往往是無法預先定論。兩岸的慚愧祖師、定光古佛的民間信仰，在原鄉人的移民過程中，由原鄉帶到臺灣落腳之處，當初只是祈求保祐自己的平安無事，但是當個人事業順遂，榮華富貴接踵而至之時，回饋保護神祇成為一種心理強烈地願望。民間信仰與宗教的發展，也就在這種氛圍中獲得建樹與興隆。

　　臺灣客家人口數與閩南人口數相較之下，屬於少數；因此客家民間信仰要如同閩南人的民間信仰興盛，是不容易的事情。慚愧祖師與定光

古佛的信仰，是屬於客家對於高僧的一種民間信仰，這種民間信仰由於本質上就是對於佛教高僧個人的崇敬，因此難與將其他神祇相比，故而，此類的民間信仰發展有其局限之處。

慚愧祖師信仰在南投縣的發展，本身受到當地信徒神靈化因素的影響，而產生鎮番的靈驗作用，獲得當地近山居民的祭祀崇拜，這種鎮番信仰過程，也可以視為原鄉民間信仰在臺灣「土著化」的例證。

國家圖書館出版品預行編目資料

邱榮裕臺灣史研究名家論集（二編）/邱榮裕　著者. -- 初版. -
臺北市：蘭臺, 2018.06
面；　公分. -- (臺灣史研究名家論集；2)
ISBN　978-986-5633-70-7　(全套：精裝)

1.臺灣研究　2.臺灣史　3.文集
733.09　　　　　　　　　　　　　　　107002074

臺灣史研究名家論集 2

邱榮裕臺灣史研究名家論集（二編）

著　　　者：邱榮裕
主　　　編：卓克華
編　　　輯：高雅婷、沈彥伶、塗語嫻
封面設計：塗宇樵
出 版 者：蘭臺出版社
發　　　行：蘭臺出版社
地　　　址：台北市中正區重慶南路 1 段 121 號 8 樓之 14
電　　　話：(02)2331-1675 或(02)2331-1691
傳　　　真：(02)2382-6225
E—MAIL：books5w@gmail.com 或 books5w@yahoo.com.tw
網路書店：http://bookstv.com.tw/、http://store.pchome.com.tw/yesbooks/、
　　　　　博客來網路書店、博客思網路書店、三民書局

總 經 銷：聯合發行股份有限公司
電　　　話：(02) 2917-8022　　　傳　真：(02) 2915-7212
劃撥戶名：蘭臺出版社　帳號：18995335
香港代理：香港聯合零售有限公司
地　　　址：香港新界大蒲汀麗路 36 號中華商務印刷大樓
　　　　　C&C Building, 36,Ting, Lai, Road, Tai,Po, New,Territories
電　　　話：(852) 2150-2100　　　傳真：(852) 2356-0735
經　　　銷：廈門外圖集團有限公司
地　　　址：廈門市湖里區悅華路 8 號 4 樓
電　　　話：86-592-2230177　　　傳　真：86-592-5365089
出版日期：2018 年 6 月初版
定　　　價：新臺幣 30000 元整（套書，不零售）
ISBN：978-986-5633-70-7

《臺灣史研究名家論集》

（共十四冊）卓克華總編，汪毅夫等人著作

王志宇、汪毅夫、卓克華、周宗賢、林仁川、林國平、韋煙灶、
徐亞湘、陳支平、陳哲三、陳進傳、鄭喜夫、鄧孔昭、戴文鋒

ISBN：978-986-5633-47-9

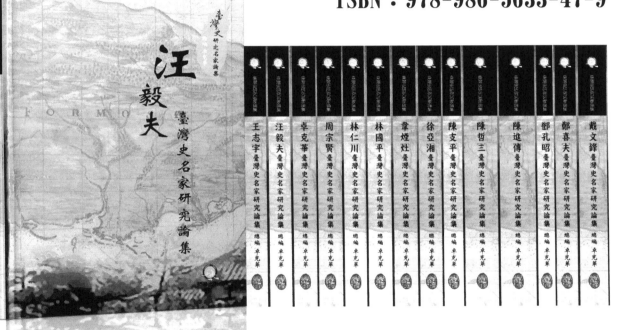

這套叢書是兩岸研究台灣史的必備文獻，解決兩岸問題也可以從中找到契機！

　　這套叢書是十四位兩岸台灣史的權威歷史名家的著述精華，精采可期，將是臺灣史研究的一座豐功碑及里程碑，可以藏諸名山，垂範後世，開啓門徑，臺灣史的未來新方向即孕育在這套叢書中。展視書稿，披卷流連，略綴數語以說明叢刊的成書經過，及對臺灣史的一些想法，期待與焦慮。

臺灣史料研究叢書(套書)定價：28000元

9 789865 633479   28000

《臺灣史研究名家論集》共十四冊

陳支平──總序

　　臺灣史研究的興盛，主要是從二十世紀八十年代開始的。臺灣史研究的興起與興盛，一開始便與政治有著密切的聯繫。從大陸方面講，「文化大革命」的結束與「改革開放」政策的實行，使得大陸各界，當然包括政界和學界，把較多的注意力放置在臺灣問題之上。而從臺灣方面講，隨著「本土意識」的增強，以及之後的「臺獨」運動的推進，學界也把較多的精力轉移到對於臺灣歷史文化及其現狀的研究之上。經過二三十年的摸索與磨練，臺灣歷史文化的學術研究，逐漸蔚為大觀，成果喜人。以大陸的習慣性語言來定位，臺灣史研究，可以稱之為「臺灣史研究學科」了。未完待續……

汪毅夫──簡介

1950年3月生，臺灣省臺南市人。曾任福建社會科學院研究員，現任中華全國臺灣同胞聯誼會會長，福建師範大學社會歷史學院兼職教授、博士生導師，享受國務院特殊津貼專家。撰有學術著作《中國文化與閩臺社會》、《閩臺區域社會研究》、《閩臺緣與閩南風》、《閩臺地方史研究》、《閩臺地方史論稿》、《閩臺婦女史研究》等15種，200餘萬字。曾獲福建省社會科學優秀成果獎7項。

汪毅夫名家論集─目次

100 台北市中正區重慶南路1段121號8樓之14　　　　E-mail：books5w@gmail.cc
TEL：（8862）2331 1675 FAX：（8862）2382 6225　　　網址：http://bookstv.com.t